新时代"三农"问题研究书系

都市农业产业集群发展机制研究

傅清华○ 著

西南财经大学出版社
Southwestern University of Finance & Economics Press
中国·成都

图书在版编目(CIP)数据

都市农业产业集群发展机制研究/傅清华著.—成都:西南财经大学出版社,2023.11

ISBN 978-7-5504-5967-0

Ⅰ.①都⋯ Ⅱ.①傅⋯ Ⅲ.①都市农业—农业产业—产业集群—产业发展—研究—中国 Ⅳ.①F323

中国国家版本馆 CIP 数据核字(2023)第 216960 号

都市农业产业集群发展机制研究

DUSHI NONGYE CHANYE JIQUN FAZHAN JIZHI YANJIU

傅清华 著

策划编辑:王 琳
责任编辑:向小英
责任校对:杜显钰
封面设计:何东琳设计工作室
责任印制:朱曼丽

出版发行	西南财经大学出版社(四川省成都市光华村街55号)
网 址	http://cbs.swufe.edu.cn
电子邮件	bookcj@swufe.edu.cn
邮政编码	610074
电 话	028-87353785
照 排	四川胜翔数码印务设计有限公司
印 刷	成都市火炬印务有限公司
成品尺寸	170mm×240mm
印 张	16.25
字 数	271 千字
版 次	2023 年 11 月第 1 版
印 次	2023 年 11 月第 1 次印刷
书 号	ISBN 978-7-5504-5967-0
定 价	88.00 元

前言

目前，我国"三农"问题仍处于攻坚克难的关键阶段，解决好"三农"问题是全党工作的重中之重。2020年中央一号文件《中共中央 国务院关于抓好"三农"领域重点工作 确保如期实现全面小康的意见》就"三农"问题指出了明确的发展方向，即立足当地资源优势，推进特色农业全产业链建设，为保证农民获得稳定的收益，需要打造具有强大竞争力的产业集群，来推动各地农业产业化发展。2021年，中共中央和国务院将全面推进乡村振兴，加快农业农村现代化作为2035年远景目标之一。2022年中央一号文件《中共中央 国务院关于做好2022年全面推进乡村振兴重点工作的意见》再次提出"产业促进乡村发展"，并支持创建一批国家级农村产业融合发展示范园。未来农村发展的主要任务是推进现代化农业建设，而现代化农业建设进程中的产业集群是关键环节。作为新产业发展模式的都市农业产业集群已成为现代农业产业组织的主要形式。目前，我国都市农业发展已经取得阶段性成效，但仍存在一系列问题。

本书以产业集群的生命周期为分析角度，深入探究了都市农业产业集群机制，拓展了都市农业、产业融合、产业集群和生命周期理论，有利于都市农业产业集群发展的理论研究更加系统和深入，有助于深化人们对都市农业发展规律的有效认知；从产业集群生命周期视角构建了都市农业产业集群机制研究的总体分析框架，剖析了国内外产业集群发展模式和瓶颈问题，归纳总结了都市农业产业集群的形成、发展与稳定体制，在内容层面丰富了都市农业产业集群机制研究的相关理论和实践。并且，基于中国都市农业产业集群处于快速发展且仍有较大发展空间的事实，利用省级面板数据对其发展要素及发展机制进行了实证考察。

第一，本书从产业集群生命周期视角构建了都市农业产业集群机制研究的总体分析框架。目前，虽有很多学者对都市农业产业集群机制相关问题进行了研究探索，但大都是零星的研究，鲜有系统性理论建构与机制分析。本书在现有理论的基础上，对都市农业产业集群以及产业集群生命周期的内容进行总结探索，并基于产业集群生命周期理论视角，梳理归纳了集群全生命周期的形成、发展、稳定和提升阶段性特征，对当前形势下都市农业的产业集群机制展开全面、系统的研究。本书对都市农业产业集群机制的系统性分析和全生命周期样态的考察，在一定程度上弥补了既有研究中相关理论机制的不足和短板。

第二，本书对都市农业、都市农业产业集群、集群生命周期等概念进行了界定，构建了都市农业产业集群生命周期框架并综合运用多种计量方法进行拓展性研究。本书尝试利用 Citespace 软件对都市农业产业集群发展方向进行可视化分析，应用科学计量的方法，通过绘制科学图谱来展示都市农业产业集群领域的研究热点和前沿趋势。本书综合运用多种规范和实证方法对都市农业产业集群发展机制进行了横向与纵向的对比研究和实证检验，指出了其具体的形成、发展与稳定机制及核心原理，有力地证明了发展都市农业产业集群能够有效推进现代都市农业发展，有利于解决当前都市农业发展中存在的瓶颈问题。

第三，本书构建了基于生命周期的评价指标体系，探索了都市农业产业集群高质量发展的生命周期特征、发展机理和核心目标，并拓展了国内产业集群机制研究的相关理论及应用。一方面，本书基于集群生命周期，梳理总结了集群的形成机制、发展机制和稳定体制，依据2010—2019年省级面板数据解析了中国都市农业产业集群的高质量发展机制，拓展了国内产业集群机制研究的相关理论及应用；另一方面，本书有力地佐证了都市农业产业集群形成机制、发展机制和稳定机制能够有效提升都市农业的发展质量和经济效益。此外，从发展都市农业产业集群的政府部门、龙头企业、高等院校和社会组织四类主体的视角提出了相关的政策建议，为国家和各地方发展都市农业产业集群提供了一些可复制推广和可操作的经验与依据。

第四，本书利用前沿分析方法对 2010—2019 年我国除港澳台地区以外的 31 个省（自治区、直辖市）的面板数据进行实证研究，发现产业融合能在较大程度上推进产业集群向更高级别迈进，产业集群的发展同时促进了产业融合；发现都市现代农业第一产业、第二产业、第三产业和各自的理想水平仍存在较大差距，但整体均呈波动上升的趋势。在时间序列上，融合水平表现出了较大的变化幅度，具备一定的波动性。随着时间的推移，融合水平呈现出了长期升高的趋势。在都市现代农业三产融合发展中，存在第二产业、第三产业带动第一产业，第一产业、第三产业带动第二产业，第一产业、第二产业带动第三产业的路径。对照分析发现，第二产业、第三产业带动第一产业融合和三产融合发展之间存在较强的协调性与一致性。相较于理想水平而言，三条路径所存在的偏离都是持续波动的，存在一定的变化幅度。在第一产业、第二产业、第三产业各自投入的条件下，无法直接提升其融合水平。只有加强不同产业之间的合作，实现相互之间的协调发展，才可以有效控制和降低整体的交易成本，从而拓展盈利空间，不断增强总体的盈利能力。从整体上看，广东等 10 省（市）已经形成这三种路径，山东和广东的融合水平最高，海南等省（市）的融合水平较低，青海、宁夏则处在最低的位置。目前，都市现代农业产业融合还处在初级阶段，整体发展水平较低，还需要今后的长期实践来推动提高。

第五，本书梳理和归纳了美、日、荷等发达国家和国内三个代表性都市现代农业产业集群的发展进程，对其研究成果和发展经验进行了分析和总结，发现都市现代农业产业集群是促进我国都市现代农业优化升级的重要有效路径。未来都市现代农业供给侧结构性改革将向数量、质量、效益并重转变，更加强调第一产业、第二产业、第三产业融合发展，这将为都市现代农业内部结构调整、农产品质量提升、农业多功能拓展、农业综合效益提高注入强劲动力。而且，都市现代农业的发展很难实现大规模的集中连片经营，生产规模以经济和生态适度为准，以镶嵌于密集的非农建筑和非农设施之间的点、块、带相结合的农业用地空间结构为主要特征，其供需矛盾将持续存在。加之工业化和城镇化发展将持续挤压农业用地空间，农业功能多样化发展将受到制约。加快农业生产方式和资源利用方式的有效转变，推动形成资源高效利用、生态系统稳定、产地环境良好、产品质量安全的农业发展新格局。

第六，本书以成都市现代都市农业产业集聚为例进行案例分析，剖析现代都市农业产业集聚的实践样态和高质量发展机制。本书研究认为，根据产业集聚生命周期理论，成都市都市农业产业集聚已经步入稳定阶段。成都市多种区域功能叠加效应显著，"粮食作物主产区最西缘+西南特色农业的最东侧+最西部的国家中心城市"，全国"北粮南运"格局下西南地区粮食净输入格局非常稳固。并且，全国畜牧格局不断调整优化，西南地区兼具全国畜产品主产区与主销区双重属性。成都是全国统筹城乡综合配套改革试验区、整市推进的国家现代农业示范区、第二批全国农村改革试验区，其农村综合改革与城乡统筹发展水平在全国领先。为此，本书尝试以成都市为例，剖析现代都市农业产业集聚的实践样态和高质量发展机制。根据产业集聚生命周期理论，为实现成都市现代都市农业产业集聚的高质量发展，应立足成都市独特区位、资源、产业等优势，对接国家中心城市建设，着眼于"立足成都、服务全川、辐射西南"，打造具有中国特色、世界领先的都市现代农业新高地。

为此，本书从提高集群企业核心竞争力、推进都市农业产业融合和实现高质量发展等方面提出构建集群内生机制的对策建议，推动集群实现可持续发展和高质量发展。本书基于都市农业集群生命周期的形成、发展与稳定三个阶段划分，认为发展都市农业产业集群需要政府部门、龙头企业、高等院校和社会组织有效协同，不断健全和完善市场体系，加快城乡规划管理体系一体化进程，不断创新城乡劳动力合理流动转移机制、推动农村集体产权制度改革、创新资本要素城乡合理流动机制、健全城乡公共服务均等化体制机制和城乡全域一体生态保护机制、完善城乡融合发展的配套政策体系。

傅清华

2023 年 10 月

目录

1 绪论

1.1 研究背景及研究意义

1.1.1 研究背景

改革开放 40 多年来，我国经济得到了快速增长，但农业仍是短板。一是农业的供需信息不对称，为保证工业化和城镇化快速发展，农产品价格长期受国家调控保持在低水平，工农业产品价格"剪刀差"持续拉大，在资源有限甚至稀缺的情况下，农产品附加值低，造成农业创造 GDP 的难度增大。与其他产业相比，我国的农业产业还长期沿用传统的生产模式，大部分农户都是彼此分裂、单独存在的，无法适应现代农业发展的需求，难以与现代农业衔接（何宇鹏、武舜臣，2019）。在信息不对称的长期影响下，农产品的种植成本不断提升，同时市场销售成本也不断升高。因此，始终位于生产链末端的农民，在整体成本不断提升的过程中，他们往往会承担农业产业上最高的风险。二是从产业链上看，农业产业链不完善，农产品产加销脱节，农产品"卖难买贵"，未形成规模经济，使得农业全产业链经济收益不能实现大幅增长。农业产业链不完善间接降低了农业对国民经济的贡献。由此可知，当前我国农产品生产、前期的种植业以及后期农产品的加工、销售等环节之间并没有形成稳定的产业链，是导致我国农产品生产以及转化落后的主要因素。究其原因，长期以来，我国农业生产以农户、农场等初始生产经营者为主要代表，就业创业渠道有限，受到农业整体环境发展影响，提升农民生产经营能力有限，成本难以降低，生产性服务内卷化，造成农民家庭经营收入的上升空间有限（郭军，2019；罗必良，2020）。农民长时间处于弱势地位，话语权较少，无法获得在农业全产业链上的经济收益。农业在三次产业中所占比重较低,2019年我国农业 GDP 增加值和其对 GDP 的贡献率远低于第二产业、第三产业(三次产业的 GDP 增加值分别占总体的 7.1%、40% 与 54%,对 GDP 的贡献率分别为 4%、37% 与 59%),亟待通过完善都市农业管理的体制机制,提升产品附加值,培养产业集群新动能。

产业集群是创新的重要载体。创新是当今经济社会发展的主要驱动力和时代主旋律。在全球经济增长趋缓的大背景下,国家之间的竞争以及各种力量的角逐更加激烈。世界各国为掌握国际竞争主动权,构建本国的核心竞争优势,都把实现创新驱动发展作为战略选择。知识与创新正成为提升国家核心竞争力的关键要素(詹正茂,2016),成为推动经济社会可持续发展和高质量发展的不竭动力和源泉。产业集群通过组织之间正式与非正式的联系、企业间有意与无意的知识溢出、竞争与合作,能够促进集群企业间的相互学习,形成强大的生产力和创新能力,这是集群之外的企业难以企及的(Porter,2010)。在发达国家或发展中国家,阻碍企业提升核心竞争力的不是规模,而是分离和孤立(Anderson & Schmitz,2017)。基于集群生命周期发展规律,构建科学的体制机制发展的产业集群有利于提升企业市场优势和核心竞争力,形成规模与范围经济,产生强大的溢出效应,全面增强区域或国家的竞争优势,推进经济快速发展,提供大量就业机遇与技术进步。其独特优势已经获得世界范围内政、商、学界的普遍认同,许多国家都把产业集群作为经济高质量发展的重要载体和工具(王缉慈,2019)。

党和国家始终高度重视"三农"工作,连续 18 年出台以"三农"为主题的中央一号文件。2019 年,中央一号文件《中共中央 国务院关于坚持农业农村优先发展做好"三农"工作的若干意见》提出,促进产业融合发展、集群成链,构建乡村产业体系的发展方向。2020 年,中央一号文件《中共中央 国务院关于抓好"三农"领域重点工作确保如期实现全面小康的意见》提出,各地立足资源优势,构建有竞争力的产业集群,加快三产融合,提高产业融合发展的效果。以我国的改革开放为时间起始点,都市农业也实现了迅速发展,但各地发展并不平衡,都市农业兴起的原因也不同。为解决都市密集、农村衰退和城乡资源不平衡等问题,都市农业成为推进城乡协调发展的关键举措。伴随 20 多年的发展,我国都市农业取得了阶段性成果,尤其是在"十三五"期间取得明显进展,都市农业已成为农业现代化的先行区，在满足大中城市的菜篮子等农产品刚性的需求上发挥了举足轻重的作用。但不容忽视的是，都市农业仍处于弱势地位和分离①状态，存在业态单一，生命力弱，没有形成长期稳定的产业链、供应链和价值链，无法做大做强，实现长效发展。而通过构建都市农业产业集群，使其能够集群成链，形成完整的产业体系，在现有都市农业上转型升级，对资源进行优化整合和深度产业融合，形成适应和满足都市居民多元化需求的多种业态和多元化产品。实现田间到餐桌再到私人定制，农业利用率最大化和效益最大化，形成长期稳定的产业链、供应链，从而在整个价值链上获取收益，使其能保证在城市发展中的不可替代性，保障其旺盛的生命力。在保障农产品质量安全的基础上，通过制度创新和科技创新等多维度推进，实现农业成本最小化、产出最大化、效益最大化，打造现代都市农业发展的综合体。而实现这一切的核心在于要遵循集群的发展规律，基于集群发展的生命周期，根据其形成、发展、稳定和提升四个阶段构建完善有效的形成机制、发展机制和稳定机制，总结出在全国可复制推广的体制机制，保障都市农业产业集群健康高质量发展。

历史的经验和教训不断提醒着我们，农业的重要地位始终毋庸置疑，因此，在推进城市化和城镇化进程中，特别是大中城市，作为配套的都市农业产业集群规划和建设的重要性必须提上日程，纳入城市经济体系和产业运营体系中，尤其是在应对新型冠状病毒感染疫情时，作为人吃、穿、住、行第一需求的农业必须首先得到满足，否则就会严重影响国家安全与社会稳定，必须基于国家长治久安的定位与高度，根据各大中城市和县乡的实际情况，因地制宜地发展相应配套的都市农业产业集群，在县区级建立农产品综合市场、大型冷链仓库和综合物流等服务中心②来有效实现都市农业的生产、生活、生态、示范、国家安全、军民融合和应急保障功能，在全国构建系统完善和高质高效的都市农业综合服务保障体系，为国家粮食和农业安全打下坚实的软、硬件基础。

---

① 持续化的生产过程，特别是中间产品不易于运输与储藏的生产过程，不适于产业区内部的劳动分工，也就谈不上建立在劳动高度分工基础上的地方化经济。

② "服务中心"最早是产生于意大利产业区的一种中小企业服务机构，为企业提供真正需要的服务，而不只是提供财政帮助来解决问题。

1.1.2 研究意义

1.1.2.1 理论意义

本书基于集群生命周期视角开展都市农业产业集群机制研究，进一步拓展了都市农业的研究领域，探讨了都市农业产业集群向高质量发展转变的理论逻辑和机制研究，对指导都市农业产业集群向高质量发展转型实践具有重要的理论价值和应用意义。一是本书阐述了都市农业产业集群的内涵，详细剖析了集群发展的影响要素及发展规律，从产业集群生命周期视角出发，进一步设计得到了具体的研究框架。二是深入分析了都市农业的发展要素及产业集群生命周期，归纳总结出都市农业产业集群的形成、发展和稳定三项机制，是对都市农业、产业融合和产业集群理论的发展和深化。随着未来中国的深度城市化发展，都市农业将升级为城市发展理论的重要模块，成为城市化和城镇化建设的重要一环，保障全国大中城市和各县区的农业供应的长期稳定。三是从生命周期的角度，设计得出科学的理论框架，为我国各个区域的政府部门提供理论指导，提升政府工作的有效性和科学性。四是基于生命周期构建都市农业产业集群向高质量转变的测度体系，为都市农业向高质量转变创造有利的基础条件。

1.1.2.2 实践意义

一是从国家角度看，在政府部门的工作中，加快传统农业的结构调整和优化，是一项核心的工作任务。在此次研究中，基于理论分析以及大量的实证研究，在生命周期的角度上，进一步探讨实践中国都市农业产业集群向高质量转变的机制研究体系，从形成、发展、稳定三项机制来构建具体的实施路径，为中央和地方政府构建具体发展机制提供一些借鉴和依据，进一步推进中国都市农业产业集群向高质量发展目标的实现。二是从发展角度上看，目前我国很多大中城市都在探索都市农业发展新模式，但仍存在认知不到位、体制不完善、发展不均衡等问题，且发展速度较慢，质量不高。本书能够为我国未来都市农业产业集群发展提供可复制推广的体制机制，尤其是促进城乡协调发展，实现资源再平衡和高质量发展，推进"四化同步"① 和乡村振兴的意义重大。三是从产业角度来看，从生命周期的全新层面出发，可以对现阶段的都市农业产业集群进行优化，为都

---

① "四化"指的是新型工业化、信息化、城镇化和农业现代化，"同步"就是要推动"四化"在时间上同步演进、空间上一体布局、功能上耦合叠加。

市农业优化升级提供新路径、拓展新空间。这也有利于解决都市农业政策、资金、土地、人才等方面的问题，推进城乡一体化和资源再平衡，构建完善的都市农业发展体系。四是从政策角度看，为政府相关部门制定引导都市农业产业集群发展的政策提供依据。本书通过理论与实践相结合，从产业集群生命周期视角对都市农业产业集群进行了深入分析，以集群龙头企业作为突破口，有利于推进现代化都市农业产业体系建设，为政府部门完善相关政策提供一些建议。五是从战略角度看，发展都市农业产业集群有利于促进城乡一体化和资源再平衡，改变传统的农业土地利用方式，有效缓解"城市病"，改变农业的弱势地位。在当前经济发展形势下，进一步平衡农业与工业和城镇化发展之间的关系，构建新型农业发展模式。通过发展都市农业产业集群来分担城市的果蔬供应压力，实现农产品精深加工和满足市民的多元化需求，保障土地主要用于解决粮食生产的难题和乡村人口的就业和城市居民的粮食及农业安全的问题。

　　因此，从生命周期角度出发，进一步探究都市农业产业集群，并通过遵循集群的科学发展规律，构建系统完善的集群形成机制、发展机制和稳定机制，将为全国各大中城市和县区提供完善系统的发展思路与可复制推广且具有可操作性的成功模式。

1.2　研究方法及技术路线

1.2.1　研究方法

　　本书应用了理论研究和实践分析相结合的手段，一方面，借助都市农业、产业融合和产业集群等多学科视角与原理进行理论机制研究；另一方面，结合都市农业产业集群的实际数据，运用计量和统计分析等手段进行实证分析。

1.2.1.1　对比分析法

　　本书通过比较分析法对集群的发展状况、运营机制、发展要素等进行研究。基于产业集群生命周期视角，本书对都市农业产业集群各阶段的机制进行了量化研究，通过比较研究国内外都市农业产业集群的典型模式，从生命周期的角度出发，进一步探究都市农业产业集群的形成机制、发展机制和稳定机制相关模型，比较全面地分析了不同模式的形成机理和过程。在此基础上，本书构建了都市农业在发展产业集群过程中的绩效评估核心指标。

1.2.1.2 实证分析法

基于对融合发展模型的应用，本书综合使用了随机前沿分析的方式，选定了 2010—2019 年的数据，从而科学测算了中国 31 个省（自治区、直辖市）都市农业产业集群的产业融合水平系数，以东部、中部、西部为划分，测算集群产业融合的平均水平，验证了产业融合发展的三条不同路径的机理，通过 Citespace 可视化分析进而证实产业融合促进都市农业提升的整体效果。综合运用结构化模型（SEM）、最小二乘虚拟变量估计（LSDV）、广义矩估计（GMM）等方法，构建都市农产业集群企业核心竞争力和经营绩效、产业融合绩效和高质量评价指标体系，通过 2010—2019 年的省际数据分析了我国都市农业产业融合度和高质量发展状况，进一步验证形成机制、发展机制和稳定机制的正确性，着力构建科学有效的集群高质量发展模式。

1.2.1.3 案例分析法

本书主要围绕都市农业产业集群展开，深入研究了集群的前期形成、发展以及后期达到稳定的具体机制，指出在发展历程中，政府部门、龙头企业、高等院校和社会组织等不同主体所发挥的作用。在基于既有研究中具有代表性产业集群调研数据的实际情况下，通过问卷调查，本书对都市农业开展解剖麻雀式研究，利用长三角和天津等地区集群的数据资料考察都市农业产业集群发展的优势与劣势，阐述了一种相对务实和可操作性强的方法。

1.2.2 技术路线

本书的研究对象为都市农业产业集群的机制建设。在研究过程中，本书结合都市农业以及产业集群等基础理论，以生命周期为出发点，分析我国目前都市农业产业的发展规律和特征，并尝试明确未来的发展方向和趋势。首先，本书针对都市农业等相关理论进行了大量的文献查阅和收集，最终梳理得到了清晰的理论脉络，并比较分析了国内外都市农业产业集群的成功案例；其次，通过对都市农业产业集群的发展机理进行分析，不仅构建了都市农业产业集群机制的研究框架，还进一步指出此类集群的形成机制、发展机制和稳定机制，继而对都市农业产业融合和集群内部龙头企业和典型样态进行经验考察与实证研究；最后，在上述研究的基础上提出促进中国都市农业产业集群机制优化的研究结论和政策建议。具体研究技术路线见图1-1。

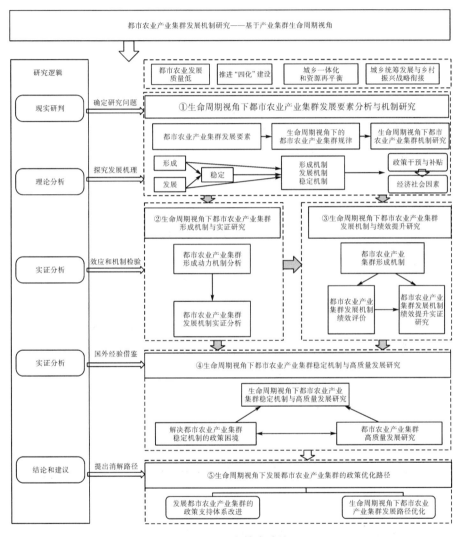

图1-1　研究技术路线

2 理论基础及文献综述

都市农业不同于工业，都市农业是有生命的产业，都市农业产业集群是有生命的集群，所以必须遵循科学的生命周期规律和发展要素来界定都市农业产业集群所处阶段和配套机制研究（王缉慈，2019）。都市农业产业集群在现有都市农业的基础上，构建每个生命周期阶段所对应的机制，能够综合利用和开发好现有的都市农业资源，使集群发展主体真正组织起来，充分实现都市农业的多功能性和满足广大市民的多元化需求，真正实现订单农业和私人定制，有效避免浪费，促使都市农业经营成本最小化、资源利用率最大化、经济效益最大化（蒋和平，2016）。在都市农业产业集群的载体中，通过城市化、现代工业和服务业的理念来改造都市农业，真正与城市发展有机融为一体，促使其不断创新和优化升级，有效地满足现代市民的生产、生活、生态、示范等多元化需求。

2.1 相关概念界定

2.1.1 都市农业

都市农业作为一种在农业方面较新的研究领域，其涵盖面广，牵涉的问题较多。因此，关于都市农业的相关概念，不同学科背景的专家、学者的相关理论众多，还未形成定论。都市农业的产生和形成经历了一个渐变的过程。1898 年，英国社会活动家霍华德就提出田园城市的理论，其基本构思是：立足建设城乡结合、环境优美的新型城市，"把积极的城市生活的一切优点同乡村的美丽和一切福利结合在一起"。而"都市农业"一词最早见于 1930 年出版的《大阪府农会报》杂志上。因其不仅是新兴的研究领域，而且牵涉面广，涉及的问题错综复杂，所以国内外对它的定义众说纷纭。目前，最具代表性的都市农业概念，主要有以下几种观点：

2.1.1.1 日本经济地理学家青鹿四郎学说

1935 年，青鹿四郎在《农业经济地理》中首次定义了都市农业。他提出，都市农业首先在地理位置上通常位于都市内部及周围，其所涉及区域的农业组织在发展过程中会受到城市经济的影响，在生产过程中具有专业化程度高、品类多元化经营的特点；从面积上来说，都市农业面积一般是城市面积的两三倍，并且呈现出集约化、高标准生产的特征。该定义重点在于对农地分布模式的陈述。都市农业主要经营奶、鸡、鱼、菜、果等，集约化、专业化程度高。

2.1.1.2 日本农业经济学家桥本卓尔学说

1998 年，桥本卓尔提出了新的都市农业概念，即都市农业是指在都市内部和农村在城市化进程中，受其影响并被其包容形成的一种高级农业形态，最直接获益于都市健全的基础设施。因此，都市农业展现出了巨大的社会价值和经济价值，是城市发展进程中与市民住宅用地等密切相关、镶嵌与融合的农业。这一概念重点指出了外部环境的作用。

2.1.1.3 美国经济学家休马哈学说

美国经济学家休马哈对都市农业做了以下概括：人类是自然界中脆弱的一部分，都市农业将城市人同自然界连接起来，不仅可以改善生存环境，而且可以生产粮食、蔬菜等，以满足市民生活的需要。

2.1.1.4 联合国粮农组织提出的都市农业概念

2006 年，联合国对都市农业的定义是：都市农业是指发展位置处在都市内部和周围区域的农业，以满足城市居民需求为主要目标，能有效利用自然与城市废弃资源，把散落于都市内部与城郊各个角落的土地与水源进行集约化应用生产，种植各种农作物，为大中城市居民提供从生产、加工、物流、消费到配套服务的一条龙经济活动。都市农业和城郊农业的主要不同在于其已成为都市经济和生态系统的关键组成部分。

2.1.1.5 中国关于都市农业的概念界定综述

中国关于都市型农业的理论探索是从 1995 年开始的，历经 20 多年发展，但关于都市农业的定义，众说纷纭，尚无一个统一的界定。中国学者在都市农业的研究中主要提出了以下四种观点：

（1）都市农业是针对地域化经济的一个概念[①]。其不仅涵盖城市角落中的小块农田，而且涵盖城乡接合部的城郊农业与满足大中城市居民多元化需求的农业。

（2）都市农业是一个发展和动态的概念。

（3）都市农业是一个总概念。其属于一类现代农业发展趋势，有效破解城乡二元经济结构难题，解决城乡发展不均衡问题。

（4）都市农业是一类具有高级经营形态与模式多元化的农业。

目前，都市农业概念广泛，界定并不清晰，不仅给政府研究工作造成不便，而且限制了各地都市农业的发展和进步。2016年9月，在中国农学会都市与休闲农业分会的成立大会上，国内权威专家梳理近年来国内外都市农业的相关文献，把都市农业概念定义为：都市农业是指经济社会发展到一定水平时，基于全部城区范围和大都市经济圈，满足都市多元化需求，推进城乡一体化，充分发挥农业多功能性、业态多种多样、三产融合的产业综合服务保障体系的作用，是都市经济和循环系统的核心构成部分，是城市发展中现代农业的表现形式。

2.1.1.6　都市农业的概念界定

在现有理论的基础上，本书将都市农业定义为：都市农业是都市与郊区农业发展过程中的高层次阶段，其位于城市内部与周边，扎根于城市，并与城市发展真正融为一体，并为大中城市提供高质量安全的农副产品与和谐的生态环境，是现代农业在都市发展中集约化、多功能的高级农业形态。它密切依托和服务于城市，是城市与农业经济的命运共同体。伴随着经济与社会的不断发展，具有观光娱乐、生活体验等多功能性的都市农业得到快速发展，其外延已拓展到工业化、休闲、会展、创意和精准农业等。都市农业能充分发挥大城市在人力资源、资金、物流、技术、信息等方面的优势，成为现代农业发展中的高端模式，连接城市和农村的综合平台和载体。

按照国际都市农业基金会和联合国等国际组织的定义，都市农业是指位于城市化和半城市化地区的一种综合农业行为，包括从生产加工、流通

[①] 一般翻译为"地域化"的英文词汇 territorialization，可以更进一步理解为"疆域化"或"属地化""本土化"，它与企业所在国家的所有权有关。在经济全球化背景下，企业有必要把涉及国家安全的技术研发活动放在母国，通过知识产权保护，掌握地域化的特定要素，才能成为影响世界经济的力量。

消费一直到食品安全监管和休闲体验的整个经济过程。

2.1.2 都市农业产业集群

都市农业是在城市化、工业化不可逆转的大背景下中国发展现代农业的有效路径，它为中国未来农业的发展指明了正确的方向和道路。而产业集群是能够让都市农业更加全面协调可持续发展的平台和载体，在此基础上通过三产融合，为进入城镇发展的农村人口提供更多的创业就业岗位，进一步加长农业产业链条，提升农业利用率，为不断提升农产品附加值和增值服务找到了发展空间，通过都市农业、产业融合、产业集群三者有机整合为一体的都市农业产业集群，以我国都市农业特点为依据，选取使用多种科学手段，加快推进这一集群的高效发展，在满足自身农产品需求的基础上，形成具有地方特色的都市农业产业集群，为全国的大中城市都市农业发展提供了一条可借鉴、可操作的成功模式，为中国现代农业发展打开一条新的通道。

都市农业和产业集群不是彼此分裂的，它们是互相推动、相互补充的关系。有大量的研究指出，以传统农业模式为基础，也能够逐渐形成产业集群，然而此类集群无法在现代市场中表现出较强的综合实力和竞争优势，整体发展水平较低，不符合现阶段市场的需求，也无法为广大农民创造更多的经济效益。但是，以都市农业为基础而形成的集群，其展现出了更强的综合实力，能够适应现代市场的特点和规律，从而提升了产业的盈利水平，扩大了农民的利益空间。同时，其也体现出了更强的未来发展潜力和活力。除此之外，集群也会对都市农业的发展起到一定的推动作用。都市农业目标是达到成本最小化、资源利用和效益最大化，以此来提升产业的经济效益。随着农业的现代化改革，农业产业集群展现出了巨大的潜力，在集群发展水平达到一定程度后，其中的各个经营主体的运营也更加科学和高效，从而也进一步加快了产业之间的融合。正是因为这样，在农业现代化的发展进程中，都市农业和产业集群对农业产业的发展起到了关键性的作用。

综上所述，本书把都市农业产业集群定义为：都市农业产业集群是指地处大中城市及周边地带，依托并服务于大中城市和县区居民多元化需求为导向，扎根都市，有效发挥农业多功能性，集生产、生活、生态与示范性于一体，遵循现代产业生命周期的科学发展规律，通过不断提升集群龙头企业核心竞争力来提高企业经营绩效，通过产业融合来不断延伸和拓展都市农业全产业链，通过集群不断创新来实现高质量发展，形成可靠稳定的联盟和网络合作体系，实现政府、企业、高等院校和社会组织等各主体之间的有效对接与合作，把都市农业的现有资源真正有效地组织和整合起来，实现都市农业多功能性和经济效益最大化。打造现代都市农业的升级版，实现都市需求侧和农业供给侧的同步与双向改革，有效解决都市和农业之间的信息不对称与资源不平衡等问题，实现都市农业可持续和高质量发展的现代农业产业集群。

2.1.3　都市农业产业集群机制研究

在梳理以往产业集群发展机制研究的基础上，本书在都市农业影响要素的基础上，基于产业集群生命周期视角，将都市产业集群机制研究划分为形成机制、发展机制和稳定机制，三者共同促进都市农业产业集群不断发展。在集群形成阶段，结合需求条件、集群生态、企业素质与社会资源，其分别对应集群龙头企业的财务、市场、学习与研发能力等八个影响要素，其核心要素是企业素质。在集群发展阶段，结合产业融合、土地流转、人才引进、技术投入、基础条件、金融服务等影响要素，其核心要素是产业融合。在集群稳定和提升阶段，充分运用产品质量、产业效益、生产效率、经营者素质、农民收入、绿色发展度六个驱动要素，其核心要素是生产效率和产品质量。

经过归纳总结，本书认为，都市农业产业集群的机制研究是指在都市农业发展要素的基础上，基于产业集群生命周期视角和产业集群发展的形成、发展、稳定和提升四个阶段，对与四个阶段相配套的对应产业集群增长的形成机制、发展机制和稳定机制的研究，并结合这四个阶段过程中需求要件、利益联结、产业效益、产品质量的核心发展要素，研究如何分别有效发挥主要诱因、内在动力、催化剂和决定作用，共同推进集群形成、发展、稳定和提升四个阶段的三项机制。在三项机制和核心发展要素的影响下，集群能够持续不断有效地进行创新，始终保持市场竞争优势和核心竞争力，保障都市农业产业集群打破生命周期和发展瓶颈，实现集群可持续和高质量发展，为推进城乡经济社会平衡发展起到关键性作用。

2.1.3.1　形成机制

都市农业产业集群形成机制是在集群生命周期的形成阶段，根据集群形成需求条件、集群生态、企业素质与社会资源，其分别对应集群龙头企业的财务、市场、学习与研发能力等八个影响要素。其中最核心的影响要素是企业素质，都市农业在生产过程中的分布是面状的，但其生产组织、中介以及相关的涉农企业则围绕"点"延伸，这八大要素共同作用，构建集群的形成机制。遵照着极化和扩散效应，通过点和面相结合，以中心轴线持续发展，成为形成阶段的集群（王缉慈，2019a）。

2.1.3.2　发展机制

都市农业产业集群发展机制是在集群生命周期的发展阶段，开拓和发展产业规模和市场规模，有效发挥政府、市场、农民、利益、信息、资源的协同效应，持续提升集群龙头企业的核心竞争力与市场优势，最后构建以政府层面、市场层面、社会层面、技术层面为主要内容的发展机制，以此来实现集群拓展市场、产业升级、效益递增的目的（王缉慈，2019b）。

2.1.3.3　稳定机制

都市农业产业集群稳定机制是在集群生命周期的稳定阶段和提升阶段，根据集群发展的产品质量、产业效益、生产效率、经营者素质、农民收入和绿色发展六项影响要素，最重要的是通过产业融合和科技创新，不断延伸和拓展集群内部企业的全产业链，提高产品质量与产业效益，进一步融合促进集群发展的各种有利因素，在集群形成和发展的关键时期提供重要的支持，为集群发展提供稳定机制。结合国内外的实践经验，可以看出，集群的长期稳定发展离不开稳定机制的支持，因此构建完善的稳定机制是集群发展的重要一环。

2.2　研究的理论基础

2.2.1　都市农业理论

都市农业是一种传统农业优化升级的高级发展形态，属于全新的现代农业发展形势，也是当前促进城乡融合以及现代农业发展的主要方法。其属于三产深度融合的产业，具有高度灵活化和市场化的体制机制特征，能激发农业生产潜力，优化要素资源配置，创新农业生产技术和生产方式，孵化农业发展的投资兴业，全面提高土地生产、资源转化与劳动生产率，发挥农业要素、体制机制、政策创新的带动作用。由都市农业相关理论机制可知，都市农业对推进农业高质量发展，起到了很强的示范带动作用，是未来国内发展现代农业的创新驱动力。

都市农业于20世纪90年代在国内起步。21世纪以来，大中城市在城市化发展进程中，为满足城市居民对优化农产品和绿色空间的需求，全面发挥都市优势，在都市农业的发展过程中进一步推进我国农业产业结构的建设，实现产业结构完善、功能全面的农业发展新思路和新业态，初步形成了以服务城市、基础设施、人力资源、市场营销为保证，以经济效益、社会效益和生态效益为目标的新型农业，为支持城乡协调可持续发展、探索"四化同步"建设发挥了重要作用。都市农业是一种崭新的现代农业产业融合发展模式，能全面优化升级产业结构，提升经济效益，有效实现生产价值、生活价值、生态价值和社会价值。本书界定了都市农业的定义，同时进一步探究了现阶段都市农业所暴露出的问题和不足之处。基于相关理论和实践经验，本书提出以下政策建议：一是合理制定发展规划，因地制宜有序发展；二是科学布局都市农业，扩大产业整体规模；三是扶持都市农业核心企业，全面延伸和拓展全产业链；四是加大技术和资金要素投入力度，营造良好发展氛围；五是完善政策支持体系，构建全生命周期发展体制机制（谯薇等，2017）。

2.2.1.1　城郊农业与都市农业的区别

城郊农业与都市农业的区别见表2-1。作为适应城市发展需求的产物，都市农业和城郊农业在发展过程中都曾被纳入都市的整体发展规划。但两者的差异在于，城郊农业以都市发展供应新鲜农副产品为目的，位于城市郊区便于农副产品的运输以及新鲜供应，没有产业化发展目标（王晓君，2016）。而都市农业是为了实现市民的多元化需要，以生产、生活、生态性与示范功能为重点，具有多功能性，发展水平较高，主要位于大都市地区和城市内部[①]。

[①]　两者的主要区别如下：一是起点不同。城郊农业的起点是传统农村农业，都市农业的起点是城郊农业。二是区域不同。城郊农业的区域大都集中在都市郊区，都市农业大都集中在都市内部和城市的郊区。这说明，城郊农业实际上与城市相分离，都市农业和城市是融为一体的，属于都市的重要组成部分。三是产业结构不同。都市农业以满足城市需求的多元化为发展目标，在此基础上组成内部结构，与城市化相互促进。城郊农业不可能与城市真正融为一体，其产业结构不可能转化为城市产业结构。

表 2-1　城郊农业与都市农业的区别

类别	城郊农业	都市农业
城乡关系	城乡割裂或结合	城乡融合
空间地域	城市郊区	城郊、市区、超出市域100~200千米周边
经济机构	以第一、第二产业为主	第一、第二、第三产业融合
农业功能	提供副食品功能	功能多元化
关注焦点	经济效益、社会效益	生态效益、经济效益、社会效益
主要特点	服务城市	与城市有机融为一体
发展模式	城市发展不断蚕食郊区	城市建设与农业发展同步
社会经济条件	较好	很好
农业设施	较好	很好
自然环境	改变自然	人和自然协调发展
技术类型	工业化技术	工业化、生物与信息技术
劳动生产率	较高	很高
土地生产率	较高	很高

2.2.1.2　区域边界

结合都市农业相关概念与研究基础，基于当前国内都市农业的发展特征，可以得出都市农业发展已突破传统环状布局，出现网状与带状发展态势。都市农业区域边界的思维是在都市郊区与内部空隙地带进行农业的生产经营、资源开发利用与空间规划设计的前提。对于都市农业区域边界的设定，应打破传统城市周边农业环圈布局模式的思维，要考虑到都市农业的布局更加走向城乡融合的形态，呈零星散落状、网络辐射状、点状、格状、带状等不规则的布局方式，为农业区位理论中的"环""圈层"等赋予新的内涵和解释。同时还需要认识到，在城乡空间格局的演变中，中心城区发展与农村城镇化构成网状和带状的发展空间，也为都市农业区域边界的变化提供了可能，都市农业区域边界经历着不断的动态调整（朱福守，2016）。

综上所述，本书提出，都市农业区域边界是都市农业地理边缘的特定空间形态，其不仅仅表现出了城乡接合部的特殊性，同时也在实际中表现出单核圈层结构、多级网络结构、以及由单中心向多中心演变过程中呈现出各类空间结构的边界形态（如图2-1所示），能够表达都市农业产业融合性、功能多样性、区域灵活性的城乡融合特点。都市农业的区域边界具有时空性、动态性、多维性、辐射性，需根据不同地区都市农业发展模式和具体形式来划定（蒋和平，2016）。

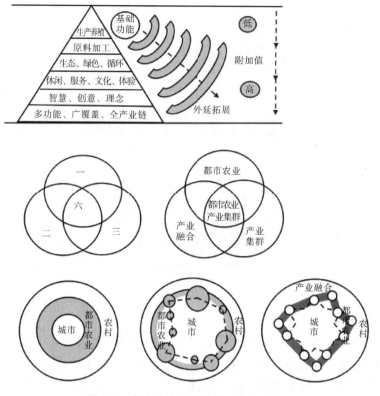

图2-1　都市农业区域边界形态及演变

2.2.1.3 外延边界

都市农业不仅局限于生产环节，在发展中向产前、产后环节不断延伸，促进了农业功能与产品的多样化，内容持续变化，新业态不断出现，推动相关产业发展，极大地提升了产业收益与附加值。都市农业不断衍生和拓展，和相关产业持续融合，产业体系关联性持续深化，比较优势不断提升，获得发展空间。以种植和养殖为基础功能拓展都市农业外延，将上、中、下游连成一体，形成适应现代农业发展的产业新形态孵化器。农业外延的拓展也是产业融合、功能扩展、附加值提升的过程，通过拓展产业价值、供需与空间链，促进了农业与其他产业的深度融合，为现代农业提供了新的发展动力。

随着环境友好、资源节约型都市发展理念得到普遍认可，其功能定位明显不同于传统农业。在生态文明建设与农业优化调整结构的大背景下，国内都市农业的多功能性将更为凸显，逐步跨入高端产业和高级形态阶段，成为我国农业发展的引擎，在服务大中城市中发挥巨大的示范带动作用（蒋和平，2016）。

2.2.1.4 产值边界

基于产业结构演进理论，伴随经济发展与国民收入提升，资金、人力等要素逐渐向第二、第三产业转移，城郊农业转向都市农业后，与农业相关的第二、第三产业定位和功能持续提升，三产融合趋势更为显著，都市农业是三产融合发展的特殊形态，产业特征不限第一产业，还包括种植业、会展农业等和第二、第三产业的内容。从农户特点看，都市农业农地面积占有比率低、专业劳动占有比率高，设施农业、观光农业占有比率比一般农户高，能够获得高于一般农户的经营效益，且都市农业农户兼业率较高，具备较高收入来源（朱福守，2016）。都市农业可划分成产品型与服务型两种，产品型都市农业主要以满足市民对有形农产品的需要，服务型都市农业主要满足市民对于文化精神农产品与良好生态环境的需要。因此，对于都市农业产值衡量要从经济、产业、地区、人力资源融合等领域入手，按照产品型和服务型都市农业两类对产业类型从产业价值和功能价值进行划分，重点从全产业链的角度综合选择指标，在强调生产功能的同时，充分体现其生活、生态功能，全面囊括和体现都市农业的价值（王晓君，2016）。综上研究提出都市农业产值计算涉及的主要产业以及产值计算中的产业价值和功能价值两项总体指标，具体产值计算指标及产业分类如表2-2所示。

表2-2　都市农业产值计算指标和涉及的产业类型

指标层		涉及的产业类型
产业价值	主要农产品产量	设施农业　观光农业　精准农业　品牌农业　休闲农业　生态农业　创意农业　绿色农业　创汇农业　智慧农业
	总产值与增加值	
	加工率和附加值	
	市场占有率和销售额	
	品牌和标准化水平	
	科技进步贡献率	
	出口创汇能力	

表2-2(续)

指标层		涉及的产业类型
功能价值	旅游休闲价值	休闲农业　观光农业　体验农业　生态农业　绿色农业　节水农业　循环农业
	教育文化价值	
	生态价值	
	水土保持率	
	林木绿化率	
	循环处理能力	

需要指出的是，在我国实际开展都市农业的产值计算范围的界定时，应该考虑到城市与城市间的差距，即便是东部沿海地区和大部分城市也要区别对待，分开考察。此外，有别于欧美发达国家的理念，即使都市农业产值和总额占比继续降低，但中国都市农业在都市经济发展中仍保持了基础性地位，尤其是保障"菜篮子"安全、生态观光和教育文化等多功能性将持续提升，这些功能需要得到进一步的审视和价值评价。本章对于都市农业产值边界进行了初步探索，是对于都市农业的定义以及特征的阐述，为后续绩效评价创造了基础条件，能够进一步加快推动都市农业的发展，最终促使产业之间的相互融合，并长期持续形成新兴业态，向着提高多元产值效益的方向发展。

本章以国内外相关研究为依据，参考不同国家和地区都市农业发展的现实进程，对都市农业的区域边界、产值边界和外延边界等进行了理论方法的探讨与界定。都市农业不同边界概念的比较见表2-3。例如，随着现代农业的功能不断多样化，农业产业中出现了新型的业态，同时产业也具有了更广阔的价值发展空间。同时，城乡的各个要素之间也相互融合，呈现出了彼此协调发展的趋势，使得原本的城乡区域的明确边界不再明显。所以，从地理状态、产业转变、功能演变来看都市农业各类边界都有所互通，而随着城乡关系的不断融合，都市农业边界也将变得愈加宽泛和模糊[1]。

---

① 事实上，目前有关都市农业边界问题属于前沿性的研究课题，国内相关成果尚不多见。其涉及学科领域和内容较广，不仅仅局限于本书所提出的三个方面，还需在多学科交叉领域中深入挖掘。尤其是在全国各大城市统筹推进都市农业的新形势下，对于都市农业集群的分析更要在实践工作中有针对性的案例探索和典型总结，提高都市农业边界理论的适用性和前瞻性，全面推动都市农业研究和实践工作的开展。

表 2-3　都市农业不同边界概念的比较

类型	理论基础	发展特征	表现形态
区域边界	农业圈层理论、城市规划理论、空间布局理论等	由传统城郊地区的空间边界形态，至都市内部及周边多核心出现，农村成为都市的一部分，城乡空间的界限逐渐融合、边界逐渐模糊	由于发展阶段和区域性的差异，呈现出不同形式的空间形态，如"中心—外围"型、散落型、插花型、格栅型、网络型等
产值边界	产业变迁理论、二元结构理论、农业阶段理论等	农业逐步由生产向产业高级形态发展，工业和农业的联系愈加紧密，产业链持续不断拓展，农业与第二、第三产业有机融合，附加值进一步提高	除农业经济价值外，将生态价值、社会价值等预算内容纳入，同时考虑多种类型的农业产业形态
外延边界	多功能性理论、高质量发展理论等	由重视生产转向生态、社会、文化功能等方面拓展，不断满足新的消费需求，同步实现都市农业的质量和效益	兼顾社会效益、生态效益与经济效益等多功能发展模式，如生态农业、有机农业、观光农业等

2.2.2　产业融合理论

2.2.2.1　产业分工

产业分工和专业化的性质是一致的。对于前者而言，其含义就是不同的人负责不同的工作任务；对于后者而言，其含义是一类人专注负责一类工作（吴重庆、张慧鹏，2019；储霞玲 等，2020）。亚当·斯密提出，以扣针的生产为实例，可以发现，在生产制造的过程中，表现出了这样的分工模式，即"有人专职做抽铁线，有人专职做削尖，有人负责圆形针头。因此，工厂也分别安排了不同的人员，专门从事特定的工作任务，从而提升整体的效率"。这就表现出了分工的内涵，即不同的人员负责处理不同的工作。此外，在国家层面上，假设一个产业具备较高的发展水平，则其也具备很高的专业分工程度。而进行分工的核心目标是达到专业化的效果。与此同时，为了进一步控制和降低产业的整体成本，提升交易活动的便捷性，在分工的过程中也出现了多种类型的合作，这就为产业后续的融合提供了基础，为产业集群的出现创造了有利条件。

2.2.2.2 产业边界

在早期研究阶段，尼古拉斯创造性地提出借助先进要素的持续发展，三个圆圈之间必然会出现一定程度的重叠和交叉，这就指出，原本的不同产业的界限已经不再逐渐消失，表现出了相互融合、彼此影响的现象（吴广谋、盛昭翰，2002）。以生命周期为分析角度，可以发现，产业边界实际上就是产业短期尺度的变量，且主要限于通信、出版等领域，这体现出了产业边界的界定原理（周振华，2019）。

产业边界的范围不存在明确的制约，但是会表现在内部环境和外部环境中，大众可以进行感知，并对未来的趋势进行预测。通常情况下，不同的产业存在各自特殊的定义和内涵。然而，随着现代市场的发展，在很多技术被研发和应用的前提下，不同产业原本的界限也逐渐消失，边界渗透的现象已经非常明显。而在长期的影响下，产业融合也进一步发展（黄浩，2019）。如果不存在产业分工和边界，那么后续的产业融合就不能够顺利出现，若不存在产业融合，各个产业就只会独立运转，难以推动社会的发展（李莉、景普秋，2019）。

2.2.2.3 产业融合

产业融合的很多观点在工场手工业阶段就已经被提出（周立等，2018）。其中，马克思认为："手工业是多种手工类型的整合。比如，英国的大玻璃工厂，坩埚的制造工厂和产品制造工厂之间形成了战略关系，专门负责不同的工作任务，在相互协作的基础上进行可持续的合作。与此同时，手工业也可以把制造出的产品再次作为原材料进行加工。此外也可以与附近区域内的工厂达成战略友好关系。例如，玻璃制造工业和铸铜业就实现了相互协作，共同发展。在这样的背景下，很多原本负责不同工作的工厂之间也形成了非常紧密的关联，从而逐渐出现了运营规模更大的综合性的工场手工业。因为多个工厂的结合，其综合优势不断明显，在市场中表现出了很强的竞争实力。但是在这一时期，没有实现技术上的完全统一。而只有当机械设备技术发展到一定的水平，才会逐渐淘汰原本的传统生产模式，实现技术统一的目标。"在当时的发展阶段，产业的分工开始出现并且处于快速发展的状态，此时尚未具备产业融合的现实条件，因此产业融合尚未在市场中产生。这就无法对产业的融合进行论证和解释（胡永佳，2008；丁长发、郑瑞玲，2017）。但是，这些研究成果的出现，也表现出了前人的思想观念以及研究思路，对现阶段的产业融合的研究工作也起到了一定的指导和参考作用。

2.2.2.4 农村产业融合

在现代农业发展过程中，实现农业产业的融合发展是核心任务。同时，在经济市场中，也要求农业要进一步和更多的产业进行整合，达成协调的关系，实现产业高效科学的融合发展。在此背景下，广大个体农户可以基于科学的组织生产方式，和更多的农业经营主体之间达成合作关系，构建合理的经济效益机制，从而实现不同产业之间的相互合作，最终进一步拓展利益空间，提升各方的经济效益，达到共同进步和发展的目标。21世纪，我国的城镇化进程不断加快，在信息技术全面普及的背景下，现代农业和第二、第三产业融合发展开始成为持续的发展趋势（韩素卿等，2020）。例如，目前，我国很多地区都开始推行传统农业和休闲观光业的结合，政府集中资源进行了现代化观光农业的发展。此外，很多地区也出现了各种类型的农产品直销基地，实现农产品附加值不断提高，使农民获取更好的经济效益与产业发展效果。

基于产业融合视角，技术创新与进步是创新驱动农业产业融合发展的核心要素。农业产业融合也可以通过产业相互之间的技术、功能与价值融合，形成新的产业（"互联网+农业"、数字农业、智慧农业等）和经济增长极，为农村经济社会发展提供新的发展动能和驱动力（李晓龙，2019）。基于对多个国家发展经验的分析，可以得到这样的结论，即在产业融合的过程中，出现了产业集群的现象，同时各项技术也在不断研发和创新，产业的整体资源优势更强，转变了传统生产与加工分离问题，将其和服务业进行融合和渗透，实现了产业之间的相互合作、共同发展和进步，提升了各自的经济效益。在此基础上，传统农业结构也出现了较大的调整和优化，出现了更多的业态，农业的盈利空间也得到了拓展。同时，更多的农户的盈利能力也得到了增强，推动了农村地区的经济建设和发展。以农业为基础，多个产业相互结合，提升了整体的竞争优势，进一步助推了我国农业的现代化发展（李明贤、刘宸璠，2019；钟真等，2020），从而拓展了传统农业的多样化功能，提高了产业的盈利水平，全面打造美丽乡村（曲延春，2020）。

2.2.3 产业集群理论

2.2.3.1 产业集群思想

波特（1998）于20世纪80年代在美国最先提出关于产业集群的理

论。当时的定义是：产业集群是指在特定的地理范围内，多个具备相关性的企业以及组织的整合。在区域集聚的长期作用下，产业的综合实力不断增强，表现出了强大的发展潜力和优势，因此进一步推进了区域经济建设，并对信息交流的整体成本进行了有效控制，从而解决了企业资金的周转问题，在此基础上形成了较为强大的区域市场竞争力。进一步提升了农业生产的实际效率、降低了农业运营成本，推动了产业融合和产业集群发展，全面提升经济效益，同时更加高效控制和降低农业的整体成本，促使农户能够获得更多经济收益①。

产业集群是一种产业的空间聚集状态。其是区域经济建设中的重要因素，对于提升地区经济水平起到了关键性的作用（王缉慈，2019）。在一定地理范围内，存在关联性的企业，组织以及机构之间集中分布，相互协作和合作，实现共同发展。产业集群的理念最早是由欧美国家构建的。

在长期的合作关系下，区域中形成了新型的外部经济，因此实现了对原本交易成本的严格控制，同时也推动了技术的研发和创新。然而，需要注意到的是，产业集群相互促进的效应不是一定存在的，其受到了多方面因素的共同影响（王缉慈，2019）。

产业集群具有以下特征：一是各个主体在地理位置上较为接近，处在相同的区域中；二是主体之间存在一定程度的产业相关性；三是不同的主体之间具有合作的关系。在产业集群中，企业的数量较多，但是彼此之间都存在一定的相关性，可以表现为同一个产业链的上游和下游企业。另外，企业不是单独存在的，在进行运营和管理时，企业之间往往会展开合作，彼此进行协助和配合，建立长期的友好关系，最终实现共同发展。在理想状态下，产业集群是指在地理位置上接近的企业和组织等主体，相互合作，推动技术研发和创新，实现共同发展和进步。

早在 20 世纪，海外一些国家就已经对产业集群进行探索。在集群战略的影响下，处于相同区域中的企业和相关机构以及当地政府形成互联互通、互利共赢的关系，齐心协力推动集群可持续发展。针对我国的情况，虽然一些区域有着一定数量的集群，也在短时间内取得了良好的效果，但是其整体发展依旧处于较低水平。现阶段，我国产业集群研究的代表人物王缉慈（2010）以我国产业集群为核心对象进行了长期的研究工作，并提

---

① 波特所定义的集群又被一些学者称为波特式集群（porterian cluster）。

出了超越集群的观念①。

协同的含义就是同一领域中的企业的聚集，其存在相似的发展目标，相互之间进行合作，共同开展各项运营和管理活动。这些活动的类型多样，涉及和区域内政府部门的沟通，同时也包含了产业集群的发展战略的评价和优化等。协同不仅仅涉及处于相同产业的企业，也涉及了产业集群内具有关联性的机构等。

产业集群的协同也被称为集群合作行动。它是指产业集群内部相关主体为了提升产业公共效益而发挥主观能动性的作用，通过集体合作的方式共同行动。应该注意的是，合作行动并不只局限于集群内部，在全球价值链的影响下，合作行动也存在于集群与外部的密切联系中。对于集群来说，合作行动是促进其发展演化的内部动力机制。通过集群合作行动的系统研究，将有助于从现实主体间互动的角度重新理解产业集群的重要性。其主要目的是，通过合作进行细致的现象观察和机理分析，为指导产业集群提高竞争力、应对挑战提供理论依据，并且促使集群理论在我国向纵深发展，尤其是从概念探讨到分析实际功能的转型（林涛，2016）②。区域产业升级模式已由封闭式的集聚步入开放式的协同。当前，我国处于产业转移的再平衡阶段，区域路径不明确、存在跳跃式转移现象使得地方产业发展亟须突破集群瓶颈、优化区域路径。在开放经济下，地方产业升级是集群内有效治理和区域价值链有序竞争交互作用的结果。遵循协同导致有序思路，将协同含义从集群内拓展到区域间，通过构建治理机制体系，达到集群优化升级与区域发展协同的目标同步实现，在区域价值链整合中推动国内价值链形成，从而稳步实现地方产业有序升级（杜宇，2020）。

2.2.3.2 农业产业集群理论

1990 年，波特立足前人的研究成果和经验，构建了产业集群的概念。波特指出，产业集群的本质是在一定的行业中存在共同特性和相互影响，并在位置上相互比邻的组织。我国学者对产业集群的定义是，产业集群是指某一行业领域中的企业或者组织通过产业链的关系，构成在一定区域中

---

① 一是超越"产业集群必然导致区域经济发展"的逻辑，二是超越"产业集群必定是创新的空间"的思维，三是超越从"集体经济"层次理解集群的高度，四是超越把产业集群作为静态的产业组织。

② 企业双方合作中仅仅是大量的产业联系而不是"产业集群合作行动"，只有能够明显影响或体现集群"公共利益"的双方合作，才能够称为真正意义上的"产业集群合作行动"。

的集聚状态。基于对文献资料的查阅和分析，我们可以发现，研究人员针对产业集群概念存在不同的见解，但是普遍都认为，产业集群的特点表现为产业的分工在特定地理位置中的聚集。

通过对产业集群进行分析，在综合探究了农业产业的特殊性和发展规律后，本书认为，农业产业集群是指在区域位置上较为集中的、多个和农业产业相关的企业等组织的聚集。这些主体之间存在产业链上的相关性，同时能够进行资源互补、相互推动彼此的发展和进步。通过这样的方式，这一经济群体的综合实力不断增强，在市场竞争中也占据着更加有利的地位。随着产业集群的出现以及发展，原本多个产业之间的边界也开始消失，在企业，组织以及机构等相互合作，建立在长期友好关系的基础上，区域中的产业优势更加明显。同时，整个区域的经济建设速度不断加快，可以从统筹规划的角度出发，对区域经济进行调整和优化，制定出更加高效科学的区域整体发展战略，促使区域中的各个经营主体之间形成良性的竞争，构建稳定的合作关系。在良性竞争的环境中，政府部门也要为集群发展提供更多的支持，重点加强对技术研发和创新的扶持，从而为区域经济发展提供技术层面上的基础条件。目前，越来越多的国家开始关注集群战略，相关研究成果不断丰富，为实践工作提供了科学的参考。然而，需要注意的是，国内外研究人员针对集群概念的见解和认识是不一致的，尚未得出学术界共同认可的观点。同时，很多研究人员都没有关注实证研究，造成了集群发展的研究框架缺乏合理性和科学性（谢贞发，2015；杨超等，2018）。目前，产业集群已经成为市场中的重要现象，表现出了很强的综合优势，既为政府的产业扶持工作提供了全新的思路，也为相关企业发展战略的制定提供了理论指导。针对农业产业融合而言，涉及了很多不同类型的产业，实现了对原本单一产业链的扩展，同时也形成了更多类型的新业态，促使农业产业具备更大的盈利空间。

农业产业集群的内涵是，在特定的地理范围内，农业以及相关产业的企业和组织等构建的群体，其展现出产业集群的普遍规律，而且展现出与现代农业实现产业化、规模化的主要特点与发展规律（李铜山，2016）。在工业产业中，产业集群已经发展很长的时间，积累了丰富的实践经验，但尚未在农业领域推广应用。步入21世纪，世界各国逐步明晰农业产业集群的重要性，全力推动集群发展。现阶段，政府部门也非常关注产业集群，颁布并实施了多种政策和制度，在此基础上进行产业链的整合，积极提升创新水平。从集群生命周期视角来梳理和总结农业产业集群的特殊性与发展规律，对研究此类产业集群的发展过程具有重要借鉴价值。集群的集聚是由多重要素协同作用的结果，也是在流入、流出与乘数效应协同作用下演变与形成的（周新德，2019）。

2.3 文献综述

2.3.1 都市农业文献研究

2.3.1.1 国外研究现状

霍华德最早阐述定义了"田园城市"，其理论基于构建城乡融合、生态优美的都市，把发达的都市生活的优点和美丽乡村的全部生态福利有机融合在一起。这就是都市农业的最初萌芽状态。都市农业是指分散位于都市内部工业、商业和区域住宅内部，或分散位于都市周边特定业态的农业。这些区域内部的农业组织必须依托城市经济，与都市经济发展息息相关（青鹿四郎，1935）。在城市郊区的楔形农田上推进生态建设，在欧美等发达国家的发展过程中已经开展广泛的都市农业发展实践。随着城市规模的不断扩张，都市农业也迎来了新的发展机遇，也就是从基础的城郊农业转变为系统的大城市圈农业，然后，在全球经济发达国家迅速发展。

美国经济学者霍克（1960）提出"都市现代农业区域"的定义，即在都市周围位置进行的园林与绿化建设。自1970年以来，都市农业呈现出了迅速发展的趋势，相关的研究成果也在不断增多。其中，日本东京大学名誉教授尾孝岭（1972）对都市农业的定义和特征进行了解释。美国经济学者沈记（1978）在《日本农业模式》书中正式定义了"都市农业"。日本专家井正美（1979）认为，"都市农业表现出了分散存在的特征，是现代农业的一种类型"。而目前得到学术界普遍认同的是联合国粮农组织（FAO）的定义：都市农业是指分布于城市和周边地带的农业，充分利用大中城市的内部间隙，包含用以耕种的土地、丘陵、河流与湖泊等水面进行种植或者养殖业等经济性活动，在大城市圈内部或邻近地区，为都市居民提供安全新鲜的农（副）产品、提供优良的生态环境、文化教育产品与多功能性体验式服务的现代农业。

都市农业在现代社会发展和生态环境保护中起到着非常重要的作用

（FAO，2012），如保障居民粮食安全和农业可持续发展等功能。并且在生态循环和社区建设等方面也发挥着重要作用。Julie（2014）指出，都市农业在发展的过程中，呈现出了较好的经济效益，同时也表现出了一定的社会效益。艾泽拉斯（2018）和瑞德（2019）等学者指出，现阶段城市发展进程不断加快，其和农村地区之间的差距不断扩大，农村经济水平较低，发展不完善的问题更加明显。而在都市农业的作用下，能够在一定程度上解决城市和农村的不均衡发展问题。费雷拉等（2020）指出，在都市农业发展的过程中，能够为城市可持续发展提供动力，同时促进生态经济发展。

2.3.1.2 国内研究现状

（1）都市农业概念。张社梅等（2018）提出，持续推进都市农业供给侧结构性改革，不但能提高都市农业综合收益，而且能实现农民稳定收入，提升市民幸福指数。所以，要以满足多样化消费需求为核心，推动都市农业结构性调整，以提高要素使用效率为核心，健全资源要素供给，以产业融合与集约化经营为关键，创新都市农业运营和发展机制，以提升核心竞争力为重点，着力培育新产业与新业态。都市农业是以大都市中心和边缘地带，依托现代技术与设施，满足居民多元化需求为目的，为都市提供优质服务和高品质农产品的现代农业发展模式（邱国梁等，2019）。都市农业在满足都市居民接近自然、观光休闲、娱乐身心与情感需要，在推进城乡资源再平衡和实现经济社会全面和高质量发展等领域方面发挥着十分重要的作用，成为中国大中都市发展现代农业的必经路径（赵艳，2019）。部分学者表示，都市农业发展离不开服务城市的基本目的，属于农村和城市在当今形势下进一步发展的产物，它被要求具备生活、生态、教育和文化等多种不同的功能。因此，都市农业体现出了农业产业融合的优势，符合现代农业的发展要求和标准（张静怡等，2020）。

（2）都市农业的特点。都市农业在发展过程中功能多样、发展方向复杂，同时具备运营集约以及促进城乡融合发展的特点（刘斐，2012）。此外，都市农业在城市内部之外的另一个存在空间是城市周边（郭忠兴，2013）。都市农业具备特殊空间布局、多功能特征，具备市场化、智慧化、信息化、产业化和可持续发展等特点（韩士元，2014）。都市农业充分利用城市人才、资本和科技等要素优势，提升农业生产效益（孙邱华，2019）。都市农业具有以下五个特征：一是都市农业范围是指都市内部地区与环都市产业带的农业，不属于城郊农业。所以，都市农业具有显著的市场区位优势，具备显著的多功能性。从消费者视角看，其具有明晰的都市发展导向，发展都市农业取决于城市发展需求。二是都市农业的生产、物流、消费、区域布局和规划安排，以及和相关产业联系必须服务于城市需求。都市需要决定着都市农业发展，有效验证两者之间联系的重要性，最终转化为相辅相成、互联互通走向共同发展之路。三是在其发展进程中除传统农业具有的生产和经济功能外，还具有生活与生态等功能。四是都市农业具有集约化的发展方式，在农产品的种植、生产、营销过程中能够实现有效联动与整体规划运营，能够更好地满足当下社会发展的需求（陈凯，2016；王亚辉等，2020）。五是以市场需求为导向，促进三产融合，为市民提供高品质的农产品、生态体验、教育文化等多功能性服务（林赛男等，2019；矫健等，2020；周灿芳等，2020）。

（3）都市农业科学规划。都市农业发展需要抓好以下四个方面的工作：一是转化观念、提升认知。重点要强化发展都市农业对城市发展的重要性，把握都市农业的多功能性，不断提升和发挥都市农业的全面效用（薛宇峰，2016）。都市农业发展要在城市特定区域内进行科学规划，优选重点项目，集聚资金进行开发。要科学规划，准确定位区域、功能和形态。要把都市农业与城乡一体化规划有机融为一体。二是基于资源禀赋和区位优势，拓展国内和国际两个市场。在都市农业规划发展中切忌构建太多景观文化、使基础设施和发展环境商业化气息太浓，切忌盲目大规模投资和高层次消费。三是多方面募集发展资金。在以往投入的基础上，逐步提升财政和信贷资金向农业投入的比例，构建国家和社会各经济主体多元化投资体制机制。四是加强都市农业人才培养。与传统农业比较，发展都市农业对于经济社会发展的意义重大，其具备高度产业融合性、知识技术密集型和多功能性等特征，需要高等院校提供专业的科技人才作为支撑和保障。所以，高等院校在人才培养、技术创新等方面要提升核心竞争力，着力打造具有中国特色的都市农业（赵相华，2017）。全面加大农村职业技能教育培训力度，不断提升农民综合素质和管理水平，是都市农业科学规划的重要手段。发展都市农业的关键，是把高新技术融合到农产品加工营销的全产业链过程中（蒋和平，2017）。加强农村基层适用技术推广队伍建设，创新技术推广模式，是构建都市农业社会化服务体系的重要组成部分（陈俊红，2019）。

（4）都市农业实证研究。黎孔清和孙晓玲（2018）指出，都市农业对于城市的可持续发展、保护自然环境的意义重大。在两者综合评价指标体系的基础上，应用耦合度模型对两者之间的耦合协调关系开展实证分析，证明两者呈正相关关系。曹祎遐和耿昊裔（2019）为深度研究都市农业的产业融合结构，对其与相关产业融合水平开展实证研究。构建以完全消耗与分配系数为基础的指标体系，应用灰靶决策模型，测算各省（自治区、直辖市）的产业融合度系数并开展相关性分析。张静怡等（2020）从评价的指标内涵、选取原则与评价方法三个方面对国内都市农业发展水平评价体系文献进行查阅和分析，发现现阶段的这一体系已经非常成熟，评价方法丰富，但也存在一些问题。例如，指标内涵的确定主观性太强；文化指标、都市农业观光等功能性指标的研究较少；评价指标权重的确定太过于主观；研究对象较单一等。主要应从以下四个方面开展研究：一是在选取指标的过程中，要优先使用典型的指标，同时以因子分析法为核心，保障各个指标都具备较强的规范性和有效性。二是重视对农业文化等新型指标的分析，同时和现阶段的社会发展、经济建设等指标相互关联，体现都市农业的多样化功能。三是在对指标权重的赋值过程中，要避免人为因素的干扰，基于数学建模的手段，提升操作的科学性和严谨性。四是丰富实证对象。针对多种特点的对象进行研究，同时进行多个角度的对比研究。陈林生（2020）认为，产业融合是形成都市农业的核心举措。在构建其产业融合水平评价体系的基础上，运用熵值与灰色关联分析法来定量评价和分析其发展情况。实证得出，产业融合总体出现上升趋势，子系统发展不均衡，产业转型升级出现新挑战；产品附加值、合作社和农旅融合发展对农业总产值的影响力十分大。

2.3.2 产业融合文献研究

2.3.2.1 国外研究现状

马歇尔最早提出产业融合概念。他提出，在相应的条件下，分工会把区域收敛，这实际上体现了产业融合的特征。到了 20 世纪 80 年代，先进的信息技术不断面世，在此背景下，各个产业之间开始出现了一定的渗透与融合，在长期的发展过程中构建出全新的产业形态，这种发展过程才得到了更多研究专家的重视，这就进一步推动了对后续的产业融合理论的分析工作的研究。随着市场制度的完善，最初的各个产业所存在的边界也逐渐不再清晰,这就引发了各个产业之间的互相交叉以及渗透。在此过程中,产业最初的分工界限不再存在,而通过多个产业之间的渗透,在相互配合协作的同时,全新的分工链才逐渐形成。正是因为这样,可以理解为产业融合起源于社会分工,此外也受到了产业组织理论的作用。现阶段,产业融合已经发展到一定的程度,是市场的必然趋势。很多的实证研究成果表明,随着越来越多的新型技术手段的普及,产业融合的发展更加迅速,带动了企业综合实力的增强。同时,借助产业融合的巨大优势,产业可以实现创新发展,以此来满足当前市场的需求。

农业产业融合是具有中国特色的农业现代化发展战略,国外研究较少。国外有关农业产业融合研究主要经历了由农业产业化经营至六次产业化的发展历程。1957 年,戴维斯和戈德堡提出"农业一体化"的概念,并以"农业产业柔性生产综合体"来定义将农业产业生产和资源统一组织起来的涉农企业。国外学者认为,"农业一体化"即农业产前部门中的农业全产业链上的产供销一体化。克努森等(1984)对农业一体化进行了系统论述。格拉姆(1987)论述了农业产前与产后部门与生产本身实现有机融合;杰西(1992)以美国为例,全面、系统地梳理和总结了农业"纵横向协作与一体化"和"专合组织"等代表性的产业发展模式。弗兰德等(2010)认为,真正实现农业产业化经营,是解决国家或地方现代农业生产要素过剩的核心,即通过规模和集约化生产来有效地吸纳这些过剩的要素。格雷和波尔(2011)认为,升级产业的价值链、人力资源、金融支持、技术进步等是推进农业产业化发展的核心要素。

国外产业融合最具代表性的是日本农业经济学者今村奈良臣(1997)提出的"六次产业化"观点和定义。他认为,农民不但要从事农业生产,而且要进行农产品产供销、仓储流通与观光旅游等第二产业和第三产业活动,即促进以产业融合为核心的六次产业化,以提高农民收入与农产品附加值。当时的六次产业指的是第一、第二、第三产业之间相乘的协同发展及彼此促进的依存关系,而不单是第一、第二、第三产业的简单相加。佐藤正之(2012)提出,资金筹措、用地保障、市场拓展、技能培训和经营管理等,是当前日本农业六次产业化面临的关键挑战和主要问题。室屋有宏(2013)的研究发现,日本农业六次产业化都面临空间狭小、区域差别大、缺乏科学规划、产业多功能性不强等问题。为此,佐藤正之(2013)提出,以创新农业价值链为核心,拓展农产品新型销售模式,引导农业生产者向经营者转化，促进现代农业全产业链从生产环节不断向加工、销售和流通等环节拓展与延伸，最终达到第一、第二、第三产业相互之间全面促进与有机融合的良好发展格局的目的①。大多和严（2014）的研究发现，日本因为制定《六次产业化法》，有效开发和利用全国农村资源，不仅提高了农村就业率，而且提高了农业生产经营者的收入，并带动整个区域经济的健康发展。在工藤康彦和今野圣士（2015）看来，产业间的交叉融合、区域之间的良性互动和社会组织之间的密切合作，不但有利于创新现代农业发展模式，而且能有效改善现代农业生产环境，并实现现代农业的"生产、加工、销售"的一体化发展。另外，韩国农业经济专家申孝忠（2013）、金泰坤（2012、2015）、李炳午（2016）等也对韩国在推进六次产业化过程中的发展模式、存在问题和发展策略路径等进行了深入研究。

2.3.2.2　国内研究现状

当前，推进农业产业融合发展是乡村振兴战略的核心路径和内涵。其关键路径是主体有机融合，发展产业综合体；通过跨界优化配置发展要素；实现平台深度融合和产业多元化发展（李晓等，2020）。事实上，在发达国家，集群已成为提升都市农业的核心竞争力，优化升级产业链布局，提升农民收入的一种新型发展方式。许多全球闻名的农业产业集群，如美国玉米、法国葡萄酒、荷兰花卉等集群，积累了丰富的经验，成为推进农业产业链建设和产业融合的主要途径。与发达国家相比，国内集群发展仍处于初级阶段。

产业之间的关联性是推动产业融合的动力，同时产业之间也存在一致的盈利目标。而只有不断研发和创新技术才能够达到这一目标。在经济发展的过程中，随着创新发展，产业融合发展也取得积极进展。而企业也在此过程中实现了创新发展，在竞争中实现了自我优势的发掘，探索和保持着自身的独特优势，实现了市场竞争力的增强，这也在一定程度上对产业融合起到了推动作用。除此之外，在各个跨国企业不断出现的背景下，国际资本开始进入市场，这也为产业融合提供了坚实的基础。同时，相对宽松的管制环境，也为产业融合提供了良好的发展机遇。

胡石其等（2018）认为，产业融合是实现乡村振兴战略的主要措施。

---

① 从原材料采购、设计、生产、市场销售、服务，到产品最终使用完的回收和处理，都是围绕企业创造价值的最大化目标而展开的，这一系列环节所连成的价值创造的链条称为价值链，其中价值创造量大的环节称为战略性环节。

通过重构农业价值链，深挖增收潜力来全面提升价值链，拓展农业增收空间，有效优化与升级价值链。从培育多元化主体，构建多样化的渠道，形成企业之间长期的利益机制，建立战略合作关系。李洁（2018）认为，农业多元化价值是在农业多功能性的基础上形成的。其本质属性起源于中国传统的小农生产模式，产业融合是达到多元化价值的必由路径，主要采用技术渗透、产业延伸和交叉重组三类途径来实现。杨涛（2019）提出，产业融合是加快实现农业现代化进程、推进城乡融合发展的主要举措与路径。近几年来，各地方结合本地在产业融合领域进行了深入摸索和实践创新，即"干中学"①。但总体存在体制机制不完善、内外部支撑力度不足等问题。因此，要以健全体制机制，提升创新驱动力水平，加大要素支撑力度，提高内外部支撑能力和培育发展融合主体等为着力点，全面提高融合质量。胡玉凤（2019）认为，农业产业融合发展规划的提出，对提升农民收入、转变经济发展方式与提高发展质量具有重大战略意义；2016 年以来，财政资金支持产业融合发展已取得初步成果，依据产业内部相关性，经过拓展部门生产函数，构建产出函数；有力地验证了政府通过提升被补贴与下游两部门的产出，有效实现产业链保值增值的效用机理。李俏等（2020）提出了以合作社为产业融合载体的内生性发展模式，提高农业产出效率，扶持合作社向联合和综合方向转型，拓宽融资渠道，着力构建合作社引导产业融合的体制机制。钟真等（2020）把农业产业融合划分为外向型与内源型两种，并把观光旅游农业和社会化服务作为这两种融合的代表性产业，应用回归分析模型与中介效应的检验方法，全面分析了两者之间的相互联系和作用机制。胡海等（2020）基于共生理论构建农业产业融合发展的共生体系和动态形成过程。通过对农村产业融合的共生单元、界面、模式和环境的深入研究，分析产业融合发展面临的主要问题与演化进程，结果证明，通过激活能量生成机制，畅通传导渠道，完善分配模式，营造良好外部环境等是推进农村产业融合可持续发展的核心举措。冯贺霞等（2020）通过对新型农业经营主体的统计与典型案例进行分析，从融合模式、效果、驱动力和价值提升四个方面剖析我国农业产业融合发展机

---

① Arrow（1962）建立了"干中学"的概念。他的灵感来自对飞机主体生产的学习曲线和生产力增长模式的实证观察。Rosenberg（1982）发展了"用中学"的概念，用来解释随着用户更加熟悉这些系统，用户采用复杂系统的成本快速下降。新产品和新系统形式的创新活动发生得越频繁，学习对研发者、生产者、用户的影响就越大。

制。结果证明，"互联网+农业"等新型经营主体的融合效果优于新型农业经营主体。在此过程中，人才、技术和数据都是影响产业融合发展的核心要素。

2.3.2.3 产业融合实证研究

相比于国外的研究情况而言，我国对产业融合的研究还不够完善成熟。整体的起步时间较迟。各个产业间的影响关系是我国研究学者普遍关注的侧重点，在现代技术不断问世的时代背景下，高新科技在传统农业得到了大范围应用，实现了互相的渗透以及融合，形成了更多的新型业态。在我国，有很多研究人员对三大产业的融合进行了持续的探究和分析，还有一些研究团队对以边界模糊为核心的研究对象开展了相关的探究工作，指出以产业融合为基础而构成的复合经济效应，其不仅仅能够推动经济的持续增长，为产业经济带来巨大的活力，同时也能够带来全新的产品，可以较好地满足新兴市场持续变动的需求，提升市场的竞争性。在此背景下，也进一步推进了各项资源的优化配置，对产业结构起到了调整和改良的作用，促使其能够更加适应当前市场以及客户对产品的多元化要求。

肖婧文等（2020）结合 1978—2020 年农业经济数据的测算结果和相关理论分析，构建了我国产业融合动态演进进程和利益关系。不同演进阶段的产业融合面临制约融合深化的关键性瓶颈，但伴随着国内土地三权分置的进程，集体所有制经济等农村和农业改革不断推进，在此进程中利益关系从流通转入生产领域，并把生产与分配领域从内部联系起来，形成区域内企业长期稳定的利益联结机制。不同类型的利益联结驱动生产要素突破区域与产业的界限，引导要素配置效率和集聚程度逐渐提高，推进产业链与产业融合的纵向延伸和横向扩散。一是要因地制宜地促进产业融合，突破各区域制约要素集聚的瓶颈；二是要促进利益关系的平衡发展，探索"生产性、流通性、分配性的多方利益结合型联结"，依托农地三权分置改革促进城乡要素的流动与融合；三是在农业基建方面，政府要加强技术上的支持，加大对技术研发和创新的扶持力度。张林等（2020）从理论上系统阐述了农业产业融合发展促进农民收入增长的作用机理，并基于2006—2019 年的省际面板数据，采用动态面板与面板门槛模型实证研究了农业产业融合发展的收入效应及区域异质性。结果证明，产业融合发展对农民收入增长起着显著的促进作用，当前这种作用主要通过推进家庭经营与工资性收入增长而实现；农业产业融合发展的收入效应存在显著的区域异质性，主要原因是农业产业融合发展推进农民收入增长的存在，基于自身和农业经济发展水平，农业保险深度与基础设施建设的门槛效应。要充分发挥农业产业融合发展的收入效应，一是要不断提高农业产业融合发展水平，二是要为农业产业融合发展改善外部环境与创造基础条件。夏宇（2020）认为，产业融合的识别、测度是研究产业融合的重要基础。一是从定性与定量两个角度评述已有的识别方法，认为在诸多方法中，基于生命周期视角对产业融合识别更为容易把握。且在具体识别过程中，可以采用定性与定量相结合的思路，运用多种方法综合全面地考察融合。二是评述了现有的融合测度方法，认为目前亟须创新测度方法，并且指出构建融合指标体系将更为有利于全面细致地分析集群的产业融合程度。

2.3.3 产业集群文献研究

2.3.3.1 国外产业集群研究动态

伴随经济全球化和信息化不断深化，按照马太效应，各种要素资源会进一步集聚于更有优势的地区，并在不同层次上不断演化。产业集群在推进经济发展中具备很强的竞争和发展优势，早就引起国内外高度重视，对产业集群进行全面系统的科研工作，取得了阶段性成果。本书从产业集群的理论和实证方面进行总结归纳，希望能够对产业集群理论的发展状况有相对全面系统的认知，有力证明产业集群对我国现代农业与乡村振兴发展有一定的促进作用。

"产业"（industry）的含义是，具备一致的产品或者服务的企业的整合。其中，企业之间既可以是单独存在的状态，也可以是聚集的状态。在生物学领域，"集群"（cluster）的理念被用来解释同一种生物共同生活的现象。而到了 1890 年，马歇尔在大量理论研究的基础上，从经济学的角度出发，对企业集群的现象进行了综合性的分析和解释。同时，将存在相关性的企业在一定地理位置中的集聚的现象称作"产业区"①，并从"外部经济"视角对此类专业化的产业区经济效益进行了深度分析。并提出产业空间集聚的三个因素，后来全世界专家学者对其集群理论进行深入研究和挖掘，从各种视角对产业集群理论进行了全面系统的分析研究。先后出现三次学术高潮。第一次学术高潮是在 1937 年。在此期间，第一次在把集群经

---

① 在法国将产业区称为地方生产系统。

济分为地方经济、城市经济和内部规模经济的基础上，对集群现象进行了更深层次的研究。第二次学术高潮是在1989年。在此期间，主要通过运用宏观经济理论，探索讨论资本主义发展对当今集群组织生产转变的因素，对集群现象的研究核心集中在新兴产业空间和区域内部。第三次学术高潮是在1991—1995年。在此期间，从新熊彼特主义视角出发，通过综合经济发展、经贸关系和科技创新等新的分析方法来研究，形成集群研究的创新体系。有效运用西方经济学、路径依赖和递增收益等要素合理解释了形成产业空间集聚的原因。通过"钻石"模型来全面展示地区竞争优势和核心竞争力，关键强调集群在国家与区域相关产业构建核心竞争力中起到非常重要的作用。该模型受到国内外专家学者的高度关注，标志着集群理论研究迈上新台阶。

此后，国外学者对集群进行了更加深入的分析和研究。其中，典型的有韦伯（1909）、波特（1990、1998）、克鲁格曼（1991、1995）等。他们的研究所选定的侧重点均有不同，因此最终得到的集群的定义和解释也存在较大的差异性，存在产业集聚、产业区和企业集群等不同的概念。

从区域角度来看，集群创新技术发展面临三个方面的挑战。一是资源：建立可持续的区域原料供应，以支持生物工业部门。二是合作者：通过培育供应链集群和网络建立区域"临界质量[①]"。三是邻居：了解当地社会趋势和偏好的动态，以及社会对生物技术及代表性生物产品的接受程度（Bezama等，2019）。政府主导型产业集群对区域经济发展和持续创新绩效的贡献，已引起学术界和实务界的广泛关注。通过对韩国一个独特的初创企业数据集进行元前沿分析，发现政府提供的工业区与其他地区相比提高了企业效率。工业区不仅提高了单个初创企业的效率，而且对企业能够达到的最大效率水平也产生了积极影响。研究结果表明，公共行政部门的区位支持，如公用事业基础设施、税收优惠和企业间非正式网络机会，提高了企业寻找和整合资源以创造新市场和创新的动态能力，特别是对于新成立的技术企业（Yuri等，2020）。

Lee（2021）系统地回顾了随机行为导向模型（SAOMs）和指数随机图模型（ERGMs）在产业集群和集聚过程研究中的贡献。结果表明，SAOMs和ERGMs在研究网络演化、邻近动态和多重性方面尤其流行。

[①] 一般理解为一定数量或临界规模的创新行为主体才能称为集群，说明早期集群能够成为最基础的集群的临界生态。

产业集群是在市场发展到一定程度后的必然趋势。通过集群的方式，企业的综合实力得到了增强，表现出了更强的市场优势。存在产业相关性、在地理位置上接近的企业，基于集群的作用，实现了更加高效的分工，提升了整体的工作效率。除此之外，产业原本的交易成本也得到了大幅度的控制，尤其是物流成本大大降低。随着技术的创新、工艺的优化，产品质量得到了持续提升，使得区域产业呈现出了更强的市场竞争实力。综上所述，本书通过产业集群理论进行了全面归纳，梳理总结出集群是在地理位置上相接近，同一产业的上下游供应商、关联企业和与该产业配套的中介组织所组成的。

一般情况下，产业集群的出现，必须满足以下要求：一是企业在位置上相邻的一组或在生产领域关联，二是集群内部企业主要是中小企业而非大企业，三是集群的整体架构需要构成企业网络与配套支撑结构。

针对产业集群的类型划分，国内外的学者都进行了深入的分析，得出了多种研究结论。马库森（Markusen，1996）研究指出，不同国家的产业模式存在差异性，因此不能完全适用同一种产业区的模式来进行分析。在此基础上，他进一步提出了马歇尔式、轮轴式、卫星平台式和依赖政府型四种集群类型。

（1）马歇尔式产业集群：在其区域内部企业之间紧密联系和合作，经常出现合作采购与销售性的行为。其主要特征是具备相同的产业链，同时整体的生产和运营规模较大，对标准化技术水平的要求较低。比如，工艺品等的集群，其对生产设备水平的要求也相对较低。

（2）轮轴式产业集群：主要以一些龙头企业与设施为主，在其周边有关联性供应商的活动区域与进行其他配套活动的有效范畴。通过龙头企业在集群内外部供应商进行采购，产品通常销售到外部客户，两者之间表现出了依存关系，小型的供应商可以从大型龙头企业中得到一定程度的资源支持。其中，核心产业的发展潜力对于区域经济建设起到了关键性的作用。

（3）卫星平台式产业集群：该类集群的最大特点是集群内部企业间联系相对较少。区域外部企业总部是投资主体，缺少行业协会的支持，或其仅发挥较小的功能，政府提供基建、减免税等优惠条件来推进集群发展，因为集群内部企业和科研院所很可能出现转型发展，转型为和其类似的其他平台或组织，有可能促使区域内部经济发展出现波动。

（4）依赖政府型产业集群：集群的运行和生产必须依托政府部门投资与研发上的支持。该集群内部企业等组织主要服务于政府，其技术成果一般被地方生产部门运用。但其之间的合作关系并不会长期存在，往往存在明确的时间期限。所以，集群想要实现长远积极的发展，必须由当地政府部门制订出针对性的方案。

2.3.3.2　国内产业集群研究动态

章秀琴等（2020）基于地方创新体系，构建"现代产业新体系"的发展规划。深度解析创新集群发展特征与优化升级路径。方伟等（2020）认为，知识外溢与自主创新是落后技术企业提升知识储备、达到技术追赶的两项主要路径。知识外溢属于产业集群的明显特征，对创新集群的发展具有重要意义。以 Verspagen 和 Canils 的知识外溢模型为基础，融合创新集群的特征，打造集群知识外溢模型。以该模型作为分析工具，系统分析知识外溢与自主创新协同作用的技术落后企业，实现技术赶超的知识储备、差距范围、知识外溢各影响因素对技术追赶的影响，基于中关村为样本基础进行实证解析，提出中国创新集群中技术落后企业实现技术后发赶超的政策和建议。尹彦等（2020）认为，集群能够有效降低成本，进而取得额外收益。运转良好的区域物流系统，能为产业延伸和拓展打下坚实的基础。战洪飞等（2020）为避免集群内部企业间盲目无序的恶性竞争和产品的同质化，健全产品的设计布局与格局，推进集群转型升级[①]为大势所趋。因此，基于产品的性能结构、创新能力、空间创新和价格密度四个维度，构建一套针对数据驱动的产品布局设计方法。以集群的数据资源为基础，通过应用聚类算法与文本挖掘技术，打造产品的设计与决策模型，为集群产品布局设计提供相对应的辅助决策。王振（2020）分析长三角地区在特定产业领域已具备世界级产能优势，但与全球代表性的集群相比，集群龙头企业核心竞争力、核心技术与创新驱动力仍有差距，应充分发挥各地的长处和优势，合作攻克关键技术，形成利益共享与风险共担的区域协调体制机制，实现区域分工与合作，是长三角地区打造全球代表性集群，实现高质量发展的关键路径。

王美霞等（2020）基于多维度集群分析框架，从体制机制、垂直与水平和内外部关系等五个维度较好地展示了集群发展进程与机制。马中东等

---

① 工业和信息化部在 2015 年 7 月发布了《关于进一步促进产业集群发展的指导意见》，从七个方面提出了推动产业集群转型升级、进一步促进产业集群发展的二十条意见。

（2020）认为，产业集群的质量升级是集群融入全球高端价值链的必由路径。周中胜等（2020）提出，如何保持科学合理的现金持有水平来缓解资金约束，也成为很多成长型企业非常重要的财务决策。实证检验了集群对成长型企业的现金持有水平以及对公司价值的影响。实证结果发现，通过降低现金持有水平，不但能提高企业核心竞争力，而且能有效提升公司价值。吴意云等（2020）认为，中国经济目前已迈入高质量发展时代，深入研究产业经济怎样提升企业生产效率，有助于进一步增强地方的核心竞争力。经过拓展 DO 指数，借助微观企业数据识别制造业集群的产业边界，研究制造业集群对提升企业生产效率的效果。研究证明，集群带来的规模经济对企业生产效率具有显著的提升效应，相关产业集群密度越高，越有利于集群提升企业生产效率。梳理其原因发现，共享劳动力与知识外溢在其中发挥了关键作用。地方政府能够有效发挥相关产业集群产业集聚的互补效应，发挥人才优惠政策与打造区域创新市场环境来有效提高本地企业的生产效率，推进地方经济高质量发展①。回亮滵等（2020）认为，在经济新常态的大背景下，发展创新集群是我国产业结构实现优化升级、抢占国际竞争制高点做出的国家战略。深入研究集群与协同创新等理论，从创新产业融合的发展视角总结了实现创新集群与系统的理论和实践，以多元创新主体协同开展并重塑网络创新范式。根据协同创新并围绕双维度框架模型，对创新集群技术的创新能力进行分类，将创新的主体要素优势嵌入集群发展中，重点解析其主体技术创新能力在新兴领域和协同创新系统中的主导作用与实践模式，为攻破核心和共性技术，不断获得可持续的竞争优势，推进战略性技术产业的发展，形成经济发展中的乘数和倍增效应。

2.4　文献述评

国内外的研究人员选取了多个视角，针对都市农业、产业融合和产业集群等进行了分析，取得了一系列研究成果。现有研究证明，都市农业对保护现代城市的生物多样性与环境起着非常重要的作用。并从简单的市民食品保障的功能，通过三产融合向提供生产、生活、生态、示范等多功能

---

① "区域创新"，是强调用系统思维论述区域内行为主体互动，而政府文件和媒体中多用"区域创新体系"的提法。

性转变。其是一个涵盖多方面利益的综合平台和载体，通过扎根都市，互相依存和彼此影响，对保障城市粮食安全和社会稳定起着十分重要的作用。产业融合是一个动态过程，是在技术进步和竞争合作等要素推动下，产业边界逐渐模糊，逐渐出现交叉、渗透和融合的现象，随着新业态的形成与附加值的提升，日益成为产业经济的新研究热点，研究视角、深度持续拓展和延伸。其研究领域已经从信息产业延伸到工业、旅游、金融等相关领域。产业集群是创新的重要载体。创新是当今经济社会发展的主要驱动力和时代主旋律。产业集群通过组织之间正式与非正式的联系、企业间有意或无意的知识溢出、竞争与合作，能够促进集群企业间的相互学习，形成强大的生产力和创新能力，这是集群之外的企业难以企及的（Porter，2010）。在发达国家或发展中国家，阻碍企业提升核心竞争力的不是规模，而是分离和孤立。基于集群生命周期发展规律，构建科学的体制机制发展的产业集群有利于发挥企业市场优势、提高企业核心竞争力，形成规模与范围经济，产生强大的溢出效应，推动经济快速发展和技术进步，提供大量就业机会。其独特优势已经获得世界范围内政、商、学界的普遍认同，许多国家都把产业集群作为经济高质量发展的重要载体和工具（王缉慈，2019）。现有文献为本书的研究工作起到了重要的指导和支撑作用。但是，通过深入研究，我们发现，目前的理论还存在以下不足：

（1）学者们从生命周期角度出发研究都市农业的较少，尚未取得较多的研究成果，对实践工作的指导作用不强。

（2）由于都市农业具有生产、生活、生态、示范和应急保障等功能，决定了都市农业与传统农业和城郊农业存在很强的差异性，然而现阶段的研究对这两者没有进行科学的区分。同时，也普遍都没有基于产业融合的角度来深入探究都市农业发展（王晓君等，2016）。上述文献以理论分析为主，量化分析和深入挖掘不足。

（3）本书未能深入系统剖析我国都市农业产业集群发展的关键性问题，无法为解决实际问题提供理论支持，导致发展质量低，规模效应和经济效应差，生存能力低。

综上所述，本书的理论贡献在于，在梳理归纳现有理论的基础上，重新定义了都市农业、都市农业产业集群、集群生命周期，并且在都市农业发展要素的基础上，基于产业集群生命周期视角，对都市农业产业集群机制进行研究，构建了都市农业产业集群的机制研究总体框架，依据集群生命周期的形成阶段、发展阶段、稳定阶段和提升阶段，归纳总结了集群的形成机制、发展机制与稳定机制，构建了新的都市农业核心竞争力测量指标体系，并对都市农业产业融合和集群内部龙头企业进行了实证，进一步验证了发展都市农业产业集群的重要性和正确性。本书不但进一步丰富和完善了都市农业、产业集群和机制研究的相关理论，构建了集群的形成、发展与稳定机制模型，更从政府部门、龙头企业、高等院校、社会组织四类主体提出了相关政策建议，为我国大中城市和县区发展都市农业与产业集群的实践提供了有益指导，确保大中城市和县区的农业与食品安全，切实保障生产者和消费者的权益，为我国都市农业创新发展提供了有效路径。

3 国内外都市农业产业集群发展对比研究

　　都市农业产业集群在农业发达国家已普遍存在。基于集群生命周期视角，具有代表性的集群大多处于集群生命周期的稳定和提升阶段。从世界农业看，荷兰花卉业、美国加州葡萄酒业、日本大都市农业产业集群已经形成。其中，荷兰花卉业和美国加州葡萄酒业集群比较突出。因为各个国家存在不同的资源禀赋与发展模式，因此其发展情况均存在差异。有的国家的都市农业正处于区域产品划分的集群形成阶段，有的国家的都市农业则已经发展为代表性集群，并连带配套产业的发展进入集群的稳定阶段。通过深入研究，我们发现其核心原因都在于基于生命周期形成了适合本国集群高质量发展的体制机制。中国都市农业产业集群处于发展初期，但发展形势良好。集群是城市和农村经济社会发展的重要组织形式。国内很多城市已经形成或正在发展集群，驱动主体有政府部门、龙头企业、高等院校、科研院所与社会组织等。基于自身优势，发展都市农业生产，不断延伸拓展全产业链的优势环节，打造有地方特色的集群，优选主导产业的核心企业[①]，带动配套企业集聚，以产业集聚区为平台，逐步发展成为多元化集群。本章基于集群生命周期，主要比较分析美、荷、日三个国家集群稳定和提升阶段的发展状况，剖析国外都市农业产业集群发展特征。通过对比研究我们发现，各类专业性的都市农业产业集群，虽然其发展要素各异，但其都遵循了集群生命周期的科学发展规律。

---

　　① 集群优势建立在地方产业群落一定的临界规模基础上，刻画集群生态的临界规模可以是企业数、核心企业数。

3.1 国外都市农业产业集群发展生命周期特征

都市农业产业集群是处在特定地理范围中的，存在产业相关性的企业以及组织的聚集。基于和传统农业模式的对照分析，我们可以发现，此类集群展现出了更强的综合实力，在整体资源、农业生产效率等方面都具备很大的优势。现阶段，其已经在国内外的市场中得到了高度的认可，成为现代农业的重点内容。在此类集群的长期作用下，其中的企业都会享受到集聚效应所带来的福利，实现农业生产和组织形式的持续性调整和优化。这对于提升区域农业产业的优势，推动区域经济建设都发挥出了关键性的作用。很多发达国家由于其资源禀赋差异较大，均立足本国实际，遵循集群生命周期和发展规律，也逐步形成了适合本国自身特色的集群。如前所述，处于生命周期稳定阶段的荷兰花卉园艺产业集群、日本大都市农业产业集群和美国都市农业产业集群在全球都具有重要的影响。

3.1.1 世界都市农业的总体发展历程

世界都市农业的发展进程与城镇化、农业现代化相生相伴，大体经历了以下四个阶段：

第一个阶段，萌芽阶段（20世纪20~60年代）。最先开始发展都市农业的是德国、日本等国家。学术界普遍认为，德国是都市农业的发源地。德国从发展初期就制定了《市民农园法》，建立了市民农园体制。

第二个阶段，快速发展阶段（20世纪60~90年代）。1959年，美国学者开始对都市农业进行研究，同时伴随日本、新加坡、韩国等国家城镇化进程加快，都市农业开始在全球范围快速普及发展。农业生态功能日益在快速城镇化的大都市圈凸显其重要性，出现了日本农业绿地、法国巴黎大区的农业保护用地等。

第三个阶段，全面发展阶段（20世纪末21世纪初）。联合国人居环境署等10多家国际组织组成"都市农业发展支持组织"，成立"国际都市农业基金会"（RUAF），为在全球发展都市农业起到了重要的组织保证作用。伴随发展中国家城镇化进程加快，都市农业发展中心逐步向东亚、东南亚和拉丁美洲等地区转移。我国的都市农业在这一阶段得到快速发展。

第四个阶段，近十年来新动向。在都市农业发展进程中，发达国家仍然保持着显著的领先优势，并引领着全球都市农业发展的新动向。这些新动向包括"百英里食物圈"运动、"慢节奏生活方式"推广、"家庭园艺或景观可食化"运动、"农事体验时尚化"运动、"多利益群体参与"实践、都市农业教育功能、"可持续城市化下的都市农业"。

一是"百英里食物圈"运动。该运动可有效应对全球气候变化，最大化促进空间食物系统的自给自足，同时通过都市农业的绿色生产，包括节约能源和废弃物再利用，一方面可以改善生态环境，另一方面可以增强社区凝聚力和居民的生态责任感。二是"慢节奏生活方式"推广。慢节奏生活方式源于意大利的慢食运动，以推广享受生活的新方式。慢节奏生活方式对拓展休闲的空间载体和产业业态，推动都市农业和都市休闲农业加快发展均起到非常重要的作用。慢节奏生活方式推动了都市农业发展，同时都市农业发展又增强了人类对慢节奏生活方式的享受。三是"家庭园艺或景观可食化"运动。人类在城市化过程中用有限的空间生产出更多所需要的食物，都市农业无疑提供了非常好的载体。都市农业可在有限的空间内生产出更多的食物，通过立体、阳台、屋顶农业等，努力解决城市内部的食品供应问题。但同时面临很多发展中的技术难关，如立体农业或者阳台农业景观优化、无味有机肥研发等。四是"农事体验时尚化"运动。美国白宫草坪的农事体验时尚、英国伦敦为迎接奥运会在城市和城市周边开展1 200多种农事体验活动等，均推动了农业和农事活动的时尚化，使农业不再是一个低端产业，而是一个非常时尚的可以用来培养城市人群更好地理解人与自然和谐共生的重要元素。五是"多利益群体参与"实践。无论是市民农园还是半城市化地区的观光农园，都涉及城乡之间的互动、城乡之间的共同发展，利益群体非常多，要确保多利益群体获得公平的对待。目前，西方发达国家更倾向用多利益群体参与的方法来推进都市农业的发展。六是凸显都市农业教育功能。现有城市化和城市发展模式，往往会导致城市成为远离自然的水泥丛林，因此更好引导孩子们重新认识和处理人与自然之间的关系变得日益紧迫，而都市农业是一个非常好的抓手。七是"可持续城市化下的都市农业"。作为城市系统的重要组成部分，都市农业可以使城市变得更自然。美国旧金山 Facebook 公司总部所建的高楼，在每4层建一个公共空间，并通过都市农业景观布局使其非常生态化。城市是人类为自我设计的空间，通过必要的设计嵌入更多自然要素，使城市更加宜居。未来通过集成已有的技术，将其应用到城市内部农业和城市周边都市农业发展中就变得非常重要。

3.1.2　美国都市农业产业集群发展生命周期特征

3.1.2.1　基于农业观光旅游的美国都市农业产业集群

20世纪初，美国部分城市大力发展教育农园。利用农业弥补工业化造成的社会、生态损害，保护城市中的农村文化，形成了美国都市农业的雏形。随后，美国都市农业进入快速发展时期，芝加哥、波特兰等城市先后发展了自由农园、救济农园和胜利农园三种都市农业形式，为发展社区农园奠定了深厚的社会基础。二战以后，美国农业也开始由机械化向产业化发展，农产品数量充足甚至过剩，对都市农业的需求减弱，农园数量锐减，发展规模缩小。20世纪70年代以来，美国的城市化、工业化弊端日益显现，城市居民对传统农业生活的怀念以及对农业多功能性的认识不断加深，自发将大量城市废弃土地改建为新型社区农园。社区农园是都市农业的重要模式。同时，政府推行了一系列支持都市农业发展的法案、计划（如农业部的MGP、CETA、UGP以及各城市制订的区域建设计划等）。随后，都市农业规模不断扩大，逐渐发展成为集农业生产、休闲娱乐、示范教育、生态保障等功能于一体的多元化可持续农业产业形式。

美国不简单要求"城市化"，不支持农民离开土地种植转移到企业生产，主要依据市场发展规律来积极发展都市农业①。被称为城市区域内部的农业，当前占美国国土面积的11%，其农产品产值占全国产值的33%以上。其集群生产大都在城市农业园区内部，属于农场与都市社区合作、互利共赢的运营模式，经过政府协调，在农产品的生产和消费之间构建联系的纽带。进入农业园区的市民，与园区内农业工作者一起共同分担成本、风险并共享获利。园区不仅全力以赴为居民提供低于市场零售价的新鲜、安全的农产品，而且在园区形成稳定的市场营销渠道，真正做到互惠互利。

在美国经营农场，必须照顾好牲畜，农场主才能有经济来源。当前，很多美国农场主从农场的全产业链获得更多路径的经济收益。例如，有的农场开办家庭旅馆，提供吃、住、行、玩一条龙服务，吸引游客体验农场

---

① 蒋和平，王晓君，朱福守. 我国大中城市都市现代农业发展模式研究 [M]. 北京：中国农业出版社，2016：3-69.

生活，品尝新鲜有机食品。一些农场举行具有地方特色的节日庆典活动，如采摘节等。农业观光旅游正逐步成为农场主收益的重要来源之一。

加利福尼亚州（下文简称"加州"）是美国排行第一的以农业发展为主的州。其观光旅游农业处于领先地位。城市居民是农业旅游的忠实消费者。这些人很想了解农产品的由来，想在周末体验美丽的田园生活。家住加州的琼斯创办了相关的运营网站，提供全美国 900 多家农场家庭旅馆信息。自网站发布信息以来，平均每月有超 30 个农场家庭旅馆加入。

新泽西州每年观光农业收入为 5 750 万美元，为旅客提供各种形式的体验项目，让游客感受到家的亲近感，费用也合理。一些农场别出心裁，设计的活动使游客流连忘返，如诺兹农场的青纱帐迷宫。

城市农场在美国各州如雨后春笋般出现，成为满足地方种植农产品需求，推进闲置土地产出，吸引游客观光旅游的农业项目之一。仅纽约就形成了 800 多个微型农场，其代表着美国城市农场未来的发展方向。

3.1.2.2 纽约都市圈都市农业实践

美国纽约所处的大西洋沿岸被认为是世界上最富有的地区之一，五大都市圈形成的带状区域内都市和农村相互交叉、融为一体，农业如网络一样分布于城市群中。1976 年，纽约开始建立社区农园，通过"operation green thumb"等行动使社区农园的数量最多时达到 700 个，这是纽约都市农业快速发展时期。1993 年后，城市房地产热潮兴起，大量社区农园土地被征用，农园数量锐减，发展受阻。近年来，由于社会与环境发展严重不平衡，人们开始重新重视都市农业。美国政府开始重视"本地食物"在城市内的发展，也发布了一系列推进政策，都市农业再次得到发展，模式也逐渐趋于多样化。

一是业态形式多样。纽约都市农业主要包括社区农园、市民农园等模式。社区农园一般种植面积较小、品种较单一，社区居民自愿开展农作物的播种、施肥、浇水等种植活动，共享农产品。市民农园是由农民和市民共同生产经营的一种形式，农民提供耕地和种植管理技术，城市市民提供资金并参与耕作，农产品归市民所有，满足了市民对优质、低价农产品的需求，同时降低了农民的生产成本和风险。目前，纽约至少有 24 个蔬菜农场，它们在一定程度上满足了纽约市民的需求。二是城市垂直农业发达。作为世界级大都市，纽约可用于发展农业的空间十分有限，但得益于现代生物、建筑等技术，垂直农业已成为纽约都市农业的发展方向。垂直农业包括屋顶农场、温室农场、立体农场等形式，通过滴灌、无土栽培和水培等方法种植农作物，不仅能提高空间利用率，有效解决传统灌溉方式水资源浪费问题，规避旱涝等自然灾害，减少化肥、农药使用，还能在适宜的温湿度、光照环境中不断茬，实现农产品绿色、安全、卫生、高效生产。

3.1.2.3　美国都市农业产业集群的特点

（1）侧重生产等基础功能模式。美国大西洋沿岸是全世界最富裕区域之一。在由纽约、华盛顿等大城市圈构成的带状区域内，城市和农村有机融合发展，农业网格化散布在都市群内部。与城市经济密切联系构成的都市农业，又被称为"大型带状城市"（歌德，2016）。突出人在生态系统中的主动性，不突出自然资源和生态环境的能动性，符合其地大物博、农业劳动力不足的国情，实行大规模农业机械化，可以实现全面提高劳动生产率与商品率的现代农业发展目标。

（2）生态又经济。2017年，费城试验用微型土地种植农作物，试验结果显示生产的农产品收入达7万美元。在密尔沃基大约0.5公顷的土地专业建设温室和养殖家禽，收益达到26万美元。伴随工业化不断发展，市民餐桌与食品的生产区域间隔不断拉大。所以，城市农场不仅能帮市民节省食品支出，而且更环保。

3.1.3　荷兰都市农业产业集群发展生命周期特征

3.1.3.1　基于资源禀赋的荷兰都市农业产业集群模式

荷兰是世界第三大农产品出口国，其花卉产业非常完善和成熟。荷兰花卉在国际市场中长期占据着重要的地位，赢得了世界人民的欢迎和喜爱。调查数据显示，荷兰花卉年产量的70%都用于出口。现阶段，这一产业已经成为荷兰的核心产业。目前，荷兰的花卉种植面积达到8 400公顷，这促成其花卉园艺产业集群的蓬勃发展①。

荷兰花卉集群集中在马斯河三角洲地区，该地区的自然条件非常优越，自然资源非常充足，能够为植物的生长提供有利的环境。具体而言，该地区的降水丰沛，水资源的优势非常明显。而在环境温度上，长期表现出了冬温夏凉的规律。因此，该地区非常有利于植物的生长。随着政府对该地区的开发，目前其已经形成基于资源禀赋的农业模式。而在不断研发

---

① 蒋和平，王晓君，朱福守. 我国大中城市都市现代农业发展模式研究［M］. 北京：中国农业出版社，2016：3-69.

和创新植物保鲜等技术的背景下，当地的农业产业展现出了很强的综合实力，在国内外的市场中都有很大的优势。因此，这一产业也逐渐成了荷兰的核心产业，对国家的社会发展和经济建设都起到了关键性的作用。研究指出，荷兰的都市农业具有很高的发展水平，这和花卉园艺集群是密切相关的。目前，荷兰构建了前期育种、实地种植、后期保鲜和市场销售的多阶段协调互动的集群。集群中不仅存在大规模的生产基地，还有完善的配套组织，比如技术创新机构等。与此同时，花卉产业也实现了严格的分工，构建了专业化的产业分工体系。此外，当地的海运和陆运体系也比较完善，为花卉产品运输提供了良好的基础条件。荷兰花卉产业的各个环节的实力都在不断增强，共同促进了产业的长期健康发展，促使荷兰的花卉产品在国际市场中持续占据优势地位。具体的产业集群发展要素构成模型如图 3-1 所示。

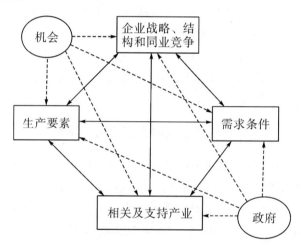

图 3-1　荷兰花卉园艺产业集群发展要素构成模型

3.1.3.2　荷兰都市农业产业集群的特点

荷兰花卉产业之所以具备较强的市场竞争优势，是因为长期应用了产业集群的模式。通过对该集群的综合性分析，可以发现其具有以下六个特点：

（1）自然资源条件优越。荷兰的地理位置优越，能够高度满足植物生长的环境要求，因此造就了以资源禀赋为基础的都市农业产业集群。此外，无论是在土壤条件、气候条件还是降雨条件等方面，荷兰都具备较大的优势。这就为花卉园艺产业创造了有利的基础条件。而其发达的水运系统也帮助其形成了成熟的国际物流和贸易体系。

（2）花卉园艺产业发展具有深远的历史和文化底蕴。种植花卉已经深刻融入了荷兰当地的社会文化中，而荷兰人长期以来就对种植花卉有巨大的热情。随着种植经验的积累，花卉产业已经成为荷兰特有的文化之一。社会大众也都对种植花卉产生了独特的情感，当地人对花卉产业的认同度很高，从业人员众多。

（3）政府制定了多项财税福利政策，为花卉产业发展创造了良好的政策环境。基于税收减免等政策，花卉企业运营成本大大降低。此外，政府专门用于花卉产业的资金补贴，促使企业能够加快进行技术的研发和创新，并有充足的资金来引入新型的设备设施。

（4）具备成熟的配套组织和服务机构。在多种类型的合作社等的支持下，花卉产业的整体服务水平得到了提升。在花卉种植、保鲜、运输和销售的过程中，企业可以和很多配套机构进行合作。因此，花卉产业的规模不断扩大，整体的运作效率也得到了提升。

（5）具备成熟规范的质量监管体系。以政府为主导，荷兰建立了非常严格的花卉产品的质量监管体系。在植检总局的统筹规划下，各个检测机构都依照国家的要求来进行质量检测，保障了花卉产品的质量，满足了各国消费者的需求。

（6）基于产、学、研合作联盟，实现了技术的持续创新。目前，荷兰国内有数量众多的花卉技术研究机构。在产、学、研合作联盟的环境下，荷兰的花卉技术实现了长期的优化和创新，掌握了世界上最先进的花卉种植以及保鲜等技术，从而为各个基地提供了巨大的技术支持，有效地提升了整个产业的运作效率，促使荷兰花卉的质量进一步提升，在国际市场中树立了良好的花卉品牌形象。

3.1.4　日本都市农业产业集群发展生命周期特征

3.1.4.1　基于大城市圈的日本都市农业产业集群

日本是典型的人多地少、以小农经济为基础的国家，人均农业用地规模很小。1950—1970年是日本经济飞速发展期，大都市全面建设和农村的无规划开发，使日本逐步形成了东京、中京、大阪三大都市圈。日本都市农业产业集群产生与发展原来是缺乏规划的，它是城市大规模扩张与经济高度发展带来的产物。在加速推进城市化进程中，大批农业人口迅速向大都市集中，加快了城市扩张。都市周边土地被大量占用、征用。城市内部和周边地区相当规模土地被都市发展建设征用，农田被大范围兼并，致使都市圈内农业生产严重下滑，引发道路拥挤、环境恶化等一系列"城市病"。在市民要求保护生态环境和农业生物多样性、安全绿色的农产品供给的呼声中，都市农业才被动地建立与发展起来①。

日本都市农业形成于19世纪40—60年代中期的战后经济高涨期，主要针对特大国际化都市的局部地区进行规模化生产与多功能拓展。1961年，日本政府出台了《农业基本法》，鼓励城市近郊农业由水稻生产向果蔬、园艺等劳动密集型作物栽培转型。1966年，日本出台了《蔬菜生产上市安定法》，1971年日本颁布了《批发市场法》，这两大法推进了农村地区大规模园艺产品生产基地的建设。1990年，日本实施《市民农园整备促进法》，推动50~100平方米的大面积的体验型市民农园面世。1995年，日本政府出台的《农山渔村停留型休闲活动的促进办法》提出，"促进农村旅宿型休闲活动功能健全化措施"和"实现农、林、渔业体验民宿行业健康发展措施"，推进绿色观光体制、景点和设施建设，规定都府县及市町村要制订基本计划，发展休闲旅游经济，国家需协调融资，确保资金的融通，从而规范绿色观光业的发展与经营。总体来看，日本都市农业在经济、社会、生态功能和防灾减灾等方面发挥了重要作用，农业发展与整个城市的良性生态环境向人们展示出独特的魅力。

2010年，日本都市农业产业集群的农地面积占全国农地总面积的23%。市民农园是都市农业产业集群的主要形式之一。2001年，依据《市民农园整备促进法》，在日本政府特定的农地借用法基础上，日本开设的市民农园已达1 138个、面积为1 650公顷，并逐年增加。日本农业产业集群发展中心目标主要有四个，即种子种苗、农产品物流、农产品加工和农业生态旅游中心。围绕这四个目标，日本在农业产业集群发展中高度重视应用生物、信息和标准化及现代农产品深度加工技术，加大力度促进农业技术成果转化为现实生产力，有效提高农产品质量与经济收益。政府要为集群发展提供充分的人才保障与知识储备，依托技术进步来不断提升生产者的综合素质，使集群发展步入科学化和人才化的科学发展轨道，有效提高集群发展能力。

---

① 蒋和平，王晓君，朱福守. 我国大中城市都市现代农业发展模式研究［M］. 北京：中国农业出版社，2016：3-69.

3.1.4.2　日本都市农业产业集群的特点

日本主要有东京、大阪、中京三个城市圈都市农业产业集群。东京是第一个规划建设都市农业产业集群的区域，其发展在日本处于领先地位。集群与都市建设相伴而生，和都市经济同步稳定发展。日本都市农业产业集群主要有以下三个特点：

（1）都市农业产业集群呈片状与点状分布。日本实行土地私有制，农民的土地持有观念非常强，土地属于稀缺性资源，不仅可以保值增值而且保险，因而农民不愿意放弃土地。为保护土地，政府采取了相关措施，因此目前大都市内部还是留存了很多农用地。此类耕地一般面积较小，在大都市内部呈点状分布。与这类农用地并存的，是城郊区域有一定规模的连片农用地。

（2）以果蔬园艺产品生产为主的集群产业布局。集群以点状和片状镶嵌在大都市内部，不但能优化环境、改进都市生态的功能，而且能为城市居民供给生活所需的优质蔬菜和水果等产品。2010年，仅东京就拥有农田10 000多公顷，主要生产果蔬、园艺类农产品。

（3）集群设施农业先进。日本在1970年就能实行农业机械化作业。在政府财政支持下，集群生产开始向现代化和智能化方向发展。政府提供的农林水产业补助金大都用于农用和经营流通配套设施等项目，基本用于项目贷款利息补贴，对发展设施农业起到至关重要的推动作用。由于采用高新科技，日本园艺设施达到规模化和集约化经营，果蔬园艺设施农业种植和商品率均达到90%以上。

3.1.5　国外机制的总结：基于产业集群生命周期的分析

从产业集群生命周期来看，荷兰、美国和日本的产业集群模式均处于生命周期的稳定发展阶段。针对荷兰、美国和日本的农业产业集群的生命周期历程进行研究，并通过分析其各自的形成基础，总结出其各自的都市农业产业集群发展模式。本书认为，荷兰花卉园艺产业集群基于资源禀赋建立，日本大城市圈农业产业集群基于科技资源共享而发展，美国加州农业产业集群虽然也在资源禀赋的基础上形成，却基于产业关联发展而不断壮大，三者也呈现出不同的特点。但究其原因，发现它们具有相同的发展要素，简要说来，资源禀赋是基础要求，而科学技术是内部动力，宏观调控是核心保障，配套服务是助推剂，区域品牌是活力源泉。从借鉴和参考学习角度来看，发展都市农业产业集群有以下要求：

（1）都市农业产业集群式发展壮大，不仅要依托自然优势，也要充分依托市场的拉动作用。毫无疑问，科学技术的发展使自然条件对农业生产的约束效用越来越少，但也不能全部脱离自然规律的影响。农产品均有最适宜、适宜、较适宜与不适宜区的区别，所以必须遵守自然规律和生命周期。都市农业产业集群只有在最适宜的地区布局发展才能最大限度地降低成本、提升经济效益。在市场经济背景下，推动都市农业产业集群扩大规模的关键要素是提高市场需求。

（2）政府在都市农业集群式发展中要充分发挥推动和规范作用。在都市农业产业集群的起步阶段，政府要在此生命周期中重点就产业氛围、集群自我强化进行培养和引导，包括制定支持政策、激励集群产业扩大影响、高质高效地提供推进地方产业发展所必需的硬件、对具备集群发展条件的企业进行集群意识的引导和启发。在农业合作社的形成阶段，对于那些发展缓慢的地区，政府制定政策来鼓励和支持建立农民专业合作社。比如以农民享受支农惠农政策为前提条件，来建立农民专业合作社，对于那些因为发展农民专业合作社而得到快速发展的区域，政府部门要及时有效总结成功经验并加以应用和推广。强化对新型农民和农民专业合作社负责人的培训与监管，在宏观层面上强化对农民专业合作社的监管，保障"自我组织、管理、服务和受益"的正确发展方向，不断提升其生命力，让其能在推进现代农业发展中充分发挥其重要作用。

国外都市农业产业集群发展对比见表 3-1。

表 3-1　国外都市农业产业集群发展对比

国家	发展产业	发展特征	产业集群生命周期要素
美国	美国观光旅游产业集群	资源禀赋、产业联动	资源禀赋、高新技术、政策调控、配套服务、地区品牌
荷兰	荷兰花卉园艺产业集群	科技资源共享	资源禀赋、科学技术、宏观调控、配套服务、区域品牌
日本	大城市圈农业产业集群	设施农业、高新科技	科学技术、宏观调控、配套服务、设施农业

3.2 国外不同生命周期状态都市农业产业集群发展启示

经过综合比较美、日、荷三国促进都市农业产业集群发展的成熟经验，从学习和借鉴其生命周期视角，对我国都市农业产业集群发展得出以下启示：

3.2.1 集群发展要立足资源禀赋优势和市场需求拉动

高新科技的持续发展使传统农业生产受到自然和环境条件的约束会越变越弱，但不可能全都摆脱自然规律的作用。全部生产的农产品基本可分为最适合、适合、较适合和不适合区，必须遵守自然规律，在适合和最适合区进行集群生产才能真正降低成本，获得更高收益，真正实现全面协调可持续发展。在市场经济环境下，提升市场需求是促进集群扩大规模的核心要素。21世纪以来，大多数美国人从偏好食用肉类蛋白转向偏好植物蛋白，从而推动美国大豆消费量快速增长，大大刺激了豆类生产的主观能动性。基于相关案例和发展经验，中国应当采取"拿来主义"，因地制宜，基于国内都市区域特点、自然资源、经济实力与市场需要，紧抓"一带一路"倡议与乡村振兴战略契机，着力打造都市农业流通、观光与生态三大经济圈，用工业化和服务业理念来全面改造和提升都市农业。突出各地方都市农业的特色，重点发展绿色有机产品、时令果蔬、优质名茶、中药养生、观光旅游等都市农业发展项目。

因地制宜地选择都市农业发展路径。从世界城市都市农业的发展历程和模式来看，都市农业作为促进区域可持续发展、统筹城市与乡村发展、保护农业资源环境、应对社会危机和保障城市和谐等方面的目标是统一的，但发展路径却因地域而异。阿姆斯特丹的园艺农业、设施农业开创了创汇农业的先河，这与其粮食市场的高度开放密切相关；东京的社区农园是高度城市化发展的空间集约利用方式之一；伦敦的绿带既是大伦敦规划的生态环境绿地，也是都市农业的主要载体。

3.2.2 政府在集群发展中能有效发挥催化和引导作用

基于生命周期理论，在集群的形成阶段，政府要提升集群发展环境、引导集群自我提升，规范制定优惠政策，鼓励和支持产业拓展和延伸，充分满足集群发展必备的公共物品，引导企业植根集群发展。在集群的发展阶段，要全力支持关键技术，促进专业市场形成，积极扶持都市农业生产区域建设的研发创新、信息网络、金融担保、教育培训等各类组织，在支持技术创新和应用、提升产业经济的外部效应、调控市场失灵等领域充分发挥催化剂的功能。集群发展可能使农产品的种类相对单一，在应对市场持续变化与波动方面，具有一定的生产和运营风险。无助于资源禀赋的全面开发与运用，乃至损害地方动植物的多样性，需要政府充分发挥职能作用，通过宏观调控，有效达到多元与专业化的有机融合。集群发展不仅要有完善成熟的市场体系，而且要有健全规范的市场准则与管理秩序，市场经济中政府的基本职能只有政府才能做到，就是构建并维护好市场运行的基本规则。集群应主要在激烈的市场竞争环境下逐步形成与发展，但政府的支持政策和宏观调控能加快这一进程，顺势而为，有目标性地提供产业方面的援助。制定相关政策，把地方优惠政策转化为具体的企业或产业优惠政策，有针对性地吸引具备集群发展优势与合作协同能力的项目进入集群。此外，在都市农业产业集群发展进程中，政府宏观调控要聚焦在完善基础设施、技术传播、服务体系、风险有效防范和维护市场准则等方面。

都市农业政策扶持规范有力。从世界城市的发展经验来看，将都市农业置于城市可持续发展的框架下，将都市农业纳入城市规划、土地规划中，并且制定政策法规，保障都市农业的可持续发展和规范化管理。同时要求人们有适宜的技能和方法来解决冲突，都市农业参与者也能因此组织起来进一步争取他们的合法权利。加强都市农业的制度建设，制定土地使用控制方针，以保护都市农业用地；鼓励对都市农业的投资，提供信贷服务。此外，将都市农业与城市重大发展项目相联系是促进农业和教育、休闲和环境相互融合的关键，将都市农业与其他城市项目联系起来，使得都市农业成为城市发展的重大项目，从而建立起一套更有效的融合都市农业的城市管理体系。

3.2.3 有效发挥合作社、行业协会等中介组织的作用

尽管每个国家发展都市农业的特点不同，文化传统和资源禀赋也有区别，但专合组织历经长时间发展，已被全球各国作为农业生产基础性制度，特别是对农用地和运营规模小的国家起到了不可替代的重要作用。合

作社作为农民合作制度的有效载体，学习借鉴国外成功经验，要始终基于国内各地方的实际和传统，立足于现有资源的有效开发和利用，进一步降低成本、提升效益，使其具备较强的生命力。要多措并举扶持合作社的发展。在形成阶段，对那些合作社发展迟缓的区域，政府可制定配套优惠政策，扶持农民成立专合组织。如把创建合作社列为农户享受各项惠农政策的必要条件，针对一些发展合作社势头好的区域，政府要及时归纳成功经验并迅速进行传播。强化对农民和合作社负责人的培训与监督，从宏观层面上强化对合作社的管理和监督，确保其"自我组织、管理、服务与受益"的正确前进方向，持续提升其生命力，促使其能在推进都市农业产业集群发展中发挥更大的作用。

高水平的都市农业科技化与组织化。世界城市稀缺的土地资源和产业发展的比较优势是都市农业科技化、产业化、市场化发展的内生需求。因而，对于世界城市的建设，在突出农业文化特色的基础上，一方面要提高农业企业化、专业化程度，建立和完善有效的开放市场体系；另一方面要通过先进的科学技术提高都市农业技术含量，实现高度智能化、农业信息化、生产科技化。同时，应注重发展以企业和农村合作协会为主的组织形式。发达国家在不断推进现代农业和现代都市农业过程中所采取的主要方式，就是不断增强农业和区域的自组织能力，通过协会和各行业组织加强内部之间的监管。

3.3 国内都市农业产业集群发展生命周期特征

基于集群生命周期视角，选择国内陕西杨凌、广东陈村、江苏扬州三个代表性集群。其产品在国内外均具有重要影响，通过长期多方面多主体的共同努力，经过集群的形成和发展阶段，现已逐渐步入稳定阶段。

3.3.1 陕西杨凌都市农业产业集群发展生命周期特征

3.3.1.1 杨凌都市农业产业集群发展概况

杨凌区是我国传统农耕文明的传承和发源地，往日的杨凌属于普通的北方小镇，基础设施差、都市功能弱。杨凌区位于陕西省西安市西部 85 千米处，截至 2019 年年底，面积 135 平方千米，常住人口达 21 万人，是我国首个农业高新技术产业示范区。经过多年的不懈努力，杨凌集群形成并不断发展，现处于集群生命周期的稳定阶段①。

目前，全区聚集了国内专职研究农业的近 70 个学科、6 000 多名科技人员。杨凌历经 20 多年发展已形成农业人才集聚、学科全面、硬件齐备的全国重点农林科技教育培训基地与农林高新技术产业示范区。其具有品牌优势、运营体制、科学技术、人力资源和发展环境五个方面的优势，不仅成为享誉国内外的"农业科技城""产业示范城""生态旅游城"，而且是我国西部推进乡村振兴战略的教育和示范基地。以前杨凌非常落后，为彻底解决杨凌农业产、学、研相互分离的发展瓶颈问题，有效促进中国西部地区农业发展，我国于 1997 年成立杨凌示范区。通过全面发挥杨凌两所高校的高新技术优势，以此为突破口，紧密围绕如何解决农民增收和农村发展两个核心课题，不断探索及时实现农业技术成果转化和传播，持续提升农民收入的创新发展路径，成功构建了"政府支持、技术支撑、企业牵头、农户落实"的杨凌模式。

3.3.1.2 杨凌都市农业产业集群发展特点

（1）政府职能发挥到位，各发展主体责任明晰，是集群生命周期形成和发展阶段的前提。杨凌模式凸显了政府职能的有效转型。在集群的不断发展和农民持续增收的过程中，充分明晰了"政府部门、技术人员、涉农企业、个体农户"各主体的职能，有效发挥各自优势。政府部门统筹引导、协调和服务，优化发展环境和市场秩序；技术人员重点关注技术创新和成果传播，涉农企业主要负责营销和开发市场，实现成果转化，提高产品附加值；个体农户主要负责生产经营，保质保量提供农业原材料和劳动力，保证企业高质高效生产优质农产品。能够使企业、科技人员等经营主体充分发挥各自优势，经过政府的正确组织和引导，把涉农企业、技术人员、个体农户利益有效融合，实现利益共享、风险共担，形成稳固的命运共同体，能够有效应对市场的波动和变化。

（2）构建科学的价值链是集群生命周期形成和发展阶段的重点。杨凌示范区在发展过程中能有效满足专家学者、涉农企业、个体农户等多方利益诉求，通过不断进行体制机制创新，科学合理的利益共享机制不但促使企业和科技工作者密切融合，还有效实现了企业与农户的有机结合。按照

---

① 洪艳. 现代农业集群式发展研究 [M]. 北京：中国农业出版社，2008.

科技工作者对企业的贡献率获得绩效报酬，有效激励他们全力以赴研究新技术和农产品，不断提升企业核心竞争力。企业为农户提供技术、物流、仓储与营销等全方位服务，并适度让利于农民，充分调动农民的积极性，严格按照企业质量和计划进行生产。健全的利益分享体制，为发展集群奠定了坚实的基础。

（3）核心企业带动、及时有效实现成果转化和传播，是集群产生和发展阶段的关键动力。杨凌模式的重点在于核心企业带动，全区整体达成重视、培育、支持和引进核心企业，就是支持农业增产和农民增收的共识。通过与专业科研院校密切合作，促使农林高新科技成果能够迅速转变为农产品和生产力。截至 2019 年，在杨凌入驻的企业中，科研人员创办企业已达 70 多家，参与成果转化的科研人员达 400 多人，实现成果转化 200 多项。杨凌示范区农业科技贡献率已从 2007 年的 61% 提高到 2019 年的 82%。

（4）搭建农业高新技术会展平台是集群形成和发展阶段的关键要素。持续完善和发展会展农业，形成农业高新技术成果的转化和传播的重点交流平台。自 1995 年来，杨凌已顺利举办 26 届农博会，近十届农博会共有来自国内外 60 多个国家和地区的近 2 万家企业、院校等组织参加，参加会展的各界客商和群众达 1 000 万人次，技术转化、项目投资和农产品交易总额达 1 000 亿元，举办农业实用技术培训和咨询活动累计参加人数超过60 万人次。会展业已成为集聚与转化农业高新技术和资源要素的核心平台，成为集群形成和发展的关键要素。

3.3.2 广东陈村都市农业产业集群发展生命周期特征

3.3.2.1 陈村花卉世界发展概况

国内外知名的陈村花卉世界，地处广东省广州市佛山市顺德区陈村镇，享有"千年花乡"的盛誉，已有上千年种植历史①。改革开放以来，陈村花卉世界的规模不断发展壮大。一直以来，陈村有"岭南花乡"之称，被誉为全国花卉第一镇。但由于当地政府长期没有统一的有效管理，缺乏专业规范化的市场平台和机制，陈村花卉的产销都处于简单、无序发展状态。为有效解决发展瓶颈问题，把花卉产业发展纳入科学化、规范化发展轨道，当地政府从 1985 年主办花卉展会，科学规划花卉产业长期发展，

---

① 洪艳. 现代农业集群式发展研究 [M]. 北京：中国农业出版社，2008.

有效规范花卉市场。在前期建设从各村集中租用土地，以股份合作社的运行模式来协同发展，已累计投资上亿元，推行"三三制"等新型模式招租。

为使花卉业步入产业化发展轨道，陈村镇于 1998 年总体规划发展用地 10 000 亩（1 亩 ≈ 666.67 平方米），建立了集花卉种植、市场、娱乐、科技、信息于一体的陈村花卉世界，分为贸易广场、中心与花卉园区三大功能区。自陈村花卉世界建立以来，现已开发土地 0.5 万亩，引进外资超过 7 亿元人民币，其中外资占比达 33% 以上，吸引了近 400 多家分别来自国内外的花卉公司进驻。进驻的企业中有相当一部分是外资企业，美、英、法、韩、澳等国家的知名花卉在这里到处可以观赏。通过"政府搭台，企业唱戏"的灵活方式，为海内外专业花卉企业提供优质的展示平台，在这里不仅有完善的配套设施和方便快捷的投资金融、卫生检疫、对外贸易等服务，并且有央视农村频道等多家媒体为企业进行全方位多角度的宣传推广。

陈村花卉世界现已成为中国规模最大的花卉交易市场与种植基地，其以难以置信的发展速度获得了巨大的成就，花卉年交易额已超过 15 亿元。其曾荣获"花木之乡"等荣誉称号。

3.3.2.2 陈村花卉产业发展特点

陈村花卉经济的主要特征是花卉业人文和产业基础好。当地花卉种植历史悠久，花农不仅种植的积极性较高，而且具备娴熟的经营经验，在陈村发展花卉产业具有与生俱来的先天优势。

（1）立足主导产业，全面开展招商选址工作取得良好成效。不断强化国内外横向合作与交流，持续提升花卉产业经济发展水平。近年来，陈村与国内外知名企业开展全面的交流与合作，吸引了国内外众多知名花卉企业来陈村投资兴业，如美国的维生公司、我国台湾金日公司等一大批知名企业，深入学习全世界先进的花卉经营理念和种植高新技术，并引进高品质的花卉良种苗圃。通过广泛开展横向交流与合作，实现了陈村花卉经济跨越式发展，极大地推进了花卉全产业链的优化升级与拓展延伸。

（2）信息平台作用大。陈村花卉世界有限责任公司自成立以来，就高度重视集群信息化建设。陈村历经多年的科学规划和有效经营，现拥有两个网络服务领域，一是以花卉业从业者为主的综合信息服务平台，二是以大众消费者为主的企业综合服务网站。目前，陈村注册会员已达 2 000 多个，平台使用率每天达上万人次。通过充分发挥信息平台作用，有力促进了陈村花卉的进出口贸易，推进了花卉物流业的繁荣发展，为花卉全产业链上下游企业提供了更好更多的市场机遇，为本地区带来了丰厚的经济效益与社会效益。

（3）政府支持政策好。集群发展的最大动力是政府支持。为全面发展本地花卉经济，当地政府做了大量扎实细致的具体工作。尤其是2000年中国第五届花博会在陈村成功举办，不但提升了陈村花卉世界的知名度和品牌影响力，而且进一步提升了花卉经济效益，对周边基础设施建设起到了天翻地覆的拉动作用。吸引了更多国内外知名企业进驻陈村花卉世界，有力地推进了花卉经济的可持续发展和良性循环。

3.3.3 江苏扬州都市农业产业集群发展生命周期特征

3.3.3.1 扬州都市农业产业集群的形成特点

扬州都市农业产业集群的发展路径属于区域品牌引领模式。扬州市地处江苏省中部，气候良好，土地肥沃，雨水充沛，自古以来就具备发展都市农业的绝对优势①。由于政府的科学引导和培育，扬州站在开发自身优势和市场需求发展有机结合起来的高度，重点打造扬州鹅和高邮鸭系列产品等本地特产资源，进行产业精深加工和集群式发展。把资源禀赋优势转化为特色产业优势，快速提升了扬州农产品加工地位和经济收益。

3.3.3.2 扬州鹅

扬州鹅业具备深厚的历史文化底蕴，早在唐朝时期，诗人姚合就写下了"无家不养鹅"的诗句，充分体现了扬州鹅在当时的受欢迎程度。目前，该产业的品牌知名度得到了进一步的发展，2006年扬州鹅通过了全国新畜禽品质的审核，成为国家培育成熟的首个鹅种。"扬州鹅"作为一种新型鹅种，在地方品种鹅的基础上精心培育，所以具备遗传基因稳定、易成活、肉质好、生长周期短等特点。当前，扬州鹅品种已在全国广泛推广，仅扬州饲养量就已达近5 000万只，产生的年经济收入约8亿元，进一步带动了上下游产业的发展。经过规模化养殖、依靠龙头企业进行集约化、标准化、品牌化的发展理念，现在市场营销网点发展到6 000多个，年加工销售量达1 000多万只。很多具有先进加工技术、流水线生产的龙头企业发展起来，进一步提升了扬州鹅的增值服务和产品附属价值。如借

---

① 洪艳. 现代农业集群式发展研究［M］. 北京：中国农业出版社，2008.

助对鹅的副产品精深加工拓展产业链，在扬州鹅的多元化发展中进行助推。其中，万达羽绒实业有限公司位于扬州市，该公司主要从事羽绒加工产业，共拥有 1 000 多台（套）设备，年均羽绒加工量达 2 000 吨，年均生产羽绒服装 150 万件、羽绒相关制品 30 万件，其中 90% 以上的产品销往发达国家和地区，年创汇近 1 亿美元，被誉为"羽绒产品之乡"。通过拓展延伸鹅业精深加工全产业链，不但带来了较好的经济效益，更促进大批当地富余劳动力实现本地就业，进一步提升了农民的产业收入。

3.3.3.3 高邮鸭

"高邮鸭"也是享誉国内外的知名农产品。高邮鸭蛋是我国三大名鸭蛋之首，双黄鸭蛋更是驰名全世界，鸭蛋制品曾荣获巴拿马国际金奖。在1909 年南洋世界农业会展上，高邮鸭蛋获得国际名产声誉，远销世界 30多个国家和地区。

高邮市位于长三角洲地区，历史文化悠久，是全国以邮闻名的都市，为江苏历史文化名城。高邮的资源禀赋非常丰富，境内河流交错，河滩丰饶。2019 年，高邮市地方 GDP 达 700 多亿元。高邮的红太阳咸鸭蛋、琵琶鸭等 20 多个产品荣获国家级绿色食品证书。高邮通过实行优质育种、高效养殖、精深加工和科技示范，创新疾病监控、保健食品和真空包装，实现高效立体鸭鱼混合养殖技术，建设高邮鸭育种、繁殖、饲养和产供销一体化的品牌化生产基地。

3.3.4 国内都市农业产业集群发展生命周期特征

分析比较国内三种集群（表 3-2）可知，随着产业集群生命周期的演变，中国都市农业产业集群的成长、技术水平和含量逐渐提高，由生命周期的成长阶段迈向发展阶段和稳定阶段。基于现有都市农业产业集群，中国都市农业产业集群分为如下类型：一是种植产业集群。该集群主要是进行特色种植、农副产品精深加工、培育优良农业品种以及形成优势产业带，打开专业市场和提升品牌知名度，不但有助于提升市场优势，还有助于提升核心竞争力，并在一定程度推进农民增收以及农业增效，如陈村花卉集群等。二是养殖产业集群。该集群大都以大规模养殖企业为核心企业，引导辐射养殖农户，形成养殖规模化、集约化和标准化。完善养殖小区建设，不断提升养殖水平，促进现代畜牧生产方式转型，打造知名度较高的集群品牌，如"扬州鹅"和"高邮鸭"发展模式。三是农业物流产业集群。通过涉农物流企业和国内外物流企业共同合作，一起开拓和发展市场，如陈村花卉集群等。四是农业科技产业集群。以农业高新科技产业化为突破口，全面推广作物育种、栽培和植保技术，如陕西杨凌。由此可知，在都市农业在集群化发展中，相对于传统农业具备更强的核心竞争力以及市场优势，发展空间巨大。通过集群式发展，在都市农业全产业链内部专业分工不断精细化，外部不断延伸和拓展形成农业全产业链，都市农业集群化发展首先必须以产业链为核心，最大程度地降低交易成本，实现外部与规模经济，持续提升创新效用，进一步促进本地经济社会发展与提升产业核心竞争力和市场优势。所以，本书认为，中国要发展都市农业产业集群，必须学习借鉴发达国家的成功经验，在已有的资源禀赋基础上，遵循集群生命周期和发展规律，构建科学的集群发展体制机制，加强政府宏观调控，不断提高科技投入，以此来促进各类都市农业产业集群的建立和发展，推动全产业链延伸，达到集群的发展目标。

表 3-2　国内都市农业产业集群发展对比

区域	发展类型	发展特征	产业集群生命周期要素
陕西杨凌	农业高新技术产业集群	高新科技支撑	资源禀赋、政府支持、宏观调控、科技支撑、会展平台
广东顺德	陈村花卉产业集群	招商引资带动	资源禀赋、经济区位、产业背景、配套服务、区域品牌
江苏扬州	扬州养殖农业产业集群	地理品牌带动	资源禀赋、科学技术、宏观调控、配套服务、区域标志

3.4　国内外都市农业产业集群发展生命周期特征的比较

经过系统对比与分析国内外集群发展，归纳其中的成功经验，梳理总结它们生命周期发展特征中的相同与不同点。

3.4.1　相同点

美、日、荷等农业发达国家在集群方面都遵循科学发展规律，依据集群的生命周期，根据各自的实际情况和资源环境，逐步发展集群。一是都把规模化、标准化与品牌化生产经营作为发展标准。专业化、集约化和规模化可以充分发挥产业协同和规模经济的优势，是培育和发展成熟的产业集群所必备的要素条件。美国、日本、荷兰等农业发达国家的产业集群和国内知名的陕西杨凌产业集群的优势之所以能发展起来，是因为具备了这一核心条件。二是都依托农业高新科技为基础。上述三个产业集群都具备农业高新技术做保障，其研发和装备技术都属于世界先进水平，实现产品创新、高端和多功能，全面推动产业优化升级。三是都构建了完善系统的全产业链。要发展集群，孤岛模式肯定不行，关键是以打造健全的全产业链体系为目标。三个国外集群都打造了前端至生产研发、中端有精深加工、末端至物流配送的全产业链。四是都具备良好的区位优势。美国的气候和土壤条件十分适合农牧业规模化发展，荷兰的温带海洋性气候也非常适宜用温室培养高附加值的花卉，我国广东陈村花卉产业集群发展也都主要依托于本地区优良的自然环境和地理优势。

3.4.2 不同点

与国内都市农业产业集群生命周期阶段比较，国外都市农业产业集群发展形态更加合理，并且产业集群生命周期中的产业链和结构成熟，高度重视农业社会化服务体系建设。美、日、荷等农业发达国家的产业集群社会化服务体系都非常完善，能够充分整合和带动全社会力量广泛参与产业集群发展过程中。而我国广东陈村等集群在社会化服务体系发展领域相对滞后，还没有效优化整合成完善的农业综合服务保障体系。

本书认为，国外产业集群法律体系较为完善，国内产业集群主要靠政府制度和政策支持。美、日、荷等农业发达国家的产业集群都具有标准化的法律体系和政府保障制度，具有系统完善的农产品培育、加工、物流、贸易等方面的质量标准体系。国内集群大都依托政府的全力扶持，重点突出在顶层设计、生产补贴与项目奖励等方面。国外农业中介组织实力明显高于国内。美、日、荷等农业发达国家的产业集群很大程度依靠功能完善的农业中介组织体系来进行市场化运行和管理，全面掌握发展产业的市场信息；国内都市农业集群因为起步较晚，现存的大多数都市农业产业集群处于生命周期的形成和发展阶段，集群中介组织发挥的保障功能相对较弱。

4 都市农业产业集群发展要素及阶段识别

　　基于集群生命周期视角，通过系统分析，梳理总结国内外都市农业发展要素的相关理论，制定了"现代都市农业发展要素"问卷，通过到天津市青山等区政府、企业、院校、社会组织等基层一线进行问卷调查，发送与回收有效问卷分别为300份与294份，回收率达98%，得出结论：都市农业发展要素分别为城市发展、目标市场、物流体系、技术推广和宏观调控。通过应用波特（1997）钻石模型来分析集群的形成动力机制，证明集群在遵循其发展规律的同时，具有相关的形成机制和发展机制，来确保集群能够科学有序地发展。本书在上述理论和调研的基础上，基于都市农业的发展要素，进一步从产业集群生命周期视角，构建了都市农业产业集群的机制研究的总体框架，并把集群机制研究划分为集群的形成机制、发展机制和稳定机制三个有机组成部分。其中，形成机制是集群形成阶段的基础性机制，发展机制是集群发展阶段的关键效用机制，稳定机制是集群稳定和提升阶段的核心机制。这三项机制不仅适用于都市农业产业集群，而且适用于一般的农业产业集群。

4.1 都市农业产业集群发展要素

　　综合比较国内外创新集群①发展实践，虽然存在不相同的发展要点和方向，但是都具备相同特征和成熟的发展经验可供学习与借鉴，通过总结

---

① 一般将有爆发性、竞争力的成熟集群称为创新集群。

其发展规律，梳理归纳出集群创新发展的影响要素。

（1）城市发展。都市农业是在都市经济社会高速发展及居民收入持续提升的基础上发展起来的。只有都市发展实现现代化，才会对都市城郊农业提出多元化需求，有效推进城郊农业向都市农业转变。

（2）目标市场。大中城市是都市农业的目标市场。其发展目标是把农产品高质高效地提供给消费者，尽可能获得高收益，而都市居民多元化需求是其目标市场。所以，都市农业要能有效实现市民物质与精神上的生活需要，全力发展休闲娱乐、安全营养、观光旅游、生态环保农业。因而，拓展都市目标市场，构建产供销一条龙的目标市场体系，是都市农业发展的原动力。

（3）物流体系。健全的生产物流体系是都市农业发展的基础和保障。国外发达国家都市农业已步入城乡一体化的同步发展轨道，基本上没有农村工业。其把农业视为一套健全完善的产业，涵盖农产品生产、加工、储存和营销等全部要素。构建完善的纵向产前、产中、产后一条龙的生产物流体系。全部生产物流体系专业化程度非常高，横向体系上相关配套产业健全完善，生产实现集约化、工厂化、品牌化、国际化，构建了标准规范、互联互通的农产品市场流通体系。

（4）技术创新。紧跟和学习农业高新科技，是都市农业不断发展的创新举措。因为都市城郊农用地紧缺，劳动力价格高，投入成本大。所以，都市农业要充分依托农业高新科技和有效市场信息，不断提升农业的技术含金量和价值。只有充分运用农业高新科技，才能有效提高农产品品质和都市农业服务水平。因此，高新科技是其持续发展的内生动力。

（5）技术推广。构建健全的技术推广体系是都市农业发展的重要措施。都市农业发达国家的科教推广和目标市场体系关系密切。其科研成果转化为商品，实现市场化程度相当迅速。各国政府都高度重视农业教育培训，把加大农业高新技术投入作为保持自身都市农业领先地位的重要措施，并始终关注环境和资源保护。随着城市发展与市民生活水平的持续提高，对绿色有机农产品的需要也会不断提升。都市农业必须维护和开发好生态环境和资源禀赋，尽可能降低化肥、农药的使用，首先确保是安全的无公害农产品，再生产绿色有机农产品。都市农业也是都市生态环境的重要部分，切实保护好生态环境，对构建生态环保都市的意义重大。

（6）宏观调控。根据市场发展需求不断进行有效的宏观调控，是发展都市农业的必要保障。都市农业属于都市经济社会的重要构成内容，基于发达农业国家的成熟做法，也应制定相关法律法规。例如，德国、法国、日本都有《市民农园法》等行之有效的法律法规，能够有效地保障都市农业全面协调可持续发展。都市农业宏观发展政策是基于实际发展情况制定，并不断修改完善。其当前主要体现在构建农产品体系、完善法律制度、加强生态环境建设、实行标准化管理、实施"大农业"发展战略、加大技术创新和设施投入、深化与专合组织协同合作、进行科技推广和运营培训、强化职业教育、培养储备专业人才、完善基础设施、利用财政补贴政策等方面。

4.2 都市农业产业集群生命周期

都市农业产业集群具备动态性和生命周期性（Menzl & Fornahl，2016）。很多经济地理学者认为，产业集群一般可以分为形成、增长、稳健和衰退四个阶段（Fornahl & Hassink，2017）。农业产业集群是农业区域分工的产物，区域分工的首要目的是有效地发挥区域特色农业生产和比较优势，可以得出比较优势是集群形成和发展的核心驱动力（唐华俊等，2016）。因为农业的发展条件和背景变化，推进集群发展的主导要素也在不断变化和逐渐更替。

本书在总结梳理产业集群和生命周期（李雅楠，2017）以往研究的基础上，重新定义了农业产业集群和产业集群生命周期。

农业产业集群是指既彼此独立又合作密切的农民、物流企业、涉农企业、中介机构等不同利益群体，根据区域优化布局、规模集约化生产、产供销一条龙服务的要求，持续拓展与延伸农业全产业链，在区域和空间的基础上构建高密度聚集的利益和命运共同体，是新时期我国农村经济社会发展的核心组织管理创新。产业的集群发展能推进地方经济发展，具有较强的市场优势和核心竞争力。一是资源要素的规模和集聚效应（如人力资源、社会资本、市场营销和网络份额等），二是激励机制基础上的竞争效应，三是分工效应，四是协同效应，五是区域效应，六是品牌效应。

生命周期原本是生物学领域概念，是指有机生命体从产生、成长、成熟、衰老至死亡的整个过程，于1950年被引入经管学科等领域。在企业等组织的发展进程中，专家们发现集群发展同自然界的有机生命体同样具有自身成长的过程，于是把生命周期理论运用到集群发展的研究，以便更加精准地分析集群发展规律（王缉慈，2019）。本书对产业集群发展分为以下四个阶段：一是形成阶段（借助资源优势来推动），二是发展阶段（依靠市场规模来推动），三是稳定阶段（凭借产业拓展来推动），四是提升阶段（借助技术创新来推动）。

4.2.1　都市农业产业集群的形成阶段

都市农业产业集群形成阶段的主要影响因素是需求。农产品根据地域进行专业化分工的阶段在历史上就出现过，但农业产业集群真正出现是在农业工业化高度发达后才逐步出现的。美国的农业产业带和工业化齐头并进便是很具有说服力的代表案例。

形成阶段是集群发展的初期，主导驱动因素是农业资源禀赋予自然条件。作为自然与经济的有机统一，农业生产不同于其他经济部门最主要的特征，便是和自然条件密切相关。特别是在农业生产力水平欠发达，农业经济仍以自然经济为显著特征的区域，自然资源的因素驱动起到极其重要的作用。因为农业生产力水平较低，不仅生产基本"靠天吃饭"，而且基于地方资源禀赋优势，在这种情况下，自然经济的发展离不开因地制宜的产业优化设计。资源禀赋是集群发展各个阶段中的重要因素，在农业发展和形成的阶段，起到的作用尤为关键（王缉慈，2019）。

在元朝《王帧农书》中就有"凡事之种，各取所宜"的记载，有力证明了我国较早就会根据农业的自然资源和禀赋优势，来科学规划和开展农业生产活动。由于农业要靠资源要素来推动，即便在现代，全世界以农业自给自足型生产为主的地方，仍然存在大量经济社会发展滞后的地方。资源禀赋的要素驱动一般处于集群发展的形成阶段，步入现代社会应有效破解对资源禀赋的过度依赖。这是全球农业和我国农村经济社会发展的自然规律。

集群的形成阶段特征是企业逐渐在空间与技术上形成集聚，集群内部企业发展开始优于集群外部企业。在特定区域环境下，企业通过彼此学习，降低认知距离，减少技术流动壁垒，逐渐形成群聚效应和产生形成阶段的集群。集群的形成阶段对外部环境抵御的能力不足，具有一定脆弱性。因为集群企业外迁的数量减少，或政府政策支持的缺失与错误，可能导致集群衰亡（王缉慈，2019）。

4.2.2 都市农业产业集群的发展阶段

都市农业产业集群的发展阶段主要依靠推进产业融合，推进市场与产业规模化。该阶段是市场需求不断增长和空间流动性持续优化的成果，也是集群的延伸和拓展时期，其主要推动要素是产业需求。伴随物流条件的改善、农业机械化和劳动力价格的不断提升，物流成本在农业生产成本中的比例逐渐降低，经过扩大规模提升农产品竞争的成本优势，规模要素就构成集群拓展的核心驱动力，是自集群采用现代农业设备和机械，达到全面工业化的成果（王缉慈，2019）。

规模要素推动主要体现在两个方面：一是伴随贸易和流通的不断改善，贸易额显著提高，不但推进农业生产和精深加工，逐渐趋于规模最优，而且能明显降低全过程成本，涵盖产前、产中、产后各环节的生产和经营成本。在产前购进大批生产资料，会获得较低的优惠价格；在产后农产品能够大批顺利地进入市场，获得较便宜的产地价格。在生产过程中，农业生产的规模化更有利于达到集约化耕作和运营管理，并大幅度降低成本和提高农产品品质。二是规模因素驱动直观表现为具备发展优势的产业集成，如美国著名的专业化"玉米产业带""棉花产业带"等就具有代表性。当前，国内全力组织实施的优势农产品，优化和调整区域布局工作，也是有效适应规模要素发展驱动的需要。

产业扩散活动包括梯度、等级和位移三类扩散模式。集群的扩散效应主要体现为梯度扩散。最初向相邻区域扩散，进而向较远区域逐步扩散，出现明显的"距离衰减效应"。基于经济地理学视角，相邻区域和中心区域通常具有相似的自然条件与资源禀赋。当农产品专业化程度和集约化水平持续提升时，伴随而来的是产品的成本降低和品质提升，核心竞争力和经济收益不断提高，无形之中周边区域的企业和农户便会积极学习和借鉴，产品生产便会逐渐向周边区域推广和扩散。在此过程中，优势农产品的专业化和规模化程度也会持续提升，使产品生产区域持续延伸和拓展。仅就产品生产而言，区位优势理论仍有效发挥作用，其具体模式是依托较低的流通成本，使产品生产区域以某个地区为中点呈同心圆扩散或者沿交通线进行分布，企业产业集群的发展离不开由核心地带提供的产品市场以及生产资料，因此在相邻地区构建企业产业集群的过程中应始终注意优势资源的分布与分配，推动其最终发展成农业产业集群。边缘区域要想发展相关的优势农产品，必须得到核心地带的人才、资金、基建、信息等资源要素的扶持。如果无核心地带的大力支持，其发展就会非常困难。在集群发展进程中，科技创新和制度性安排可能会加快和抑制集群的扩散效应。从技术创新角度来看，一是农业生产加工、物流仓储、市场营销等领域的技术进步，推动具有优势产业的区域持续向外延伸和拓展；二是技术创新能进一步提升作物的品质，拓宽作物种植范围。美国发展棉花产业集群就是最好的例证，西部地区本身属于干旱区域，不适合棉花种植，但由于现代农业灌溉技术的迅猛发展，推进棉花产业带不断向西部发展。通过科学优化制度性安排，比如美国政府长期对主要农作物实行种植面积限定和价格扶持政策，有效延迟此类农作物的地方分布变化。扩散效应通常表现为位移与等级扩散模式，经过集群核心企业[①]、跨境投资与科技输出来形成，但其影响相较于梯度扩散效应会小很多。通过梳理归纳，资源禀赋、市场需求、技术创新和制度安排四大动力机制不但能充分发挥作用引发极化效应，还能起到进一步限制扩散效应的作用。

都市农业产业集群的发展阶段具有两个特征：一是集群内部企业迅速发展，二是初创企业数量持续提升。集群功能比较明确，企业数量规模、空间密度与网络迅速发展，技术关联度提高，专业化正外部性凸显。发展阶段集群会强化集群的功能边界，降低和规避企业组织、技术和知识的异质性。专业化与功能性使发展阶段集群可能创新各种网络，高效形成企业间的合作和供需关系，进一步形成专业化市场，推进区域经济的高速发展。发展阶段集群拥有较好的发展驱动力，一般会逐步进入相对稳定的状态，具有较高的生产率（Pouder & John，2016）。这种状态往往获益于集群内部龙头企业（王缉慈，2019）。

4.2.3　都市农业产业集群的稳定阶段

都市农业产业集群的稳定阶段，主要依托促进产业集群与不断延伸和拓展都市农业全产业链，不断提高产业效益。此阶段是集群技术创新和优化产业结构的升级阶段，其主导驱动要素是持续延伸和拓展全产业链。随着经济社会不断发展，特别是在新兴产业变革的影响下，相关产业相互之

---

① 集群的核心企业有可能演化为全球化网络中的创新型企业；集群升级机会在很大程度上由集群中的创新型企业以及多方行为主体的合作行动所决定（梅丽霞，2019）。

间的经济方面的联系和彼此依赖程度更加密切,以及不断延伸和拓展农业全产业链,通过产业化来驱动运营便自然产生。集群产业的现代化发展,主要依靠市场优势和核心竞争力的全产业链驱动作用,不但能推动农产品产供销一条龙有机融合并同步发展,而且能与相关政府部门展开良性合作,不但能推进产业实行良性运营,而且能有效发挥其市场优势,进一步拓展更为广阔的市场发展空间。由于各地方资源禀赋各不相同,处在不同发展阶段,优势产业或产品要想获得长时间的市场优势和核心竞争力,必须范围广、多元化和跨空间,持续优化和配置各地方的资源禀赋要素,在农业全产业链要素驱动下,沿着核心企业的优势产业和产品聚集的发展轴线,逐步向优势地区集聚并分为优势生产、精深加工和市场营销区域。比如美国果蔬生产基本上都建在加州等地,而市场销售区则建在都市居民密集的东部和西部沿岸地区。美国集群发展证明,形成优势产业的地方内部肯定会有核心企业聚集,在企业形成集聚的基础上,经过转移农村劳动力、促进城镇化进程,在农业全产业链发展要素的有效驱动和作用下,要素资源形成有效集聚的突出表现。这种要素资源有效集聚反向回来,又沿着产业发展轴线和系统作用,把其能量全面辐射到农村、农业与农民,构建新型农工商关系、城乡融合与三产联动。

都市农业产业集群的稳定阶段体现出集群发展的相对均衡状态。德国巴登—符腾堡州或"第三意大利"产业区均呈现出这种发展特征①。稳定阶段集群没有形成阶段集群高速发展动态,也没有出现提升阶段集群创新动力不断提升的情况。集群内部企业间已构建稳定的合作与网络关系,外部企业与组织和内部企业已构建相对稳固与开放的密切合作关系,集群内外部的知识流动渠道稳定(王缉慈,2019)。稳定阶段集群可能朝两个方向发展:一是进入衰退。由于过分专业化,经济外部性出现边际递减,或集群发展被锁定在比较牢固的、多尺度的政治经济框架中。二是不断创新,持续发展。集群企业主动适应新环境,有意识地拓宽新的知识互动渠道,持续创新,发现新的产业路径和新的增长点,始终保持稳定良好的产业效益(Martin & Sunley,2016)。

---

① "第三意大利"由经济社会学家 Bagnasco(1977)提出,指意大利东北部和中部,包括艾米莉亚—罗马涅等七个大区。

4.2.4 都市农业产业集群的提升阶段

都市农业产业集群属于创新集群的范畴。在集群提升阶段的显著特点是创新，向创新集群的方向去发展，实现创新集群的目标，通过产业交叉或跨界融合，实现从传统的产业集群向创新集群迈进。创新集群是由创新型企业、科研机构、大学等创新主体构成的地方合作网络，是有利于企业自主创新的地方环境。这些创新主体紧密地联系和互动，尤其是跨界合作，并不断吸收集群以外的知识，实现技术创新。创新集群又是一种新的区域治理模式，通过产业集聚、知识外溢和集体行动，在特定的技术发展方向上引领市场的变化，维系持久的竞争力（王缉慈，2019）。

在创新集群内部，营造创新创业氛围至关重要，而强调自主知识产权的技术创新，探索"政—产—学—研"协同发展的机制，培育跨界融合的创新集群迫在眉睫。创新集群需要制度创新，创造公平透明的环境，建立有效的市场机制，让企业能够真正发挥市场的主体作用。例如，通过人为构建的知识产权制度，促进研发活动的投入，在保护发明人获得创新收益的前提下，知识和技术为公众所共享。创新集群需要有长远目标。政府需要整合地方不同的利益相关主体，使它们对地方可持续发展的长期目标达成共识。相较于政府，企业在专业领域内更加熟悉全球创新资源的流向和市场的走向。地方发展①目标会影响企业的技术选择，对地方的未来有共同愿景的利益相关主体能带动相应的创新资源向本地集聚，利用更大区域为本地发展服务。根据既有发现，创新集群还需要兼顾社会责任，集群内的企业不仅要关注自身短期的经济收益，还要兼顾经济社会和生态环境的可持续与高质量发展。

在这一阶段中，技术的研发和创新是提升产品质量的推进主力。作为集群发展过程中的最高阶段，其主导驱动要素是科技创新来提升产品质量，其主要特点是规模化和稳定化发展。在此阶段，通过以往不断延伸和拓展产业规模空间已受限，产业竞争依赖资源禀赋的时期已经消失，技术持续改革创新成为有效提高核心竞争力、市场优势的关键驱动要素。全世界都市农业的发展进程说明，科技创新是现代农业持续发展的内生动力，

---

① 地方发展是较新的理论，研究如何利用社区或城市的资源和内生潜力进行经济与社会转型，其中社会、文化、制度、历史和地理等非经济因素更重要。虽然地方研究可以以空间作为重点，但不受空间限制。

每次技术创新的重大突破都有效推动农业结构布局优化，推进都市农业深化改革和集群高质量发展。以全球农业自由化和地方化①为主导的现代社会，促进农业供给侧结构性改革，科学规划集群战略布局，推进城乡协同发展。随着区域农业专业化精细分工，技术创新是集群保持市场优势与竞争力的关键要素，不断提高集群的科技创新、核心竞争力与市场竞争优势，已成为促进集群发展的核心。世界上许多著名的产业集群，都是在全面开发运用高新技术变革中产生的，处于世界领先地位。在彻底改变集群竞争位置和游戏规则要素中，科技创新是最行之有效的核心要素。构建地区农业科技创新体系，持续提高创新质量和效率，不断降低创新成本，优化整合全部有效资源，推进各种知识和信息进行优化配置与开发运用，高质量、高效率地提供多元化服务，是全面提高集群科技创新能力和市场优势的关键途径。

当今市场竞争多样化、复杂化，在此过程中集群的提升阶段主要通过进行动态化的自身演进来实现自我机制的稳定。而集群动态的关键是对自组织功能的实现，这两者之间相互促进、彼此联系，在集群持续发展过程中起到核心作用，来自政府的扶持是集群的自组织以及动态化发展和核心提升的重要外部因素。经过对集群持续发展影响机制和相互之间的作用分析，本书结合技术创新在集群持续增长过程中的影响效用，就集群的长期发展过程中的影响因素以及相互关系开展研究，对集群稳定机制和动态环境概念模型的构建进行分析，如图 4-1 所示。结合该模型可以得出，集群发展离不开集群自组织的重要作用，该运行机制在全部生命周期中都有所体现，动态核心能力是对其重点要素实行动态优化整合的能力，是集群实现持续稳定发展的核心动力和根本保障机制，政府支持是集群实现持续稳定发展的核心外部支撑机制。

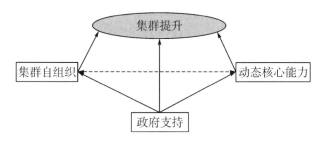

图 4-1　动态环境下集群提升阶段稳定机制概念模型

---

① 这里不讨论商业所使用的让产品或服务适应于当地的另外一个"地方化"。

都市农业产业集群的提升阶段是面对集群衰退期企业减少和破产，集群内部劳动力减少，集群发展动力衰退，经济效益减少的现象。不少老工业区和资源型城市较易进入衰退阶段（胡晓辉、张文忠，2018）。衰退阶段的集群高度依赖于单一的市场、技术和劳动力，企业内部高度同质化，知识网络趋势僵化，失去了塑造新知识、新技术和新产业路径的能力，被锁定于衰退中（Grabher，2013）。当然，衰退型集群并非一定预示着集群走向消亡。在政府、企业、院校、社会组织等各主体的共同努力下，这类集群也可能转型为提升阶段，集群开始开拓市场，发展高新科技，以创新驱动为发展路径和新的增长点，实现集群的优化升级和成功转型，趋向于创新集群的可持续发展和高质量发展的目标（王缉慈，2019b）。

4.3 都市农业产业集群的生命周期机制与阶段识别

4.3.1 都市农业产业集群机制研究的总体思路

类似于产业集群发展过程中的生命周期，产业集群的形成过程中离不开成长初期、高速成长期、成熟期以及衰退期四个时期。本书基于国内外专家学者系统研究的基础上，总结保障产业集群长期持续稳定的发展规律和影响要素，在充分学习借鉴国内外现有集群生命周期理论的基础上，本书梳理归纳出新的集群生命周期，把其分为形成、发展、稳定与提升四个阶段，见图4-2。

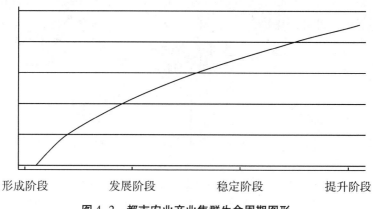

形成阶段　　　发展阶段　　　稳定阶段　　　提升阶段

图4-2　都市农业产业集群生命周期图形

集群企业和知识异质性在形成阶段发展迅速，步入发展阶段后持续减少，一直到稳定阶段与衰退阶段。在政府体制机制干预下，不同阶段集群并非遵照这一集群演化逻辑，而可能进入不同的发展阶段。例如，衰退阶段的集群可能会通过转型，催生出新的增长点，进入集群提升阶段；集群的稳定阶段通过自身的持续完善，长期保持市场优势和核心竞争力，避免进入衰退阶段（王缉慈，2016）。基于产业集群生命周期不同阶段的特征，用动态思维来判别与分析不同区域和产业类型的集群。集群机制不但要避免"一刀切"政策，还要全面充分掌握集群所处的发展阶段。深入来讲，集群体制机制不但要避免简单地"推进企业集中"，还要有"在什么时机"和"怎么进行政策介入"的时间观念。要关注集群内部企业的知识距离、数量临界值与异质性问题，让集群政策实施者进一步掌握不同集群发展阶段与介入方式的内在联系，综合考虑产业特性、发展阶段和多尺度环境等动态性条件，制定出基于区域、时段与特定集群的更富有灵活性的体制机制（王缉慈，2019）。

经济活动的显著特征是，集群发展空间出现明显集聚态势，都市农业产业集群也遵循其规律。其形成机制主要是资源禀赋诱导、市场需求推动、政府配套政策和高新技术应用。全世界著名的集群发展都必须依靠稳定成熟的集群发展机制，并在集群发展实践中得到了有效证明，如美国的底特律汽车城和葡萄酒集群、印度的软件产业集群和日本汽车产业集群（洪艳，2016）。

在梳理以往产业集群发展机制研究的基础上，本书在都市农业影响要素的基础上，基于产业集群生命周期视角，将都市产业集群机制研究划分为形成机制、发展机制和稳定机制，三者共同促进都市农业产业集群不断发展。在集群形成阶段，结合需求条件、集群生态、企业素质与社会资源，其分别对应集群龙头企业的财务、市场、学习与研发能力等八个影响要素，其核心要素是企业素质，构建出适合集群增长的形成机制，其是集群形成阶段的基础性机制。在集群发展阶段，结合产业融合、土地流转、人才引进、技术投入、基础条件、金融服务等影响要素，其核心要素是产业融合，构建出适合集群增长的发展机制，其起到承前启后的桥梁和纽带作用。在集群稳定与提升阶段，充分运用产品质量、产业效益、生产效率、经营者素质、农民收入、绿色发展六项驱动要素，其核心要素是产品质量和生产效率，构建适合集群增长的稳定机制，其是集群稳定和提升阶段的核心机制。见图 4-3、图 4-4。

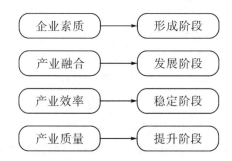

图 4-3　都市农业产业集群生命周期影响要素模型

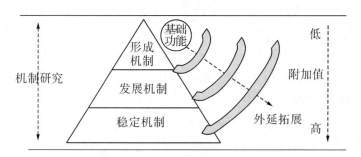

图 4-4　都市农业产业集群生命周期机制研究总体模型

4.3.2　都市农业产业集群生命周期机制研究原则

4.3.2.1　目的性原则

都市农业产业集群发展是以打造和强化都市农业产业规模化为目的。集群化成长发展可以增强都市农业的影响力，提升都市农业经济效益，培育新的经济增长点，充分发挥都市农业的产业优势。通过产业融合，将都市农业与产业集群有机结合，实现都市农业的发展目的。

4.3.2.2　适应性原则

都市农业产业集群表现出了都市农业以及产业集群的发展规律。因此，集群机制研究应该建立在都市农业发展的实际情况基础上，结合都市农业、产业融合、产业集群、机制研究等相关理论，并借鉴国内外都市农业产业集群成功的发展经验，将理论和实践结合起来，才能够构建出合理有效的都市农业产业集群机制，适应我国都市农业的不断发展。

4.3.2.3　系统性原则

作为一个整体性研究，在理论阐述过程中，我们可以看出产业集群发展的主要影响机制是部分与整体的关系，因此构建过程中也应就集群发展不同阶段的不同影响因素在整体发展过程中的作用，对其中的重要影响因素进行有效平衡，只有这样才有助于实现总体目标。

4.3.2.4 时序性原则

目前，我国在都市农业的发展过程中属于起步探索阶段，在各地区的企业、集群建立过程中也具备规模小、影响小的特点。因此，我国都市农业发展尚处于具备灵活可塑性的阶段，在各地区都市农业的发展过程中应注重在学习国内外先进经验的同时，结合自身当地经济的发展特点，同时顺应我国经济发展的主要趋势，借助农业产业集群发展生命周期的理论基础，为我国发展具有地域特色的都市农业进行拓展和创新，保证我国都市农业在未来发展阶段能够实现持续的增长和扩张。

4.3.3 都市农业产业集群机制研究总论及相关机制

4.3.3.1 都市农业产业集群机制研究总论

形成机制、发展机制和稳定机制有机融合，互联互通，相互影响，逐次推进，构建一个系统完整的都市农业产业集群机制研究发展体系。正如人的诞生、成长、成熟周期一样，集群要想始终保持长期持续稳定，就必须与经济社会发展同步，始终保持持续成长的状态和内生动力，就要不断地学习和创新，始终保持集群企业的核心竞争力和市场比较优势，始终具有较高的市场占有率与良好的经济收益，才能立于不败之地。

都市农业产业集群的机制研究是在都市农业发展要素的基础上，结合其形成、发展、稳定和提升四个阶段过程中需求要件、利益联结、产业效益、产品质量的核心发展要素，分别有效发挥主要诱因、内在动力、催化制剂和决定作用，共同推进集群形成、发展、稳定和提升四个阶段的三项机制。在三项机制和核心发展要素的影响下，集群能够不断持续有效地进行创新，始终保持市场竞争优势和核心竞争力，保障都市农业产业集群打破生命周期和发展瓶颈，实现集群可持续和高质量发展。

4.3.3.2 形成机制

都市农业产业集群形成机制是在集群生命周期的形成阶段，根据集群形成需求条件、集群生态、企业素质与社会资源，其分别对应集群龙头企业的财务、市场、学习与研发能力等八个影响要素，其中最核心的影响要素是企业素质。都市农业在生产过程中的分布是呈面状的，但其生产组织、中介以及相关的涉农企业则围绕"点"延伸。遵照着极化和扩散效应，通过点和面相结合，以中心轴线持续发展，成为形成阶段的集群（王缉慈，2019a）。

4.3.3.3　发展机制

都市农业产业集群发展机制是在集群生命周期的发展阶段，根据集群发展的产业融合、土地流转、人才引进、技术投入、基础条件、金融服务等影响要素，其中最重要的是发展产业规模和市场规模，有效地发挥政府、市场、农民、利益、信息、资源的协同效应。持续提高集群龙头企业的核心竞争力与市场优势，构建以政府层面、市场层面、社会层面、技术层面为主要内容的发展机制，以此来实现集群拓展市场、产业升级、效益递增的目的（王缉慈，2019b）。

4.3.3.4　稳定机制

都市农业产业集群稳定机制是在集群生命周期的稳定阶段和提升阶段，根据集群发展的产品质量、产业效益、生产效率、经营者素质、农民收入、绿色发展度六个影响要素，最重要的是通过产业融合和科技创新，不断延伸和拓展集群内部企业的全产业链，保持和发展产品质量和产业效益，进一步融合促进集群发展的各种有利因素，在集群形成和发展的关键时期为集群发展提供稳定的机制。结合国内外的实践经验，我们可以看出，集群的长期良好发展离不开稳定的机制支持，因此建立完善的稳定机制是集群发展的重要一环。

4.3.4　中国都市农业产业集群生命周期机制的运行与阶段识别

基于集群生命周期视角，需求要件既是中国都市农业产业集群形成阶段的重要影响因素，也是集群发展的主要诱因；在集群发展阶段，其发展机制的核心影响要素是产业融合，它是集群发展的内在动力；在集群稳定阶段，其稳定机制的核心影响要素是产业效益，它起到集群发展的催化剂的关键作用；在集群提升阶段，其发展机制的核心影响要素是产品质量，它使集群能够保持长期持续增长，不断提升核心竞争力和市场优势。总体而言，中国都市农业产业集群仍处于一个快速发展且有较大发展空间的阶段，应当引起重视。

5 都市农业产业集群发展机制实证检验

在中国都市农业产业集群生命周期阶段识别的基础上，本章尝试对产业融合在都市农业产业集群发展机制进行实证研究。基于集群生命周期视角，当集群步入发展阶段，集群发展机制开始发挥承前启后的桥梁和纽带作用。企业同质性和产业融合进一步强化，企业和各组织构建网络速度加快，集群主体功能和边界逐渐凸显。政府干预应注重搭建更加高效的企业与知识互动平台，消除有碍集群内部企业良性互动的制度壁垒，让集群能又好又快地形成经济外部性与专业竞争力（王缉慈，2019）。在这一阶段，企业处在较为聚集的状态，彼此之间的交易成本大大降低。同时，规模经济的作用也开始逐渐显现（李铜山，2016）。本章从生命周期的角度出发，进一步探究了此类集群的特征和规律，在该生命周期的发展阶段，集群的发展机制是集群形成机制的延伸，适合对产业集群的发展水平进行评价，也适合对一般农业产业集群发展进行考评。本章基于都市农业三产融合的三个维度构建了 18 项指标，基于《中国统计年鉴》和各地区的年鉴数据，对 2010—2019 年我国这一阶段的不含港澳台的 31 个省（自治区、直辖市）的数据进行了整理。通过主成分分析法，依次测定了我国各地区的农业产业融合水平，指出产业融合推动都市农业发展的核心机制，通过都市农业产业融合进一步推动实现全生命周期都市农业高质量发展。

5.1 都市农业产业集群发展阶段的影响要素

5.1.1 政府层面

强化地方政府的制度性供给，为都市农业的发展创造有利的政策条件，从而推动各个产业之间的科学融合，加快产业协同发展。各地方要根据实际发展状况，各部门相互之间要互联互通、合作共赢，制定并落实符合地方都市农业供给侧结构性改革发展特色的产业融合政策，有效实现农村经济优化升级。创新政府发展运营机制，以产业融合形成新的经济增长极，全面实现其集聚与推广效用，深入推进乡村振兴战略。一是要加大对都市农业和产业融合的资金支持力度，把政府扶持的产、供、销环节延伸到都市农业全产业链中，为发展都市农业产业融合项目提供坚实的财政保障。二是要加大对都市农业的扶持力度，加大对都市农业包含的设施农业、高新科技、基础设施的支持力度，又好又快地促进不同生命周期阶段都市农业产业融合，推进集群和新型农业不断发展，构建城乡经济—社会—文化发展新引擎。

5.1.2 市场层面

要全面畅通平等自由的通道，实现城乡要素资源双向良性互动，为都市农业产业融合发展提供更为良好的要素资源，进一步实现产业深度融合。产业融合发展的本质是不断调整和优化产业布局的过程，推动产业融合的高效发展，并基于农业供给侧结构性改革促进都市农业提质增效，推动产业不断优化与升级。要素集聚是发展都市农业与产业融合的重要路径，必须在具备新的经济发展潜力与市场优势的条件下，横向产业的经济发展要素才能向具有核心竞争力的涉农部门集聚，进一步形成集群产业与规模。打造新的经济增长极，有利于为产业融合发展提供质量更优的原材料资源，有效实现要素资源在都市农业第一、第二、第三产业之间的平等和自由流动，也是加速实现都市农业产业融合发展，推进农业供给侧结构性改革的关键。发挥好市场主导作用，实现都市农业产业融合发展要以要素资源自由平等互动为支撑。

5.1.3 社会层面

以利益连接为纽带，为产业融合提供社会保障，要把经济放在首要位置，把农户、专业合作社和龙头企业等农业经济组织的利益连在一起，实现有效连接和互联互通，更好更快地推进都市农业产业融合。要调动农民的积极性，不断拓展都市农业发展空间，有效解决城乡资源配置和发展不平衡的问题，全面推动都市和农村经济社会的高质量发展。要让农民参与都市农业三产融合带来的收益分配，以最低收购价、股份分红、税费返还等方式，达到农民和涉农企业利益合理分配。涉农企业要充分运用人力、资本、高新科技优势，对农民土地资源做好合理规划和科学经营，实现价值链的合理分配，向农业产业链前端的农户科学和合理倾斜。农民以土地、人力资源、农业机械等灵活方式入股涉农企业，获取在生产、加工和营销各个价值链环节的收益分配。在相互信任合作的基础上，专业合作社要进一步指导农户和企业之间达成长期合作关系，实现风险的共同承担、经济效益的科学分配。这将有利于有效发挥龙头企业、专业合作社等农业经济组织对都市农业产业的引领和联动作用，最终为发展都市农业产业融合提供有效的组织保障。

5.1.4 技术层面

有效发挥高新科技的支柱功能，全面推进都市农业和先进技术的结合，促使农业产业技术得到持续优化和完善，进一步提升都市农业产业竞争力，全面优化都市农业产业结构和技术体系，调整升级都市农业全产业链结构，促进农业产业结构更趋于科学化和规范化，为促进都市农业产业融合发展提供强大的技术保障。一是政府要加大对都市农业的支持力度，全力扶持企业与高等院校开展合作，实现产、学、研、用有机融合，加速推进科研成果转变为市场价值，健全完善稳定的资金投入保障体制，全力支持产、学、研、用技术创新，为农业高新科技发展提供坚实的体制保障。二是政府要加大对龙头企业投入和研发新技术的力度，建设研发中心与培训基地，持续提高技术创新能力，把科研成果迅速转变为适应市场的多元化产品，加快进行技术的研发和创新，提高产品技术水平，使其更具有市场优势和竞争力。三是要对农户开展系统的技能培训，使农民掌握高新技术和新装备操作技能，为推动产业融合发展创造基础条件。在技术优势不断加强的过程中，持续提高农产品质量和经济效益，高新技术在第一产业推广与运用也向高级别迈进，尤其是伴随信息技术持续发展，大数据等高新技术有利于加快产业融合，全面推进智慧农业等新型农业发展。因此，要充分发挥农业高新科技的支撑作用，建立完善的产、学、研、用合作机制，以发展都市农业高新科技为突破口，推进产业融合，全面推进乡村振兴。

5.2 都市农业产业集群发展机制的影响要素

基于集群生命周期视角，本书认为，在推进都市农业产业集群的过程中，必须将重点放在把城市和农村的人才、土地、资本、技术等核心因素之间的合理配置和有效整合上。所以，要进一步完善和补充专业人才的引进、土地资源的流转等方面。都市农业产业集群发展机制影响要素模型见图5-1。

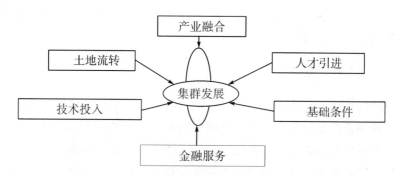

图5-1 都市农业产业集群发展机制影响要素模型

5.2.1 产业融合

在这个阶段，由于参与主体的多样化和复杂化，都市农业产业集群利益联结发展的关键在于产业融合，它能有效平衡和完善各主体之间的利益并进行连接。对不同的利益主体进行有效的引导，促使其形成共享利益、共担风险、深度合作和共同发展的集群企业体系。鼓励和扶持农民紧密联系和有效合作、增强农民的风险防范意识与话语权。要妥善处理好农民之间的利益关系，从各方面加强结构的完善、构建与共享协同发展的机制。

此外，针对产业集群的发展设置专项扶持资金，有助于在美丽乡村建设中推动新型农业产业的创新发展。按照就业促进状况发放相关补贴，增强其可持续发展能力。指导和帮助当地的农户以土地经营权、劳动力、闲置资金入股，同时利用股东分红的手段，拓展农户的盈利空间，与当地农民形成命运共同体和利益联结体，通过产业融合，构建出"种植大户+个人农场+合作组织+企业"的协作关系，形成稳定的多方利益组织。

5.2.2 土地流转

土地规模化经营主要依托土地流转，促使农村富余劳动力从农业转移到第二、第三产业就业，加快推动产业融合的发展。要重视对市场规律和特点的分析，进一步发挥土地流转过程中市场的主体配置作用；建立健全相关法律法规，保护农民切身权益；国土和土地托管部门应构建详尽的土地托管综合信息库，进一步规范农村土地流转程序和强化建设保障用地，科学规划稳步推进农村农用地、集体建设用地和农户宅基地改革，最大限度地提升土地利用率；扩大设施农业与建设用地规模，加大土地整理项目力度，对于农村的空闲宅基地进行有效的开发利用，做好耕地之间的合理利用；探索和规范涉农综合体、农业文旅特色小镇等建设用地的政策措施，为都市农业发展新业态和新模式发挥强有力的支撑作用。

5.2.3 人才引进

在都市农业产业集群生命周期的发展阶段，产业融合主体需要大批新型农民的广泛参与，且需要具有相关的科学文化素养、熟练运用都市农业技术和专业化经营服务的能力。建议构建育才、选才、用才的长效人才发展机制。要紧密围绕教育、卫生、文化、社保等方面，为培养新型农民创造良好的条件。进一步加快推进产业融合发展，加大人才培养引进力度，积极探索挂职锻炼、定向培养、外包服务等灵活方式推进基层干部和技术人员自由开放流动，大力支持产业融合发展，建设具有中国特色的新型农业高端智库，充分考虑并照顾好专家学者在工作生活、后勤保障和事业发展等方面的诉求，全面整合好人力资源，积极培养新型农业产业工人、"三农"专家学者、农民企业家以及专业技术人才等，为产业融合项目的建设做好人才储备工作。

5.2.4 技术投入

通过加强信息技术在产业集群整体产业链之间的深入融合，实现创新集成与技术应用，优化升级技术装备，加强网络等基建与流通体系建设，为实现都市农业产业融合奠定基础。加大高校与科研院所对产业融合相关技术的科研力度，重点聚焦"大数据""生物科技"等高新技术。全面推动"人工智能"与"智慧农业"为代表的领先技术向农业推广和应用，密切与企业联系对接，确保技术能够转变为产品，搭建包容开放的农业科技成果孵化器和综合服务平台，进一步推进产业融合和技术创新向纵深发展。

5.2.5 基础条件

都市农业产业融合的发展前提是生态宜居和村容整洁。特别是以观光农业为主的农业与旅游业融合发展，已成为城镇居民自主付费的市场化行为，应充分发挥市场机制的基础性作用，把具备条件的乡村环境的"公共产品"转变为自由交易的"市场产品"，实现农民保护和改善乡村环境的内在动力与有效激励，通过产业融合把都市农业生态转化成经济效益，配套农村发展的软、硬件，为都市农业产业融合奠定良好的发展基础。

5.2.6 金融服务

目前，国内都市农业产业融合尚处于生命周期发展的初期阶段，因为配套项目的发展与建设需要金融的大力支持，所以要完善和创新金融制度、市场和配套服务，有效推进都市农业产业融合发展。要组织政策性银行、民营金融机构进一步加大对农业金融的扶持力度，构建有地方特色、有针对性和专业化服务的业务体系，搭建有特色、有影响力的金融服务平台，为产业集群的发展提供坚实有效的金融基础。在集群企业的建设发展中，结合政策扶持资金，构建政、银、保三位一体的管理支持体系，在农业发展模式过程中不断加强创新和发展，同时为都市农业产业集群的发展提供绿色通道和实施政策性农业产业投资基金等，不断创新和完善金融支持农业发展模式。通过构建农业企业担保机制、专门设立服务机构、开辟绿色融资通道和协同配套服务机制、针对都市农业积极开展互联网与金融相融合的服务方式。此外，为给都市农业融资提供强有力的支持，应进一步减免都市农业长期贷款的利息，为都市农业发展提供资金渠道。

5.3 都市农业产业集群发展机制

基于集群生命周期视角，从组成要素的角度，在发展中对驱动集群的一切有利因素都可以被叫作集群要素。马歇尔等早期学者将研究内容专注于对集群形成动力进行挖掘和阐述。从"外部经济"的视角来看，产业集群的发展受到专业劳动力市场①、核心人才、原料供应、物流便利和技术支持四个方面的影响；从区位要素的视角来看，要素之间的整合是产业集群形成的前提条件。此外，也有一些研究人员侧重研究了各类集群形成的动力。

在集群生命周期发展阶段，从对集群形成动力、相互关系以及形成机制之间的分析研究，得出在形成动力的影响过程中，它不是一个单一的影响因素，也同样具有整体性和稳定性的特点，在研究过程中同样有迹可循。针对集群发展的动力而言，其展现出了更强的规律性，集群只有长期处在技术优化、学习培训、合作竞争、产业协同、企业文化等要素的影响下，才会具有一定的发展优势，在市场中得到长远的发展。

都市农业产业集群的发展机制即综合发展与协调的运行机制。因为地理位置邻近、市场倒逼机制、合作互惠互利等方面的原因，发展机制的有效运用已成为未来集群发展的大方向。发展机制属于经过政府制度、产业融合、协同合作的主体承担机制，促使集群内部保持优良的发展和稳定状态；同时，假设利益平衡、资源共享、信息网络、基建保障为主体内容的协调机制，能促进集群内部各主体相互之间配套协同，构建良好的合作关系。

综上所述，在此次研究中，都市农业产业集群发展机制是指在集群生命周期的发展阶段，通过产业融合、土地流转、人才引进、技术投入、基础条件、金融服务等要素，在产业融合的环境下，提升产业的综合实力，有效发挥政府、市场、农民、利益、信息的协同效应。最后设计出政府、市场、社会、技术四个层面为主要内容的发展机制，来真正达到集群开拓市场、产业优化、效益提升的目标。

---

① 专业劳动力市场是指企业可以不费力地找到合适的工人，而对劳动力来说，失业摸索期的时间相对较短。

5.4　都市农业产业融合发展：融合质量分析

2019 年，《关于加大改革创新力度加快农业现代化建设的若干意见》中明确指出，产业融合是影响现代农业的核心因素。在多产业相互融合的环境下，传统的农业交易成本得到了控制，同时进一步拓展了产业链，扩宽了农户的盈利空间。此外，为市场创造了更多的就业岗位，实现了农民盈利的稳定提升。现阶段，加快落实和推进产业融合发展，是解决我国"三农"问题的有效方案。在此背景下，农业第一、第二、第三产业之间形成了相互融合的关系，在彼此协调的基础上，企业的交易成本得到了有效控制，进一步拓展了产业的盈利空间，也带动了农户经济收益的稳定提高。

5.4.1　文献回顾与解析

现阶段，针对农业产业融合的研究成果还不够充分，尤其是针对其成本、发展路径等方面的研究不足，无法为相关政策和措施的制定提供理论支持。目前，不存在直接可以适用我国情况的都市农业产业融合发展的理论成果和经验。无论是国内的研究还是国外的研究，都重点分析了经济趋同以及融合现象。其中，俞立平（2019）通过对 VAR 模型的应用，得出了这样的研究结论，信息化是工业化的核心影响因素，然而工业化的改变不会对信息化造成直接的影响。工业化与信息化融合的分析（谢康等，2016，2017，2018；肖静华等，2019），基于对理论模型的应用，构建了基于融合水平来测度融合质量的方法。田晓霞等（2018）重点研究了新疆的农业和旅游业的融合，得出产业融合程度不断提升的结论。王昕坤（2017）、何立胜等（2018）重点分析了产业融合的实际路径，席晓丽（2018）、李俊玲等（2019）重点探究了有关农业产业融合的内涵以及类型。李志勇等（2018）针对产业融合效应进行了深入的研究。田运海等（2019）、赵航等（2020）重点分析了产业融合的模式。

现阶段，随着现代市场的发展，日本以及韩国等国家也开始积极探索产业融合的路径，但是研究普遍缺乏深度，对实践工作的指导作用不强。通过对相关文献的整理和分析，我们可以发现，其中大部分研究都仅仅停留在概念的描述上，尚未进行更加深入的实证分析。而我国目前很多研究人员都重点对农业产业融合进行了分析，但是尚未聚焦对都市农业产业融合发展的探究。我国的农业发展具有很大的潜力，但是都市农业产业融合是否能够在我国得到发展、扩大产业的发展优势？其对于我国农业产业存在怎样的价值和意义？这些问题还需要长期持续地探索和分析。因为目前学术界的理论研究成果较少，无法为后期的实践工作提供科学的理论依据。同时，相关的实证分析非常稀缺，没有得出具备专业性的建议。鉴于此，本书重点探究了都市农业产业融合。首先构建了相应的理论模型，其次选取了随机前沿分析方法，并综合了王维国（2016）的研究成果，设计了都市农业产业融合发展质量水平的测度方法。在此基础上，对2010—2019年我国31个省（自治区、直辖市）的相关信息进行实证分析，以得到最终的质量水平数据。

5.4.2 研究假设

在产业融合发展的过程中，必然会存在各种成本。在此次的研究中，更加侧重分析了怎样控制和降低交易成本，并指出了产业的互相融合，产业链的延伸，提升各项资源的有效应用率，不断降低交易成本，实现都市农业附加值与农民收入的提升。都市农业产业融合发展是和前期生产、加工制造、市场运营和销售等阶段的相互协调的历程。在设计这一套产业融合的实证模型的过程中，通常会选取综合、功效和协调发展三种系数方法，其中综合和功效系数法都难以反映都市农业产业融合发展中的偏离特点，依据实证方法应和理论模型相匹配的原则，本书得出都市农业产业融合发展水平的测度方法如下：一是得出我国各地的都市农业产业化指数，将其作为实际值；二是以随机前沿分析法为技术支持，对我国各地的都市农业的理想化水平进行分析，并得出发展系数；三是基于王维国（2016）的协调发展系数判断方法，测算得出相应的发展系数；基于优选评价指标，对产业融合质量进行了分析。

必须注意的是，在现实条件的影响下，最终得出的数据是在摩擦成本的作用下的结果。基于对现实和理想水平的对照分析，才能够得出有效的测度融合水平。因此，怎样科学测定理想水平是非常关键的任务。在此次研究中，设计了非参数随机前沿模型，把省（自治区、直辖市）效应、时间效应等设置为非参数形式，将其应用到了运算方程中。其中，FIR_{it}、

SEC_{it}、SIR_{it} 的含义依次是地区 i 在年份 t 都市农业第一、第二、第三产业的实际水平。因此,可以得出都市农业第二、第三产业带动第一产业的融合模型如下:

$$FIR_{it} = FIR'_{it} + \varepsilon_{it} = \hat{f}_1(SEC_{it}, SIR_{it}, i, t) + \varepsilon_{it} \qquad (1)$$

在(1)式中,$FIR'_{it} = \hat{f}_1(SEC_{it}, SIR_{it}, i, t)$ 的含义是都市农业第二、第三产业发展要求的第一产业的理想发展水平,指出了其带动第一产业的路径,属于未知的非参数函数,省(自治区、直辖市)和时间效应被设置为非参数形式出现在非参数函数中。所以,可以得到都市农业第一、第三产业带动第二产业的融合模型如下:

$$SEC_{it} = SEC'_{it} + \varepsilon_{it} = \hat{f}_2(FIR_{it}, SIR_{it}, i, t) + \varepsilon_{it} \qquad (2)$$

在(2)式中,$SEC'_{it} = \hat{f}_2(FIR_{it}, SIR_{it}, i, t)$ 的含义是都市农业第一产业、第三产业发展要求的第二产业的理想发展水平,指出了其带动第二产业的路径。而都市农业第一、第二产业带动第三产业的融合模型如下:

$$SIR_{it} = SIR'_{it} + \varepsilon_{it} = \hat{f}_3(FIR_{it}, SEC_{it}, i, t) + \varepsilon_{it} \qquad (3)$$

在(3)式中,$SIR'_{it} = \hat{f}_3(FIR_{it}, SEC_{it}, i, t)$ 的含义是都市农业第一、第二产业发展要求的第三产业的理想发展水平,指出了带动第三产业的路径。

在产业融合的过程中,时间效应和地区效应表现出的并不是单一的线性形式,而是体现出了很强的变通性,这也能够符合此类产业融合的动态性变化特征。

在此次研究中,选定了 Henderson 等(2017)和 Zhou 等(2018)的分析手段。即随机前沿模型的非参数局部线性方法估计模型(1)、模型(2)和模型(3)。带动第一产业的融合发展体现出了都市农业第二、第三产业的水平 SEC_{it}、SIR_{it} 要求的都市农业第一产业水平。样本中,所有省(自治区、直辖市)$j = \{1, 2, n\}$ 在同一时间 t 以一致的都市农业第二、第三产业水平 SEC_{it}、SIR_{it} 所要求的第一产业水平的差距;较小的差距表示第二、第三产业带动第一产业融合水平较高。所以上,述 $\hat{f}(x, i, t)$ 的估计,省(自治区、直辖市)i 在时间 t 都市农业第二、第三产业带动第一产业的融合系数为

$$IC_{1it} = \exp \hat{f}_1(SEC_{it}, SIR_{it}, i, t) - \max_{j=1,\cdots,n} \hat{f}_1(SEC_{it}, SIR_{it}, j, t) \qquad (4)$$

因此,省(自治区、直辖市)i 在时间 t 都市农业第一、第三产业带

动第二产业的融合系数为

$$IC_{2it} = \exp \hat{f}_2 (\mathrm{FIR}_{it}, \mathrm{SIR}_{it}, i, t) - \max_{j=1,\cdots,n} \hat{f}_2 (\mathrm{FIR}_{it}, \mathrm{SIR}_{it}, j, t) \qquad (5)$$

通过模型（5）的估计，省（自治区、直辖市）i 在时间 t 都市农业第一、第二产业带动第三产业的融合系数为

$$IC_{3it} = \exp \hat{f}_3 (\mathrm{FIR}_{it}, \mathrm{SEC}_{it}, i, t) - \max_{j=1,\cdots,n} \hat{f}_3 (\mathrm{FIR}_{it}, \mathrm{SEC}_{it}, j, t) \qquad (6)$$

（4）式、（5）式、（6）式依次体现出了在第二、第三产业水平条件下，第一、第三产业水平条件下，第一、第二产业水平条件下的第一、第二、第三产业投入成本最小化思想水平。

基于王维国（2016）协调发展系数判断方法，能够进一步测算出都市农业产业的融合系数为

$$IC_{it} = \frac{\min\{IC_{1it}, \ IC_{2it}, \ IC_{3it}\}}{\min\{IC_{1it}, \ IC_{2it}, \ IC_{3it}\}} \qquad (7)$$

（7）式体现出了三个产业系统融合的差距。差距越大，越远离 1。在融合系数中，$IC = 1$ 是完全融合，$0 < IC < 1$ 是尚未完全融合。通过综合分析就能得出融合的动态特点。

5.4.3 结果分析

5.4.3.1 数据来源及测度结果

上海财经大学"三农"研究院自 2018 年至今每年公布我国 31 个省（自治区、直辖市）的《中国现代都市农业竞争力综合指数》。以 2019 年度中国都市现代农业发展状况统计调查数据为基础，对全国现代都市农业核心竞争力进行了系统研究，为更加全面深入掌握都市农业发展质量与相关政策的优化组合设计提供了正确的研究方向。《中国都市现代农业核心竞争力综合指数（2019）》主要衡量了 2019 年我国 31 个省（自治区、直辖市）的都市农业核心竞争力情况。共包括 7 项一级指标，涵盖 19 项二级指标、25 项三级指标，并赋予相应的权重。其中，一级指标围绕新形势下我国现代都市农业竞争力提升的目标任务，设定了 7 项一级指标。其数据源于《中国统计年鉴》《中国三农统计年鉴》和 EPS 数据库，确保了都市农业产业集群实证数据的可靠性和稳定性（吴方卫，2020）。基于上述综合评价指标，可以进一步得出具体的评价指标。其中，针对第一产业，选定了以下这些指标：一是都市农业第一产业就业人员，二是农业机械动力，三是农作物的整体播种面积，四是农用化肥的应用量，五是农民家庭的生

产性固定资产金额，六是农民家庭的大中型农机数量，七是农民家庭经营面积，八是在整体农业产值中的比例。

应用以下指标来分析都市农业第二产业的水平：一是就业人员数量，二是就业人员的薪酬数据，三是农林牧渔业的资产项目增加金额，四是农民家庭的工业固定资产，五是在整体农业产值中的比例。

应用以下指标来探究都市农业第三产业的水平：一是都市人口的GDP，二是农林牧渔服务业的资产增加额，三是农林牧渔服务业固定投资的项目新增数量，四是宽带接入用户，五是在整体农业产值中的比例。基于以上所提到的这些指标，并搜集和整理《中国统计年鉴》和地区数据，得到2010—2019年这一阶段的统计数据。借助主成分分析方法，对各地的都市农业第一、第二、第三产业发展水平进行测定，最终分别得到模型（1）、模型（2）和模型（3）中的 FIR_{it}、SEC_{it} 和 SIR_{it}。

通过对表5-1的分析，可以得到各地区具体的测算结果。从表5-1可以看出，现阶段我国不同地区的融合水平并不是一致的，表现出了较大的差异性。而对于经济水平整体较高的地区，相应的融合水平并不是一定偏高的。东部地区的融合程度较高。其中，较为典型的有山东省，其融合系数表现出了持续提高的发展规律，在全部省份中融合系数最大。江苏、浙江等一些东部地区省份的融合系数也较高，融合程度也表现出了持续升高的特点。然而，北京、上海等地区的这一系数普遍不高。这是因为，虽然这些地区的经济水平较高，但是在产业的比例上，农业占比较低。这些区域的融合水平相对偏低。在中部地区，湖北等地的融合水平较高。这和区域自身的资源优势是分不开的。针对湖北而言，江汉平原等区域自身具有较强的自然资源优势，为大规模种植创造了有利的基础条件，满足现代农业发展的要求。而西部地区的融合水平较低。如重庆和四川，其经济建设速度虽然较快，但是其自然优势不足，前者属于武陵山区，后者属于盆地，而农业的机械化程度不高，不利于农业的融合发展。

不同年份的融合水平是基本持平的。基于对数据变化走势的分析，我们可以发现，融合水平表现出了稳定升高的规律。这就指出，现阶段，我国政府所主导的农业工作已经发挥出较大的作用，都市农业产业的发展具有了较强的活力，同时也展现出了较强的市场竞争实力。例如，山东、湖北等地都表现出了明显的持续升高趋势。除此之外，我国东部和中部地区的整体融合水平较高，西部地区的整体融合水平较低。

表 5-1　2010—2019 年中国 31 个省（自治区、直辖市）
都市农业第一、第二、第三产业融合系数

区域	省（自治区、直辖市）	2010	2011	2012	2013	2014	2015	2016	2017	2018	2019
东部	北京	0.483 0	0.474 0	0.510 5	0.604 7	0.710 8	0.738 0	0.747 1	0.793 4	0.819 0	0.825 0
	天津	0.442 9	0.473 7	0.461 4	0.492 4	0.593 3	0.659 6	0.658 0	0.745 9	0.731 6	0.785 7
	河北	0.681 5	0.680 7	0.669 6	0.739 8	0.704 2	0.774 3	0.854 1	0.825 2	0.852 4	0.916 0
	辽宁	0.650 2	0.650 3	0.666 1	0.655 0	0.733 2	0.744 2	0.739 1	0.804 1	0.783 7	0.780 6
	上海	0.443 7	0.481 2	0.433 9	0.555 6	0.649 8	0.685 2	0.672 1	0.746 8	0.700 2	0.764 9
	江苏	0.681 3	0.683 6	0.749 2	0.743 0	0.739 5	0.791 0	0.801 2	0.860 4	0.856 8	0.859 6
	浙江	0.645 4	0.705 5	0.717 9	0.733 1	0.774 4	0.771 8	0.828 0	0.850 6	0.915 0	0.925 4
	福建	0.723 4	0.734 6	0.715 8	0.780 0	0.785 2	0.822 5	0.806 5	0.863 5	0.853 3	0.877 1
	山东	0.748 4	0.772 0	0.800 5	0.827 5	0.841 7	0.859 5	0.855 5	0.906 3	0.893 3	0.911 0
	广东	0.686 9	0.730 5	0.739 3	0.737 5	0.803 5	0.792 5	0.847 3	0.897 0	0.880 7	0.919 7
	海南	0.421 3	0.441 4	0.431 6	0.481 1	0.466 5	0.517 0	0.533 5	0.595 5	0.579 6	0.660 2
	平均	0.602 6	0.611 0	0.651 5	0.667 5	0.724 8	0.743 2	0.772 5	0.812 5	0.794 4	0.799 3
中部	山西	0.451 8	0.405 6	0.433 8	0.509 2	0.466 2	0.479 6	0.528 5	0.531 3	0.587 6	0.593 1
	吉林	0.556 2	0.617 6	0.632 6	0.669 2	0.648 1	0.703 0	0.718 5	0.686 8	0.718 8	0.736 4
	安徽	0.441 5	0.501 3	0.500 6	0.463 4	0.464 1	0.526 4	0.511 6	0.593 9	0.608 6	0.620 7
	江西	0.415 6	0.439 8	0.426 7	0.467 0	0.503 5	0.534 7	0.541 5	0.544 2	0.600 3	0.620 7
	黑龙江	0.601 5	0.628 0	0.659 7	0.654 0	0.707 0	0.711 5	0.756 0	0.740 5	0.764 3	0.880 3
	湖北	0.653 1	0.696 5	0.662 3	0.723 6	0.797 5	0.817 7	0.815 0	0.850 3	0.863 5	0.807 3
	湖南	0.436 3	0.446 1	0.582 9	0.584 3	0.605 5	0.685 2	0.672 5	0.706 2	0.745 5	0.744 6
	平均	0.511 2	0.588 3	0.579 5	0.620 2	0.619 0	0.643 9	0.633 5	0.677 6	0.707 3	0.747 6
西部	重庆	0.432 3	0.476 2	0.522 1	0.550 1	0.591 1	0.618 6	0.641 6	0.709 4	0.687 7	0.706 8
	四川	0.430 4	0.449 3	0.449 4	0.574 7	0.575 4	0.617 5	0.652 7	0.663 2	0.663 2	0.713 0
	贵州	0.409 2	0.430 9	0.429 7	0.507 1	0.516 3	0.477 3	0.552 5	0.621 3	0.596 5	0.683 4
	云南	0.452 6	0.454 9	0.457 0	0.475 8	0.513 0	0.531 5	0.549 5	0.585 5	0.612 5	0.629 4
	西藏	0.372 0	0.379 9	0.418 4	0.439 7	0.476 0	0.504 4	0.532 5	0.537 7	0.578 9	0.605 8
	甘肃	0.315 7	0.318 2	0.339 0	0.392 0	0.403 2	0.430 8	0.497 1	0.541 1	0.548 9	0.560 1
	青海	0.310 4	0.342 6	0.339 7	0.349 3	0.361 0	0.367 4	0.363 7	0.416 5	0.503 0	0.504 4
	宁夏	0.344 9	0.301 9	0.347 6	0.328 3	0.391 2	0.379 2	0.370 7	0.408 5	0.431 6	0.451 2
	广西	0.457 0	0.462 7	0.485 2	0.490 7	0.500 2	0.547 8	0.550 1	0.578 5	0.604 3	0.612 3
	新疆	0.445 4	0.481 7	0.477 6	0.541 9	0.597 6	0.627 1	0.653 0	0.706 2	0.731 4	0.737 2
	陕西	0.439 2	0.421 9	0.440 4	0.482 9	0.506 5	0.541 0	0.580 6	0.589 3	0.655 3	0.675 0
	内蒙古	0.427 4	0.444 3	0.506 8	0.500 9	0.532 6	0.544 6	0.624 0	0.650 4	0.683 5	0.692 4
	平均	0.402 9	0.417 4	0.467 8	0.474 3	0.500 8	0.515 2	0.527 6	0.619 0	0.594 6	0.623 5
	总均值	0.490 4	0.529 4	0.572 1	0.564 2	0.586 8	0.649 8	0.654 0	0.700 2	0.703 3	0.743 5

注：数据源于 2010—2019 年《中国统计年鉴》和《中国农村统计年鉴》等。

5.4.3.2 融合路径与过程质量分析

基于数据分析,可以得出这样的结论,即都市农业第二、第三产业带动第一产业融合,都市农业第一、第三产业带动第二产业融合,都市农业第一、第二产业带动第三产业融合的系数都没有达到最优,和完全融合的状态相比,还存在非常明显的差距。通过对图5-2的信息分析,能够进一步得出,在融合的过程中,带动第一产业的融合程度是偏高的,而带动第二产业的融合程度是最低的。2010—2019年,三条路径和总体融合的程度都表现出了持续升高的趋势。尤其是带动第一产业的增长速度是非常快的。因此,目前都市农业产业融合还处在初级阶段,整体发展水平较低。

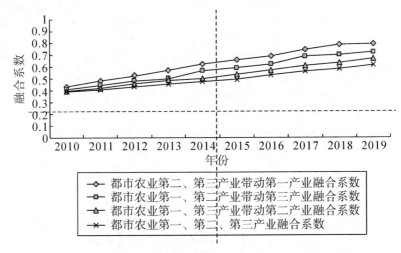

图5-2 2010—2019年中国31个省(自治区、直辖市)
都市农业第一、第二、第三产业融合系数趋势

基于对图5-2中偏离趋势的变化情况的分析,可以得出这样的结论。即在2015年之前,第三产业的发展处在很低的水平,和理想发展水平的差距较大。以2016年为时间起始点,第一产业发展得到了大幅度提升,已经超过了理想发展水平。以2018年为时间起始,第二、第三产业的发展也呈现出了明显的提升趋势,超过了理想发展水平。在现代工业化的发展背景下,伴随多种信息化技术手段的成熟和应用,第二、第三产业表现出了更强的优势,超过了理想发展水平。以2017年为时间起始点,三条路径的偏离方向表现出了较强的相似性,都存在正偏离的特点,现实条件下的实际值都明显超过了理想值。然而,需要注意的是,这种特点无法直接表明第

三产业的融合程度较高。究其原因，第三产业的过度投入和促进产业融合之间并不存在关联性。

通过对表5-1的信息数据分析，我们可以发现，这三条路径并不是相互协调的。在相关系数上，其数值很低。通过单系统融合系数和融合发展系数的对比，可以发现，第二、第三产业带动第一产业融合和都市农业产业融合发展相关性是最高的。而第一、第三产业带动第二产业融合和都市农业产业融合发展的相关性则较低。这表现出了不协调的问题，第二、第三产业带动第一产业融合和都市农业产业融合发展的相互作用是最显著的。比如，东部地区的北京、天津，中部地区的黑龙江，西部地区的广西等，第二、第三产业带动第一产业的融合水平的排序值和农业产业融合发展平均水平的排序值在数值上是较为一致的。除此之外，在被研究的31个省（自治区、直辖市）中，也体现出了相同的特点。除此之外，第一、第三产业带动第二产业，第一、第二产业带动第三产业和都市农业产业融合发展水平相比，还存在明显的差异。其中，北京和新疆地区在产业融合水平排序值上的差异是非常显著的。这表现出了两者之间存在较大的差距。研究数据还指出，针对一些经济水平较高的区域，都市农业产业的融合水平并不是很高。这表明，区域地经济条件和农业产业融合之间并不存在正相关关系。相比之下，一些经济水平不高的区域，如河南等地，农业产业的融合水平则较高。这也进一步说明，区域经济和都市农业产业融合之间的关系并不是确定的，存在自然资源等多方因素的影响。

基于对表5-1的分析，可以发现三条融合路径的具体排序情况。在此基础上，对其进行类型的划分，可以进一步得到如表5-2所示的信息。通过对排序结果的分析，能够得出这样的结论，即第二、第三产业带动第一产业融合的有广东等在内的16个省份，第一、第三产业带动第二产业融合的有山东等16个省份，第一、第二产业带动第三产业融合的有河南等16个省份。需要注意的是，广东等10个省份同时具备以上三种类型的融合。通过进一步对比分析，我们可以发现，山东和广东是三种融合水平都较高的区域，而青海与宁夏的融合水平则较低。

表 5-2　2010—2019 年中国 31 个省（自治区、直辖市）
都市农业第一、第二、第三产业融合平均水平测算

区域	省市	IC1-it	排序	IC2-it	排序	IC3-it	排序	IC4-it	排序
东部	北京	0.799 1	13	0.693 9	15	0.693 6	27	0.623 1	12
	天津	0.735 6	16	0.687 4	16	0.640 5	30	0.620 3	13
	河北	0.888 8	6	0.768 8	8	0.718 2	23	0.785 9	5
	辽宁	0.948 9	7	0.763 7	10	0.799 0	7	0.683 9	10
	上海	0.821 7	11	0.736 2	13	0.686 2	28	0.565 0	16
	江苏	0.923 5	4	0.795 9	5	0.842 8	3	0.778 6	6
	浙江	0.929 4	3	0.788 3	6	0.817 7	5	0.790 1	3
	福建	0.884 8	8	0.787 2	7	0.787 9	10	0.787 5	4
	山东	0.863 2	1	0.851 1	2	0.851 6	2	0.825 4	2
	广东	0.942 9	2	0.850 4	3	0.813 6	5	0.846 7	1
	海南	0.695 7	19	0.590 3	22	0.716 1	24	0.522 4	21
中部	山西	0.664 8	23	0.481 4	28	0.724 7	21	0.485 1	28
	吉林	0.826 8	9	0.767 1	9	0.754 5	16	0.675 9	11
	安徽	0.700 8	18	0.680 0	17	0.766 7	13	0.504 9	26
	江西	0.757 8	15	0.647 9	20	0.756 5	15	0.507 9	25
	黑龙江	0.823 9	10	0.868 1	1	0.841 5	4	0.703 5	9
	河南	0.916 8	5	0.824 8	4	0.909 5	1	0.748 2	7
	湖北	0.814	12	0.742 5	12	0.788 8	9	0.728 9	8
西部	湖南	0.721 5	17	0.757 2	11	0.757 0	14	0.605 6	14
	重庆	0.670 0	22	0.697 5	14	0.753 8	17	0.578 6	15
	四川	0.670 3	21	0.665 4	18	0.780 4	12	0.556 7	18
	贵州	0.576 8	28	0.531 1	26	0.723 2	22	0.509 4	24
	云南	0.626 5	25	0.533 0	24	0.734 0	20	0.542 7	19
	西藏	0.481 9	31	0.524 0	27	0.646 9	29	0.486 6	27
	甘肃	0.555 0	29	0.431 5	31	0.578 4	31	0.408 9	30
	青海	0.554 6	30	0.456 6	29	0.697 7	26	0.420 6	29
	宁夏	0.584 7	27	0.441 0	30	0.711 6	25	0.363 9	31
	广西	0.641 7	24	0.531 2	25	0.753 0	18	0.510 1	23
	新疆	0.674 7	20	0.646 2	21	0.796 5	8	0.563 6	17
	陕西	0.594 2	26	0.581 3	23	0.745 0	19	0.518	22
	内蒙古	0.764 5	14	0.650 5	19	0.782 7	11	0.533 8	20

注：数据源于 2010—2019 年《中国统计年鉴》和《中国农业统计年鉴》。

6 都市农业产业集聚的实践样态和高质量发展机制：以成都为例

6.1 都市农业产业集聚发展定位

根据产业集聚生命周期理论，成都市都市农业产业集聚已经步入稳定阶段。成都市多种区域功能叠加效应显著，"粮食作物主产区最西侧+西南特色农业的最东侧+最西部的国家中心城市"，全国"北粮南运"格局下成都地处的西南地区粮食净输入格局非常稳固。成都是全国统筹城乡综合配套改革试验区、整市推进的国家现代农业示范区、第二批全国农村改革试验区，农村综合改革与城乡统筹发展水平在全国领先。对此，本书尝试以成都现代都市农业产业集聚为例进行案例分析，剖析现代都市农业产业集聚的实践样态和高质量发展机制。

6.1.1 成都农业的区域地位

6.1.1.1 多种区域功能叠加效应显著，"粮食作物主产区最西侧+西南特色农业的最东侧+最西部的国家中心城市"

四川盆地是全国粮食主产区的最西侧，也是西南地区特色农业东延、北扩的最外缘，现代农业发展呈现"平原粮食主产区+山地特色农业"的相互叠加的区域特征。地处平原与山地过渡的第二阶梯，也是400毫米、600毫米等降雨量线的过渡地带。同时，成都市是全国五个国家中心城市之一，位居西部，是我国城镇化格局中西南地区的重要的辐射中心。成都国家中心城市发展对农业的生产、生态与生活三大方面协同提升提出了新的要求。同时,《全国农村经济发展"十三五"规划》提出,成都地处的西南区重点任务是稳定水稻面积,扩大马铃薯种植面积,大力发展特色园艺产业。合理开发利用草地资源和水产资源,发展生态畜牧业和特色渔业。总体来看,成都位于全国大宗农业主产区向特色农业优势区过渡地带,兼具粮食安全保障、特色农业发展等功能。

用区位熵来判断成都市农业细分行业在全国的比较优势。所谓区位熵,是指一个地区特定部门的产值在地区总产值中所占的比重与全国该部门产值在全国总产值中所占比重之间的比值。如果区位熵大于1,可以认为该行业是地区的优势部门;区位熵越大,专业化水平和优势度越高;如果区位熵小于或等于1,则认为该产业主要服务于本地。从成都市当前农业比较优势产业来看,花卉、猪的饲养、蔬菜园艺作物分居前三位,区位熵指数分别达到8.26、2.07、1.64,见图6-1。

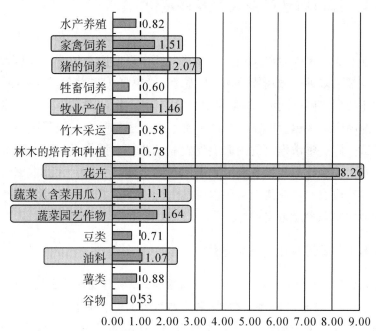

图6-1 成都市农业分产业与全国比较的区位熵指数

6.1.1.2 在全国"北粮南运"格局下,成都地处的西南地区粮食净输入格局更趋稳固

2003年,13个粮食主产区中净调出率在5%以上的省份有10个,到

2010 年减少到 8 个，到 2015 年减少到 6 个。目前，粮食净调出省份主要集中在黑龙江、内蒙古、吉林、河南、安徽 5 个省（自治区），这 5 个省（自治区）净调出的粮食已占全国 13 个主产区粮食净调出量的 99% 以上。此外，主销区和产销平衡区的自给率也在不断下降。也就是说，全国粮食主销区 7 个省份和粮食产销平衡区 11 个省份的粮食缺口，全靠内蒙古、吉林、黑龙江、安徽、河南 5 个粮食净调出省（自治区）贡献的粮食补充。如果任由这一趋势长期持续下去，很难避免粮食生产出现大的波动。全国粮食流通已形成八大物流通道，西南地区是全国粮食输入区。其中，东北通道粮食年流出量约为 5 000 万吨，主要品种是玉米、稻谷（大米），主要流向华东、华南、华北、西南和西北地区；黄淮海通道粮食年流出量约为 6 000 万吨，主要品种是小麦，主要流向华东、华南、西南和西北地区；长江中下游通道粮食年流出量约为 2 400 万吨，主要品种是稻谷（大米），主要流向华东、华南、西南地区；华东沿海、华南沿海通道粮食年流入量约为 4 900 万吨；京津通道粮食年流入量约为 905 万吨；西南通道粮食年流入量约为 2 900 万吨；西北通道粮食年流入量约为 1 800 万吨。各通道发展不平衡。东北通道的水路外运能力局部过剩；华东沿海、华南沿海通道粮食分拨能力不足，中转设施有待完善；西南、西北通道关键节点少，基础设施薄弱。

粮食主要指标区域比较见表 6-1。

表 6-1　粮食主要指标区域比较

主要粮食产业指标	全国	四川省	成都市
谷物总产量/亿吨	5.65	全国第七	全省第二
人均谷物占有量/千克/人	408.9	344.5	178.5
人均油料作物占有量/千克/人	26.3	37.8	23.9
粮食企业数量/个	17 943	全国第九，聚集了西南 57% 的粮食企业	聚集了全省 50% 以上的企业
粮食工业产值/亿元	27 852	全国第九，占西南的 58.2%	全省 60% 以上产值

6.1.1.3　全国畜牧格局日趋调整优化，西南地区兼具全国畜产品主产区与主销区双重属性

全国生猪产业"南猪北养"趋势显著，云贵川地区是未来全国生猪养

殖重要潜力区。我国生猪存栏量、出栏量一直位于世界前列。2017 年，我国生猪出栏量达 6.9 亿头，占世界生猪出栏量的一半以上，全国生猪交易年市场规模达到 1.38 万亿元，生猪产业成为农业领域为数不多的万亿元级市场。近年来，伴随养殖三区划定等工作开展，特别是 2016 年农业部发布生猪产业规划，将广东、福建、浙江、江西、湖北、湖南、安徽、江苏等水网密集省份规划为限养区，在环保压力骤增、饲养成本上涨等因素共同推动下，全国生猪产业发展格局呈现出了"南猪北养"的明显趋势，生猪养殖区域版图面临重构。"南猪北养"更确切地说是全国生猪主产区布局从东南沿海和长江中下游水网地带向华北、东北粮食主产区，以及西南云贵川传统主产区转移。目前，东北、华北、长江中下游、华南、西南五大主产区生猪出栏量分别占全国的 10%、25.9%、25.4%、13.2% 和20.62%。其中，东北地区呈现巨大发展潜力，近年增收维持在 100%以上；长江中下游、华南两大区域规模逐步缩小；华北地区由于人口密度大、养殖用地匮乏，生猪养殖规模将会趋于稳定；云贵川等西南地区是东北以外的第二大潜力区域，同时该区域有最传统的腊肉消费等习惯，是珠三角、京津唐、长三角之后的全国第四大生猪消费区。目前，京津唐每年生猪缺口为 1 200 万~1 500 万头，其中 70%依靠东北供应；长三角每年生猪缺口为 1 500 万头，主要依靠华北、长江中下游主产区供应；全国最大生猪主销区珠三角地区，主要依赖西南地区供应。因此，云贵川等西南地区生猪产业在全国该行业占据重要战略地位。2018 年，四川生猪出栏 6 579.1 万头，下降 5%，但仍是全国生猪产量最多的省份。

畜牧主要指标区域比较见表 6-2。

表 6-2　畜牧主要指标区域比较

主要畜牧业指标	全国	四川省	成都市
生猪出栏量/万头	68 861	全国第一	全省第二
牛存栏量/万头	10 667	全国第一	全省第十四
肉羊出栏量/万只	30 694	全国第五	全省第四
家禽出栏量/亿只	123.7	全国第八	全省第一
人均肉类占有量/千克·人	61.7	84.3	56.1
人均猪肉占有量/千克·人	38.3	59.8	40.9

6.1.1.4 在全国水果供给总量供给相对过剩背景下，成都在西南特色农产品优势区的辐射作用更加凸显

成都所在西南地区是全国重要的柑橘、茶、猕猴桃等特色水果主产区。特别是伴随发达地区城镇化快速发展、农业要素成本与比较成本不断上升，近十多年来全国日益呈现"东茶西移""东果西扩""东桑西迁"等特色农业产业转移格局。中西部地区积极推进农业结构调整，特别是突出区域特色、聚焦优势产业，全国特色农业区域专业化布局趋势显著，特色农产品日益向优势区域集中，苹果、柑橘、梨优势区的集中度分别达到86%、95%和90%。特色农产品生产的区域化、规模化、专业化水平显著提升，一批新的优势产业区稳步发展壮大，区域资源得到合理高效利用，比较优势进一步巩固，各区域农业主体功能不断强化，分工合理、优势互补、各具特色、协调发展的特色农产品区域布局正在形成。全国柑橘产业形成了以长江上中游柑橘带、赣南—湘南—桂北柑橘带、浙—闽—粤柑橘带、鄂西—湘西柑橘带、特色柑橘生产基地"四带一基地"为主的柑橘产业优势区；全国苹果形成了以渤海湾苹果优势带、西北黄土高原苹果优势带为主的优势区；全国猕猴桃产业形成了以陕西、四川、河南、贵州等为主的主产区；全国茶叶形成了江北、江南、西南、华南四大茶区。

特色农业主要指标区域比较见表6-3。

表6-3 特色农业主要指标区域比较

主要指标	全国	四川省	成都市
水果总产量/万吨	28 351.1	全国第十	全省第二
柑橘总产量/万吨	3 764.9	全国第五	全省第二
茶叶总产量/万吨	240.5	全国第四	全省第五
中草药产量/万吨	400.2	全国第十八	全省第一
人均水果占有量/千克·人	131	118	107
人均柑橘占有量/千克·人	27	48	39
人均茶叶占有量/千克·人	1.74	3.24	1.57
人均蔬菜占有量/千克·人	577	531	455

自1994年以来，我国水果总产量稳居世界第一，2017年全国水果总产量（不含瓜果类，下同）达到1.82亿吨，我国人均水果占有量为131千克，比世界平均水平高34千克。目前，我国水果从总量看已经供大于

求，随着一大批幼树的逐年投产和进入丰产期，大宗水果供大于求的矛盾将更加突出。近年来，苹果出现大量滞销的问题，既有总量过剩又有品种单一的原因。同时，特色优势水果发展不充分，不能满足多样化的消费需求，致使进口不断增长。2016年，我国水果平均单位面积产量为13.7吨/公顷，仅接近世界平均水平。同时，2016年，我国苹果、柑橘的亩均总成本分别为5 389元、3 393元，其中，人工成本分别占总成本的62.5%、45.9%。2017年，我国水果及制品的出口量仅为520万吨，柑橘、桃子、果汁等的出口贸易规模在世界排名未进入前5位，与我国水果第一生产大国的地位极不相称。出口目的地相对集中，鲜果主要集中在东亚和东南亚，加工品主要集中在美国和欧洲，共建"一带一路"国家市场潜力远未被挖掘出来。在全国水果总量相对过剩的背景下，成都作为西南地区对外开放的战略高地与物流中心，在辐射西南地区特色农产品的展示销售、集散贸易等方面将有更大的发挥空间。

6.1.1.5 在"一带一路"倡议下，成都地处农业对外开放合作的重要内陆节点

成都地处"长江经济带"，北上可衔"新丝绸之路经济带"，南下可接"21世纪海上丝绸之路"，区位条件得天独厚，起着承南接北、通东达西的重要作用。向西经西安、新疆，沿"新丝绸之路经济带"直达中亚及欧洲大陆；向南经缅甸直达孟加拉湾，或通过云南对接东南亚并入"21世纪海上丝绸之路"；向东可过重庆、武汉、上海最终跨江越海，其中，成都、武汉与泸州签订的《港口物流战略合作框架协议》，更是提高了"黄金水道"的运输价值，成都作为"一带一路"建设节点城市的"地利"优势相当明显。成都是古代南方丝绸之路的起点，历史上由成都出发的商队，穿越戈壁沙漠、跨过绿洲草原，推动蜀锦北去、茶叶西行，换回了棉花、羊毛等外域物产，在互利互惠的公平贸易中实现了丝绸之路的长期繁荣。成都有17家获批领馆，是内地"领馆第三城"，已与全球89个城市缔结友城或友好合作关系，映衬出合作共享的文化特质。西部大开发纵深推进、统筹城乡改革试验区善作善成，天府新区、保税港区、金融服务平台等日臻完善，改革开放后发优势将内陆经济社会发展的路子拓展得更加宽广。最新统计数据显示，目前有260多家世界500强企业先后"用脚投票"，选择落户成都。

对外开放合作主要指标区域比较见表6-4。

表 6-4　对外开放合作主要指标区域比较

主要指标	全国	四川省	成都市
货物贸易进出口额/万亿元	24.3	西部第二	全省第一
外商投资企业数/个	505 151	10 370，西部地区第一	全省第一
外商投资额/亿美元	51 240	942，西部地区第一	全省第一
农产品贸易额/亿美元	1 988.2	10.8	全省第一

6.1.1.6　全国城乡融合与"三农"发展体制机制创新引领

成都是全国统筹城乡综合配套改革试验区、整市推进的国家现代农业示范区、第二批全国农村改革试验区，农村综合改革与城乡统筹发展水平在全国领先。农村产权制度改革不断深化，"新四权"确权颁证启动当年基本完成，颁证率达到99.5%，现代农村产权体系全面形成。集体林权制度改革创新突破，新启动林地流转经营权和林木（果）权证登记颁证，受到国家林业和草原局的充分肯定。农业科技体制机制改革开辟新路，成都市政府与四川农业大学签署战略合作框架协议，着力共建世界一流农业大学、一流学科，推动共建新型产业技术研究院。农村金融服务改革实现破冰，成都市印发了《关于建立"农贷通"平台促进现代农业与现代金融有机融合的试行意见》，全面启动建设"农贷通"平台；成功设立初始规模为5亿元的现代农业产业发展引导基金，并与平安银行、中信银行等签订了120亿元产业基金合作协议。新型农业经营体系改革取得新成效，大力推广"农业共营制""土地预流转+履约保证保险"等模式，探索形成"村民整体退出、集体统一经营"等承包地退出方式，全市土地规模经营率达到56.7%。成都各项农业农村体制机制创新始终坚持"全国领先"，多项工作在全国率先开展。一是成都率先开展农村产权确权颁证，创新开展生产要素在城乡之间自由流动改革试点，形成"'老六权'+'新五权'"多权同确新局面，探索出自主开发、公开转让、参股合作等多种产权流动方式，成都荣获第七届中国地方政府创新奖。二是成都率先开展农业职业经理人培育，创新构建农业经营体系，"农业共营制""土地预流转+履约保证保险"被中央电视台专题报道，蔬菜、生猪价格指数保险被选为全国典型案例。三是成都率先探索出"梯度转移人口+保护建设改造+现代农业园区"新农村建设路子，创新形成"小组微生"建设模式，成都荣获全国"三农""十大创新榜样"第三名。四是成都率先开展村级公共服务和社会管理改革、建立村组议事会制度，农村社会事业全面进步，农村面貌发生显著变化。

6.1.2 成都都市农业现状

6.1.2.1 农业结构持续优化

在农业供给侧结构性改革背景下，近年来成都市农业总体保持了稳步发展的态势，规模持续扩大，结构虽有波动，但总体相对稳定。2001—2017年，全市农林牧渔业总产值由212.1亿元增长至878.9亿元，增长了314.4%。从构成上看，如图6-2所示，农业占比最高，长期超过50%；畜牧业其次，2017年达314.7亿元，占农林牧渔业总产值的36%；林业和渔业占比较低，长期低于10%的水平。分项看，其中农业增长趋势较为平稳，占比最大，但近年来比重有所下降，2017年达到490.2亿元，较2001年增长296.0%，占农林牧渔总产值比重由58.4%下降至55.8%。畜牧业总产值总体保持了增长趋势，伴随年际周期性波动，占比常年在35%左右浮动，2017年达到315.7亿元，同比增长0.4%，较2001年增长288.2%，占比达35.8%。由于水利、地理等条件限制，成都市渔业发展基础相对薄弱，规模较小，近年来，依托河流、鱼塘养殖等形式，保持了良好的发展势头。2017年，渔业总产值达46.1亿元，较2001年增长10.9倍，占农林牧渔业总产值的比重由1.8%上升至5.2%。

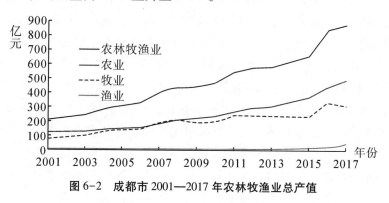

图6-2 成都市2001—2017年农林牧渔业总产值

6.1.2.2 特色种养加快发展

面对城市化发展对农业用地需求的不断扩大，成都市通过不断加大投入，向土地要效益，加快推动绿色种养业"全产业链"发展。突出发展优质粮油、绿色蔬菜、特色水果、生态养殖和高端种业，主要农产品供给结构不断优化，农业加快提档升级，绿色优质农产品供给能力提升明显。2017年，全市农作物播种面积为84.5万公顷，较2016年减少4.2万公顷，其中粮食播种面积为 47.2 万公顷，减少 3.9 万公顷。从产量上看，2001年以来总体保持了下降态势，但近两年又有所回升，2017 年达到 273.1 万吨，同比下降 6.0%，其中稻谷和小麦所占比重相对较高（见表 6-5）。2001 年以来，以油菜籽为代表的油料作物总体保持了稳步增长的态势，2017 年粮食总产量达 35.2 万吨，同比增长 5.0%。此外，畜产品产量长期保持了波动发展的态势，肉制品、奶制品产量呈现周期性波动，2017 年肉类总产量为 73.6 万吨，同比下降 6.0%。粮油、蔬菜、肉类、水果、茶叶、食用菌等农产品精深加工业发展迅速，形成了以郫县豆瓣、新都泡菜等川菜调味品为代表的农产品加工业。

表 6-5　成都市 2001—2017 年主要农产品产量　　　　单位：万吨

年份	粮食	小麦	稻谷	油菜籽	蔬菜	猪肉	牛奶
2017	273.1	—	—	—	—	—	—
2016	290.4	39.6	159.2	29.9	637.4	57.1	10.4
2015	230.2	28.4	144.7	24.5	570.8	50.6	10.2
2014	237.1	31.3	148.7	24.6	542.0	51.6	11.3
2013	243.1	32.2	164.6	24.1	533.4	50.7	11.6
2012	250.0	33.5	171.0	24.3	538.6	50.1	12.5
2011	265.4	41.4	164.5	24.2	529.9	72.8	11.4
2010	274.8	43.8	171.8	23.9	494.7	73.8	12.3
2009	278.9	44.5	175.9	23.4	484.1	71.8	12.2
2008	274.5	44.9	173.4	20.8	470.6	69.4	11.9
2007	270.1	44.7	171.8	19.1	456.4	67.5	12.2
2006	265.1	45.8	170.9	19.9	425.2	75.4	10.9
2005	259.9	47.4	160.4	19.1	410.0	69.1	10.2
2004	276.0	46.1	177.9	18.7	394.6	61.0	10.0
2003	265.1	46.7	174.1	18.2	423.2	54.6	9.3
2002	299.1	55.9	194.9	18.6	425.9	52.0	8.4
2001	310.7	59.3	201.4	18.4	398.4	49.8	6.3

6.1.2.3　质量效益稳步提升

2017 年成都市第十三次党代会提出，构筑都市现代农业新高地，深入推进农业供给侧结构性改革，加快培育农业农村发展新动能，推动农业规模化经营，不断提升城乡统筹发展水平。为此，成都市以市场需求导向，加快结构调整，重点优化产业和重点园区空间布局。突出特色优势产业发展，明确绿色种养、精深加工、休闲农业、农村电商等6个重点产业作为发展都市现代农业的重点。确定崇州优质粮油产业园、蒲江特色水果产业园、四川田园农博园等6个市级重点产业园区。不断优化品质结构，大力推广应用新品种新技术新模式，积极发展无公害、绿色、有机农产品。2017年，全市绿色有机农业面积达6万公顷，"三品一标"认证面积占食用农产品生产面积的60%，新增"三品一标"认证20个、累计达1 282个。优化品牌结构，创建"天府源"市级农业区域公共品牌，推动郫县豆瓣、蒲江丑柑、邛崃黑茶、天府龙芽等区域品牌和新希望、通威、天味等企业品牌作响。全市累计获得中国驰名商标达27个，四川省著名商标和名牌产品达291个。

6.1.2.4 投入结构日益合理

成都市各级部门高度重视质量兴农发展，积极促进农业发展与生态空间布局相协调、与资源环境承载能力相匹配，将绿色导向贯穿农业发展全过程，实现投入品减量化、生产清洁化、废弃物资源化、产业模式生态化，走产出高效、质量安全、资源节约、环境友好的农业高质量可持续发展道路。近年来，成都的耕种收机械广泛应用于农业生产，农业生产机械化水平稳步提升。如表6-6所示，2017年，成都的农业机械总动力达403.9万千瓦，较2001年提高了91.1%；农用大中型拖拉机10 854台，较2001年增长了67.2%；小型拖拉机22 071台；农村用电量达36.7亿千瓦时，较2001年增长了52.3%；机播面积2016年达19.1万公顷，较2010年增长超过3倍。此外，农业灌溉条件持续改善，农用灌溉机械数量及总动力呈稳步提升态势。投入品结构日益合理。化肥施用量尽管存在年际波动，但总体呈下降趋势，2016年为18.6万吨，较前三年有所上升，但较2001年21.5万吨下降13.5%。

表6-6 成都市2001—2017年主要农业投入品情况

年份	农业机械总动力/万千瓦	农用大中型拖拉机/台	农用大中型拖拉机总动力/万千瓦	农用灌溉机械/台	农用灌溉机械总动力/万千瓦	农村用电量/亿千瓦时	化肥施用量/万吨
2017	403.9	10 854	—			36.7	—
2016	390.0	11 838	44.0	54 565	27.6	36.3	18.6

表6-6(续)

年份	农业机械总动力/万千瓦	农用大中型拖拉机/台	农用大中型拖拉机总动力/万千瓦	农用灌溉机械/台	农用灌溉机械总动力/万千瓦	农村用电量/亿千瓦时	化肥施用量/万吨
2015	370.7	11 695	43.3	45 890	28.8	32.1	15.5
2014	366.0	11 182	40.7	45 239	28.3	31.7	15.6
2013	342.2	14 990	52.8	42 660	27.2	32.4	15.6
2012	320.3	13 744	46.1	41 110	26.3	31.9	15.8
2011	310.6	12 215	40.1	39 737	25.9	31.6	17.4
2010	288.2	12 062	41.1	37 713	24.8	31.6	17.2
2009	280.3	11 138	36.7	37 180	25.2	30.2	18.5
2008	263.4	9 145	31.5	35 455	24.6	29.5	19.8
2007	255.5	9 506	32.5	30 632	22.8	29.4	19.9
2006	247.3	9 119	31.2	23 078	22.5	29.1	19.3
2005	240.8	9 108	31.2	21 803	20.0	29.2	19.7
2004	235.9	9 058	32.8	22 873	21.6	28.0	20.0
2003	235.3	8 396	31.4	22 528	21.1	26.1	19.6
2002	228.0	7 725	29.6	20 912	20.4	25.4	20.7
2001	211.4	7 061	24.1	20 911	18.5	24.1	21.5

6.1.2.5 产业融合加速发展

成都市加快农产品精深加工发展，明确"两核、六园、十基地"农产品加工规划布局，发挥优势特色产业集聚效应，川菜调味品、食品饮料、精制酿造以及精制食品、休闲食品产业稳步发展。2016年，全市农产品精深加工产值达780亿元、同比增长18%。乡村旅游加快提档升级，以赏花品果、采摘体验、度假养生为主题，推动农业主题公园、度假乡村、精品民宿建设，创新开展中小学农事科普教育活动，全市乡村旅游总收入达117.4亿元、同比增长19.8%。农村电商发展良好。截至2017年年底，成都市建成农村电商产业园10个、入驻电商企业达420家，农村电商销售额达32亿元，同比增长20%。

6.1.2.6 绿色发展稳步推进

成都市牢固树立"绿水青山就是金山银山"的理念，积极探索生产生态相协调的路径和体制机制，促进农业可持续发展。全市启动100万亩高标准农田建设提升行动。2016 年，成都市新增建设高标准农田超过 22.7 万亩。强化农业生态保护，积极推动耕地保护和有机质提升，持续加大土壤重金属普查治理、化肥农药减量控害和畜禽养殖防污治污力度。大力发展生态循环农业，积极推广种养配套、稻鱼共生、秸秆还田等循环模式，新建生态循环农业示范点 22 个、秸秆转运中心 18 处，发展稻田综合种养 5.8 万亩。加快构建质量安全监管体系，强化农产品质量安全，认真落实"四个最严"要求，加强市、县、乡、村四级产品质量安全监管网络建设，全域推行网格化监管模式和蔬菜质量安全联盟，推进"成都智慧动监"和农产品质量溯源平台建设。成都市农产品质量安全抽检合格率达 98%以上，被农业部认定为国家农产品质量安全市。

6.1.2.7　农业布局向功能区转变

经过多年现代农业发展与建设，全市已经初步形成了以优质粮油、蔬菜、花卉苗木、伏季水果、茶叶、猕猴桃、食用菌、生猪家禽、水产、中药材为主的十大优势特色产业，主要农产品产量保持稳定增长，实现了由西南粮仓向多元化供给的转变。2017 年，全市粮食播种面积为 47.2 万公顷，产量为 273.1 万吨，比 20 世纪 90 年代粮食产量最高值下降 100 万吨以上；肉类产量 73.6 万吨，比 2010 年最高产量下降 30%以上；蔬菜、水果、茶等特色园艺农业发展迅速，水果产量达到 150 万吨以上，是 20 世纪 90 年代产量的 14 倍。农工、农商、农旅不断深入融合发展，实现农产品加工产值 1 400 亿元，形成了蔬菜、水果、生猪、畜禽、粮油、茶叶、白酒、林竹八大农产品加工产业集群，培育了以新希望、通威、巨星、中粮等为代表的知名农产品加工企业。农旅融合蓬勃发展，实现休闲农业和乡村旅游年接待游客达到 1.07 亿人次，总收入达到 328 亿元。当前，全市农业产业逐步呈现点、线、面联动的区域功能化布局，在空间上初步规划并发展形成了环主城平坝蔬菜（食用菌）功能区、西部平坝及东部丘陵粮油功能区、龙泉山—龙门山丘陵伏季水果功能区、五面山—龙门山中低山茶叶功能区、金马河—江安河平坝花卉苗木功能区、龙门山中低山中药材功能区、主城生态高端农业功能区、空港现代智慧农业功能区八大功能分区。

6.1.3　典型区域对标分析

6.1.3.1　与主要城市区域的功能比较

按照自然环境相似、国土规模相近、区域影响力相当、体现世界领先水平，国家或世界中心城市、农业主产区、乡村地域、人口经济等主要指标与成都市规模相当，在全球世界城市群重点选择法国大巴黎区、英国伦敦大区、日本东京都地区、法兰克福都市区和美国纽约都市区五个世界性中心城市都市区，作为成都市的对标比较研究对象，见表6-7。

表6-7　成都与主要世界城市群中心城市都市农业功能的比较

都市区	科技功能	展会功能	交易功能	文化功能	食品功能	生态功能
法国大巴黎区	法国农业科学研究院（INRA）☆☆☆	巴黎国际农业展览会、巴黎国际商务农业展览会 ☆☆☆	翰吉斯国际批发市场世界最大农产品交易平台 ☆☆☆	农业综合体验、世界知名的葡萄酒庄文化等 ☆☆☆	Danone 达能、路易达孚公司 ☆☆☆	50%的农用地、田园型全球城市的生态农业建设 ☆☆☆
英国伦敦大区	历史最悠久的罗萨姆斯特农业研究中心 ☆☆☆	英国食品饮料展 ☆☆☆	考文特花园市场、比林斯盖茨市场 ☆☆☆	1/4农场开展农业旅游、英国Crossrail 站台屋顶花园 ☆☆☆	Unilever 联合利华、SAB Miller ☆☆☆	伦敦绿带重要组成部分，为打造"最宜居城市"做出重要贡献 ☆☆☆
日本东京都地区	农业食品产业技术研究机构 ☆☆☆	日本国际农业展览会 ☆☆☆	日本东京大田市场占中央市场交易额的30.7% ☆☆☆	观光休闲与教育功能、日本涩谷表参道屋顶菜园 ☆☆☆	乐天、雪印乳业集团、朝日啤酒 ☆☆☆	规定用于经营的农地生产绿地作为城市的一部分 ☆☆☆
法兰克福都市区	德国有机农业研究所 ☆☆☆	健康天然食品配料展会、法兰克福肉类加工展会 ☆☆☆	法兰克福生鲜市场 ☆☆☆	知名的市民农园、休闲农庄模式 ☆☆☆	德国第二大工业区 ☆☆☆	在都市农业区内大量发展森林，强化生态涵养功能 ☆☆☆
美国纽约都市区	农业部农业研究局总部 ☆☆☆	美国纽约优质食品展会夏季 ☆☆☆	纽约杭波特批发市场世界最大食品供应基地、纽约农产品期货交易所 ☆☆☆	大型乡村郊游农场、美国纽约布鲁克林农场 ☆☆☆	嘉吉、卡夫食品、玛氏食品等 ☆☆☆	都市农业如网络般分布在城市区域内部，都市与农业、农村交叉融为一体 ☆☆☆
成都市	四川省、成都市农业科学院 ☆☆	成都国际都市现代农业博览会 ☆☆	四川省成都市农产品批发中心 ☆☆☆	全国休闲农业的先行者与标杆 ☆☆☆	新希望集团等 ☆☆☆	城乡绿道建设等 ☆☆☆

注：☆☆☆代表国际级、全球领先；☆☆☆代表大区级、区域领先；☆☆☆代表地区级、国内领先。下表同。

（1）农业科技功能。上述五大都市区的都市农业发展均依托世界中心城市的开放区位、科研机构云集、信息与人才集聚等优势，结合当地都市农业发展、城镇居民营养改善等科技创新需求，建立具有世界影响力的农业科技研发创新与应用体系，推进农业公共科研部门和企业的深度合作，寻求商业组织、私人投资者、基金和信托的长期投资，形成农业科技创新长期可持续的内部发展动力，强化了都市农业的科技创新与支撑功能。

主要世界城市群中心城市都市农业科技功能的比较见表6-8。

表6-8　主要世界城市群中心城市都市农业科技功能的比较

都市区	农业科技创新引领功能
法国 大巴黎区 ☆☆☆☆☆	世界性科研机构：拥有法国农业科学研究院（french national institute for agricultural research，INRA），INRA 是欧洲顶尖的农业研究所和世界第二农业科学中心，成立于1946年，总部设在巴黎，隶属于法国国家教育研究与技术部和法国农业与渔业部，是法国国家从事农业科学和技术研究的公共机构。以应用基础理论研究为主，重点开展6个学科方向的研究：环境森林与农业、植物和植物产品、牲畜和畜牧产品、人类营养与食品卫生、社会经济与决策、农业发展与展望。INRA 设有17个研究学部，在全国各地区建立了21个科研中心。国家环境与农业科技研究所（IRSTEA），在过去30余年间从农业机械化和农业规划向农业环境问题的演变，重点放在食品质量安全、水资源管理、污染防治、自然风险管控、人口衰减农村地区发展等人类社会发展的核心问题。IRSTEA 目前拥有9个地区中心，3个研究分部（水文部、生态技术部、土地部），14家研究单位，5家联合单位，79项专利技术，146家公司、直接合伙人或合资企业，7个研究与实验平台。 科技应用与服务：法国的农业推广组织比较健全，全国农业发展协会总部在巴黎，负责中央一级的农业技术推广，同时在各州设立省一级技术推广委员会，区县一级由农场主自愿组成农业推广组织。同时注重建立公私合营的技术创新与转化应用机制，如 INRA 与商业公司合作，通过在意大利面中加入高比例的豆粉（35%），开发兼具硬质小麦和豆类优点的营养食品，提升产品营养品质和经济附加值。建立"科研机构+农户"的技术推广服务机制，如 INRA 提供专家对于欧洲畜牧系统及其产品的分析报告，建立 Animal Future 项目，为农户提供数字技术支持，包括连接蜂箱、葡萄栽培决策支持工具、精密喷洒、无人机使用等；帮助牧场改善植物多样性以增加牧草产量，从而实现奶制品增产的同时增强饲料自给能力，突破乳制品可持续发展的关键约束

表6-8（续）

都市区	农业科技创新引领功能
英国 伦敦大区 ☆☆☆☆☆	世界性科研机构：英国拥有强大的公共农业科研力量，包括农业技术学院、大学、研究所和私人研究机构。在伦敦大区除伦敦大学等知名学府的农林科学研究以外，拥有一批农业科研机构，建有世界历史最悠久的农业试验站罗萨姆斯特试验站，积累了世界上许多百年的经典试验资料，对英国乃至世界农业科技创新作出重要贡献。拥有费拉植物病理服务研究所等欧洲知名研究机构，主要从事于应对于全球人口增长的影响和有效可持续利用自然资源方面的研究，开展下一代诊断、可持续农产品系统、食品完整性、作物健康四大核心研究。 科技应用与服务：促进农业公共科研部门和企业的深度合作，鼓励知识和技术转移，一些世界领先的农业技术公司如 Syngenta、Genus、Aviagen、JCB、New Holland 和 Velcourt 都在此进行了大量的科研活动。伦敦大区农业科研成果推广工作由农渔食品部负责，在伦敦大区及各县设有专门负责科研成果推广、转化的机构，同时在各地设立了农业技术推广训练中心。近年来，依托《英国农业科技战略》实施，在伦敦大区也投资建设了"农业科技孵化器"和农业创新中心，促进农业科研成果转化为应用，使农场与农业科教部门建立更密切的联系，促进农户、技术人员和科研机构之间的交流
日本东京都 地区 ☆☆☆☆	世界性科研机构：除东京大学、东京农业大学一批亚洲乃至全球农林科学知名院校以外，日本农业·食品产业技术综合研究机构（NARO）是日本农业和食品研究和开发的核心机构，总部位于东京。机构的总体任务是通过农业和食品的创新，促进开拓和基础研发，为社会的发展作出贡献。通过农业技术开发，使农业成为一个具有竞争力和吸引力的产业，并为增加国家粮食和提高自给率作出贡献。在全球性问题，如气候变化，如何利用当地农业资源，以及最大限度地发挥农业多功能性的研发上作出了巨大的贡献。机构的主要任务如下：区域农业模型的建立，在作物育种中的利用基因组选择的进程，结合市场需求来研究全球问题与当地农业资源的利用。 科技应用与服务："官民结合"的二元协同农业科技服务体系为日本农业从生产到销售的各个环节以及农村生活中的各个方面提供农业科技服务，有效地促进了日本农业与农村发展。国立的科研机构、大学以及企业共同建立了日本农业科研体系，主要由国家农业改良推广所、农协负责的推广服务形成从中央到地方的完整体系

表6-8(续)

都市区	农业科技创新引领功能
法兰克福都市区 ☆☆☆☆	世界性科研机构：除知名院校以外，还拥有德国有机农业研究所，这是世界领先的有机农业信息和研究中心之一。作为一个独立的非营利组织，它对促进研究和项目，帮助农民提高生产力，解决环境和健康的影响问题作出了巨大的贡献。德国有机农业研究所在为有机农业提供科学服务中，衍生出了有机农业和有机食品工业的四大支柱：知识转移，树立观念加强有机农业，对农场科学支持，以及网络的推广。德国农业协会总部位于德国法兰克福，致力于促进农业和食品领域的科技进步和发展的非政府组织，是欧洲领先的食品和农业发展组织之一。 科技应用与服务：德国明确科研机构是农业科技创新主体，从事基础研究的马普学会和相关大学、从事应用研究的莱布尼茨学会和联邦食品与农业部直属机构承担了主要科研任务。企业主要从事应用技术研究及相关成果转化。德国农业的信息化、生物化技术推广应用水平较高。地理信息系统、全球定位和遥感等3S技术广泛应用于农业资源和灾害的监测预报，大型农业机械精准作业等确定播种和施肥量。推广能源作物种植技术。植物遗传育种、动物优良品种培育、动植物检疫以及工业原材料选育等方面广泛采用生物技术
美国纽约都市区 ☆☆☆☆☆	世界性科研机构：美国农业科研体系由国家科研机构、地方科研机构和民间科研机构三大系统共同组成，并各有侧重。美国国家农业科研机构以农业部农业研究局（ARS）为主体，重点进行农业基础理论和应用基础理论研究。地方科研机构为州立大学农学院牵头的州农业试验站系统，同本州的农学院和农业推广站自成体系，在州政府授权下，侧重本地区的农业科研和推广工作。其中，ARS总部位于纽约州，在全国下设4个研究中心及科研管理委员会，分别承担国家重大农业科研项目和科研经济管理工作。同时在各州设有156个国家农业综合实验站（部分设在州立大学）。民间科研机构由农业企业研究机构组成，重点从事有实用价值的农业开发性研究。 科技应用与服务：形成了农业教学、农业科学研究和农业推广三者密切结合的"三位一体"体系。由纽约州农学院同时承担教育、研究和推广三项任务，使三者结合在一起，互相促进；每年的研究推广计划由基层向上申请，推广服务工作由农业部和农学院共同领导，并以农学院为主，为农业生产提供服务；推广经费由联邦、州和县共同负担，科研经费主要来自公共和私人（公司），两者互相补充，很好地促进了美国农业科技的研发与推广

（2）会展交流功能。上述五大都市区均将农业会展、会议论坛、国际交流等作为都市农业发展的重要内容，大力推进农业、食品、技术等领域的会展发展，打造都市农业与世界展示交流的窗口，增强面向周边区域的辐射力和影响力，以及对周边区域都市农业与食品产业发展的服务功能，使得整片区域收益。同时，通过会展强大的关联带动效应，汇聚巨大的信息流、技术流、商品流和人才流，对当地都市农业发展产生了巨大的催化促进作用。

主要世界城市群中心城市都市农业会展功能的比较见表 6-9。

表 6-9　主要世界城市群中心城市都市农业会展功能的比较

都市区	农业与食品展览交流功能
法国 大巴黎区 ☆☆☆☆☆	具有国际影响力的展会：素有世界展览之都的称号，建有巴黎拉维莱特活动中心、巴黎新奥尔良会展中心、巴黎凡尔赛门巴黎会展馆、巴黎北郊维勒班展览中心、巴黎勒布尔歇会展中心五大国际展会中心。拥有巴黎国际农业展览会，巴黎国际农业展览会是一年一度的农业展览和贸易展览会，每年 2 月底或 3 月初在法国巴黎凡尔赛港的巴黎世博会上举行。作为世界上最大和最重要的农业展览之一，吸引了来自世界各地的参展商及观众。2018 年，巴黎国际农业展览会吸引了来自 22 个国家的 1 000 家参展商，有 672 568 名观众，同时在网络媒体上也吸引了 800 万观众观看这一盛会。同时，还有巴黎国际商务农业展览会。作为另一个大型的农业展览，巴黎国际商务农展会涵盖了 13 个类别，包括：牵引、土壤耕作、收获设备、服务；绿色空间专业设备；灌溉；农村林区木材能源；服务与机构；作物保护；热带作物生产设备；甜菜、马铃薯、水果和蔬菜的种植、收获、储存和包装；搬运、运输；沼气；养殖设备；仓储建筑；备件、精密农业、服务等。巴黎国际商务农展览会在 2017 年吸引了来自 42 个国家的 1 770 家参展商，完成了 232 000 个交易，同时共有 360 个国际代表团参加此次展览
英国伦敦 大区 ☆☆☆☆☆	具有国际影响力的展会：是世界会展业的发源地，建有伦敦国际会展中心、伦敦奥林匹亚会展中心两大国际会展中心。其中举办的英国食品饮料展（IFE）是英国最大的和最负盛名的食品饮料交易会。IFE 自 1979 年创办以来，所有国际性的食品和饮料群体们汇聚一堂寻求新产品和贸易。此展会是世界四大食品与饮料展之一，并且是欧洲最具规模和影响力的展会。创新意识强：IFE 是一场通过寻找各种新的并受消费者驱使的产品来提升自身竞争力的全球性食品饮料展览盛会。IFE 的参展经历可以增强各种创新意识，参展商可以与行业内资深的先行者们进行面对面的交流，所以 IFE 所吸引的食品饮料行业供应商和求购者比任何一场展会都要多。涵盖范围广：该展会所展示的食品从消费者每年必买的经典品种到成百上千的新开发品种。参观商来自各个贸易层，包括超市、零售店、摊铺店、便利店、批发商、剧院、大宗批发商、专卖店以及百货商场等。参加此次展会可以更直接地了解英国乃至世界产品的发展和市场的具体需求，有利于提高产品的技术含量，为生产高质量的产品奠定基础。分类清晰：为使参观者游览更加便利且参展商更快捷地找到客户，展会被分为 9 个部分，分别是：英国及爱尔兰特殊食品和区域性食品，奶酪和乳制品，肉类和海鲜，走遍世界，烘焙和甜品，原料，健康与幸福，饮料，普通食品。上届展会于 2017 年在伦敦国际会展中心举办，展览面积近 4 万平方米，吸引了来自 60 多个国家的约 1 500 家参展企业，来自 30 个国家的团体，以及来自世界 127 个国家超过 5 万名参展商

表6-9(续)

都市区	农业与食品展览交流功能
日本东京都地区 ☆☆☆☆	具有国际影响力的展会：建有日本东京有明国际会展中心、东京皇家王子大酒店、日本东京等重要的会展中心。其中，影响力最大的会展是日本国际农业展览会，2017年吸引了近700多家参展商参展。至少有45 858名专业观众前来参观。此外，展会管理部门还特别接待了来自海外的29家大型采购商，主要包括大型农业业主、农场经营者和农业设备经销商。日本国际农用材料与园艺技术博览会，以展览农业资材产品与技术最初以花卉为主导，进而发展成为农业机械、农机具、化肥、农药、基质、育苗系统等全方位的博览会。每年吸引来自日本各个地区的148个农业协会、1 984名农业协会代表前来采购。同时还有包括来自欧洲、中东、美洲、亚洲等47个国家和地区的买家前来参观，专业观众人数为42 366名。使得该展会成为日本每年的农业盛会。使之成为亚洲首屈一指的农业资材和技术贸易展会。该展览会与日本东京国际花卉展览会、园艺及户外用品展览会、五金工具展会、农业展会同期同地举办，构成亚洲规模较大的五金、园艺、庭院及户外用品贸易展，展出范围涵盖生产、供应、贸易、流通等各环节，呈现完整的产业链条，同时，展览会将吸引和聚集从事花卉、园艺及户外产品的专业人士和买家。上届展览会有1 460家参展企业，客商数量达到42 366人
法兰克福都市区 ☆☆☆☆	具有国际影响力的展会：建有国际知名的法兰克福会展中心，每年举办健康和天然食品配料展会、德国法兰克福食品配料及技术展会、德国法兰克福肉类加工工业展会等国际知名展会。其中，德国法兰克福健康和天然食品配料展会与德国法兰克福食品配料及技术展会同期举办，是业界关于食物及健康配料最高层次的职业国际盛会。德国法兰克福健康和天然食品配料展览会是由德国法兰克福展览公司，英国博闻展览集团UBM举办，展览会一年一届，该展会是企业打开德国市场非常重要的一个平台，德国法兰克福健康和天然食品配料展览会上届吸引来自1 100家参展企业，客商数量达到50 000人，展会是在法兰克福会展中心举办，展会面积达到40 000平方米。德国法兰克福肉类加工工业展会是肉类加工行业的世界顶级展览会，始于1949年，每三年举办一届，展商和观众来自近百个国家和地区。上届德国法兰克福肉类加工工业展会由1 036家参展商提供的产品及服务，贸易观众从德国以外来的从上一届47%增加到59%。近6万人次专业观众参观了德国法兰克福肉类加工工业展会，观众普遍反映这是了解最新的行业发展趋势和产品的信息，和同行交换意见，并且维护业已建立的客户关系的绝佳平台。德国法兰克福肉类加工展览会是由德国法兰克福展览公司举办，展览会三年一届，该展会也是企业打开德国市场非常重要的一个平台，德国法兰克福肉类加工展览会上届吸引来自1 036家参展企业，客商数量达到60 000人，展会是在法兰克福会展中心举办，展会面积达到100 000平方米

表6-9(续)

都市区	农业与食品展览交流功能
美国纽约都市区 ☆☆☆☆	具有国际影响力的展会：建有布鲁克林展览中心、纽约贾维茨会展中心等重要会展中心，每年举办美国纽约优质食品展览会、美国纽约国际酒吧饮品食品及设备展览会、美国纽约国际葡萄酒及烈酒展会等。其中，美国纽约优质食品展览会首届举办于1955年，至今已有60多年的历史，主办方为美国专业食品贸易国家协会（national association for the specialty food trade，NASFT）。展会被认为是进入专业食品贸易领域的首选场所。每届展会都能吸引来自专业食品、酒业、百货公司、超市、餐馆、邮购及其他相关行业的19 000~24 000人士出席参加，其中87%是企业的决策者或能影响企业购买决定的人士。在展会上，参观商可以看到来自全球80多个国家和地区的参展商展出的多达260 000种的专业食品。展会期间，NASFT还会举办十数个有关食品的研讨会以及其他的一些活动。美国纽约国际酒吧饮品食品及设备展览会是由英国励展博览集团举办，展会一年一届，上届吸引来自640家参展企业，客商数量达到35 500人，在布鲁克林展览中心举办，展会面积达到20 000平方米。美国纽约国际葡萄酒及烈酒展会由Diversified Communications举办，展览会一年一届，上届吸引来自500家参展企业，客商数量达到35 000人。尽管在展会方面稍显落后于欧洲等国家，但在国际会议论坛方面具有重大影响力，特别是依托联合国总部等国际性组织，在召开国际性的农业与食品论坛等方面遥遥领先，如历届国际农业可持续发展论坛在纽约联合国总部举行、联合国粮农组织主办的世界首届鱼菜共生大会等

（3）交易集散功能。大都市区一般利用自身绝佳的区位优势，立足都市区城镇居民消费需求以及自身产业提升需求，并着眼周边区域乃至全球农业对外开放合作格局，搭建辐射周边乃至全球的农产品与食品交易集散中心，建成全球农业对外开放合作的重要区域枢纽。依托农产品与食品集散的区位优势，建设现代化程度高、设施装备齐全的市场流通体系，大力发展农产品流通与精深加工，延长农业产业链条，培育一批知名品牌，提高农业效益。

主要世界城市群中心城市都市农业集散功能的比较见表6-10。

表 6-10 主要世界城市群中心城市都市农业集散功能的比较

都市区	农产品与食品交易集散功能
法国 大巴黎区 ☆☆☆☆☆	具有区域或全球辐射力的农业物流中心：位于巴黎南门的翰吉斯国际批发市场是世界上最大的农产品交易平台。这个批发市场的年业额达到80亿法郎，整个市场占地面积为280公顷，建筑面积达50万平方米。素有世界展巴黎伦吉斯果菜批发市场是法国最大的公益性市场，由政府投资兴建，建成后市场由事业法人代替国家进行管理，当初投资10亿法郎，其中国家投资56.85%，巴黎所在省、巴黎市政府、巴黎银行共占28.5%，私营批发商、市场工会组织占13.9%。目前有驻场企业1 400多家，工作人员1.3万人，每天有2.5万人进场交易，年交易农产品数量达18万吨，年交易金额达80亿欧元，为大巴黎地区1 800万人供应食品
英国 伦敦大区 ☆☆☆☆☆	具有区域或全球辐射力的农业物流中心：建有世界考文特花园市场，是英国最大的水果、蔬菜和花卉批发市场，位于伦敦的九榆市，占地57英亩（23公顷），市场内约有200家水果、蔬菜和花卉公司。伦敦40%的水果和蔬菜都是由考文特花园市场供应，而且为许多伦敦顶尖的餐厅、酒店、学校、监狱、医院和餐饮企业提供原料。新考文特花园市场，提供来自英国和全球的各种花卉、植物、叶子、杂货和室内装饰品，在伦敦75%的花商都从这里进货。比林斯盖茨市场，是伦敦最大的水产品市场，比林斯盖茨市场综合体占地13英亩，包括一个有98个摊位和30家商店的大型贸易大厅，两个咖啡厅；一些单独的冷藏室；800吨的冷藏库（保持在-26℃的温度）；一个制冰厂和14家加工商、餐饮供应商使用的储藏间
日本东京都 地区 ☆☆☆☆	具有区域或全球辐射力的农业物流中心：建有日本东京大田市场，蔬菜、水果部有批发商5家、中间批发商192家。该市场是基于1981年所决定的第3次东京都批发市场整备计划建设起来的集蔬菜、水果、水产、花卉于一体的综合性农产品批发市场。大田市场计划日交易规模为：果菜3 000吨，水产品300吨，花卉245万支。市场用地386 426平方米，其中果菜部、水产部用地346 321平方米，花卉部用地40 105平方米，另有相关设施用地38 000平方米。市场交易情况如下：果菜年交易量约为100万吨，交易金额约为3 000亿日元；水产年交易量约为5万吨，交易金额约为400亿日元；花卉年交易量约为5万支，交易净额约为500亿日元，占东京都中央批发市场交易额的56.7%，占全国中央批发市场交易额的30.7%
法兰克福 都市区 ☆☆☆☆	具有区域或全球辐射力的农业物流中心：德国大约95%的农产品是通过超市销售的，零售业相当成熟，并且基本上都已经连锁化，商业布局也已大体定型，德国食品销售市场的年营业额为1 400亿欧元。在法兰克福都市区除了不成熟的零售体系以外，还建有法兰克福生鲜市场，建立时间：2004年；面积：133 000米；年营业量：460 000吨；年营业额：8亿欧元；集水区：480万消费者；销售范围：水果、蔬菜、鱼类、肉类、其他食品、花卉、植物

表6-10(续)

都市区	农产品与食品交易集散功能
美国纽约 都市区 ☆☆☆☆☆	具有区域或全球辐射力的农业物流中心：建有纽约杭波特批发市场，是一个主营肉和肉制品生产、加工、分销的食品市场，年交易额达20亿美元，产品供应整个纽约、新泽西和大都市圈，销售链分布全国各地。杭波特批发市场地理位置优越，交通便利，是美国5个自治州及康涅狄格、新泽西的交通枢纽，毗邻纽约市农产品终端市场，是纽约现代食品中心的组成部分。杭波特批发市场成立于1967年，由纽约州政府投资建设。当时纽约有150多家批发公司，其中130多家集中于此，之后45家批发公司联合向政府租赁了这个市场。市场占地24.3万平方米，不仅是布鲁克斯区最大的市场，也是世界上最大的食品供应基地

（4）食物供给功能。都市现代农业基本出发点和功能都是为了顺应城市居民不断变化升级的消费结构，大都市圈人口密度较大，发达国家和地区都市农业发展均将满足都市区人口的食物与营业需求作为重要课题，建立农产品与食品的生产供应体系，构建稳定的产业链、价值链，不断强化农产品与食品的质量安全保障、稳定供应保障。同时积极推进农业产业链条延伸，培育一批食品跨国企业，与全球农业对外开放格局相结合，统筹布局辐射全球主要原料与目标市场的原料供应基地、市场营销基地、生产制造基地。

主要世界城市群中心城市都市农业食物供给功能的比较见表6-11。

表6-11 主要世界城市群中心城市都市农业食物供给功能的比较

都市区	农产品与食品安全供给功能
法国 大巴黎区 ☆☆☆☆☆	食品安全监测体系：在食品安全保障方面，法国建立了风险评估机制，成立了不隶属于任何政府部门的专门机构，这些机构也不受任何利益方制约。同时，法国为了保证食品质量，有专门人员24小时不断抽查各种产品。法国还建立了自己的预警系统，一旦发现本国或来自他国的食品与饲料可能对人体健康产生危害时，就会启动快速预警系统，由生产商、进口食品监管部门通过新闻公报等形式向公众发出警告，及早中止有害食品的流通并尽快召回问题食品。 跨国食品企业集聚基地：大巴黎区内聚集了一批食品制造企业，带动当地农业产业链、价值链不断延伸，提升农业效益。如具有国际影响力的重要食品企业达能。达能总部位于法国巴黎，是法国、意大利及西班牙最大的食品集团，欧洲第三大食品集团，全球同类行业第六；世界最大、欧洲最大的鲜乳制品生产商；世界第二、欧洲第二矿泉水生产商；欧洲最大的酱料及调味品生产商；欧洲第二大啤酒生产商；欧洲第二大面条生产商；欧洲第二大玻璃容器生产商；欧洲第三大方便食品生产商；法国最大的婴儿食品生产商

表6-11（续）

都市区	农产品与食品安全供给功能
英国伦敦大区 ☆☆☆☆☆	食品安全检测体系：英国农产品质量安全可追溯系统始于2000年，从最初的农产品信息记录，到农产品识别代码数据库，再到详细记录农产品供应链各环节全部信息，系统日趋完善，可以溯源农产品的全部移动轨迹；此外，英国还注重调动农产品行业协会等民间组织的积极性，鼓励这些组织与超市合作，让他们帮助超市建立农产品质量安全可追溯系统，为流入超市的农产品质量安全提供保障。 跨国食品企业集聚基地：聚集了一批食品制造企业，带动当地农业产业链、价值链不断延伸。联合利华总部设于荷兰鹿特丹和英国伦敦，分别负责食品及洗剂用品事业的经营，布局在75个国家、500家子公司，员工近30万人，是全球第二大消费用品制造商，年营业额超过400亿美元，是全世界获利最佳的公司之一，拥有和路雪、立顿、家乐、四季宝等国际知名品牌。米勒，世界上最大的啤酒公司之一，在伦敦和约翰内斯堡股票市场分别上市，总部在英国伦敦。啤酒和其他饮料的生产和销售业务遍及世界五大洲，在40多个国家里拥有100多个啤酒厂，年啤酒销量达1 890万吨；拥有150个啤酒品牌
日本东京都地区 ☆☆☆☆	食品安全检测体系：日本食品安全监控非常严格，通过对所有的农产品建立农产品"身份证"来监督食品安全。日本农协下属的各地农户，必须记录米面、果蔬、肉制品和奶制品等农产品生产者、农田所在地、使用的农药和化肥、使用次数、收货和出售日期等信息，一旦出现问题，通过查询"身份证"号码就能追溯到该产品的生产和流通信息。食品加工环节上除指定食品添加剂外，食品生产企业一律不得制造、进口、销售和使用其他添加剂。重视食品检验标准制定，包括对食品中不同化学残留容许量具体限制，加工操作流程标准的规定，并定期调整标准。 跨国食品企业集聚基地：聚集了一批食品制造企业，带动当地农业产业链、价值链不断延伸。如乐天，由日本株式会社和韩国株式会社共同投资，主要从事糕点、糖果、儿童食品、饮料开发、生产和销售；日本雪印乳业集团，是日本最大的乳品公司，主要产品包括乳制品（牛奶、冰淇淋、芝士等）、火腿、香肠等肉制品。朝日啤酒，1998年单品销售位居世界第一，生啤酒世界销量第一。1994年正式进入中国市场，2008年在上海成立分公司，主要产品：生啤、黑啤、富士山啤酒、舒波乐啤酒
法兰克福都市区 ☆☆☆	食品安全检测体系：德国政府实行的食品安全监管以及食品企业自查和报告制度，食品监督归各州负责，州政府相关部门制定监管方案，由各市县食品监督官员和兽医官员负责执行。建立了风险评估机制，成立了不隶属于任何政府部门的专门机构，这些机构也不受任何利益方制约。建立食品追踪机制，以鸡蛋为例，每个鸡蛋上都有一串编码，通过编码可查出鸡蛋具体出生的养殖场。一旦鸡蛋出现问题，有关部门可以通过编码追查。建立预警系统，一旦发现本国或来自他国食品与饲料可能对人体健康产生危害时，就会启动快速预警系统，由生产商、进口食品监管部门通过新闻公报等形式向公众发出警告，及早中止有害食品的流通并尽快召回问题食品。 跨国食品企业集聚基地：法兰克福所在的黑森州是德国经济实力最强的联邦州之一，也是欧洲最具经济活力的地区之一。法兰克福周围的莱茵河和美因河地区是继鲁尔区之后德国第二大工业区

表6-11(续)

都市区	农产品与食品安全供给功能
美国纽约都市区☆☆☆☆☆	食品安全检测体系：美国食品安全监管体系分为联邦、州和地区三个层次。采取专业人员进驻食品加工厂、饲养场等方式，从原料采集、生产、流通、销售和售后等各个环节进行全方位监管，形成覆盖全国的立体监管网络。美国对食品加工的各个环节都要监督和检查。重视食品检验标准的制定，开发关键检测方法和快速检测方法。如农药残留检测，美国FDA多残留检测方法可检测360多种农药。 跨国食品企业集聚基地：聚集了一批食品制造企业，带动当地农业产业链、价值链不断延伸。如嘉吉公司，世界上最大私人控股公司、最大的动物营养品和农产品制造商，在59个国家拥有10万名左右的员工。农产品、食品、金融和工业产品及服务；百事可乐是全球第四大食品和饮料公司；卡夫食品，北美洲最大的食品公司，是世界第二大食品和饮料公司；玛氏食品，私人（家族）拥有的跨国公司，年销售额超过140亿美元；可口可乐公司，世界第一品牌，美国最大的软饮料、糖浆、果汁及咖啡、茶叶生产企业之一；泰森食品，美国鸡肉第一品牌，全球最大的鸡肉、牛肉、猪肉供应商和诸多品牌的深加工及方便食品的生产商，在美国鸡肉市场占有率为25%；Heinz亨氏，年销售额超过94亿美元；美国ADM（archer daniels midland，ADM），世界第一谷物与油籽处理厂、美国最大黄豆处理厂和玉米类添加物制造厂、美国第二大面粉厂、世界第五大谷物输出交易公司；美国邦吉公司（Bunge），世界第四大粮食出口公司、巴西最大的谷物出口商、美国第二大大豆产品出口商、第三大谷物出口商、第三大大豆加工商、全球第四大谷物出口商、最大油料作物加工商；美国嘉吉公司，美国第二大私有资本公司、法国第三大粮产输出公司、美国最大的玉米饲料制造商、美国第三大面粉加工企业和屠宰、肉类包装加工厂，最大的养猪和禽类养殖场；通用磨坊，世界第六大食品公司等

（5）文化传承功能。伴随农业技术的创新发展以及农业功能拓展，观光农业、休闲农业、精致农业和生态农业相继发展起来，成为都市农业重要的业态与组成部分。特别是为迎合都市民众对文化娱乐兴趣的不断增加，发达国家都市区越来越多的都市农业新业态融入了地方特色乃至国际多元文化元素，起到了文化宣传、推广和体验功能。包括将都市农业与特色传统文化相结合，如民俗文化体验园、历史文化古村、创意农业文化产业园等都市农业新业态，使参观者在体验过程中了解当地文化。

主要世界城市群中心城市都市农业文化休闲功能的比较见表6-12。

表 6-12　主要世界城市群中心城市都市农业文化休闲功能的比较

都市区	农业农村文化传承与休闲旅游功能
法国大巴黎区 ☆☆☆☆☆	独具地方特色的农业休闲旅游功能拓展：法国农场主要有四种类型，家庭农场主要进行生产活动，同时也起到生态绿化功能；教育农场由政府租用土地为农业部门所属培训；自然保护区主要保护环境和文化遗产、景观遗产以及村落和农业；家庭农园主要利用土地让市民体验劳动，同时作为城市的景观。在大巴黎区创意农业发展特色显著，利用农业作为城市景观，或者种植新鲜的水果、蔬菜、花卉等居民需要的产品，有的作为市民运动休闲的场所，有的作为青少年的教育基地。游客在法国葡萄园和酿酒作坊不仅可以参观，还可以参加农业体验之旅，参与酿制葡萄酒全过程，亲自酿酒并将酒带走，享受不一样的乐趣
英国伦敦大区 ☆☆☆☆☆	独具地方特色的农业休闲旅游功能拓展：英国近 1/4 的农场直接开展农业旅游。农业旅游的经营者绝大部分为农场主。每个农场景点都为游客提供参与乡村生产生活、体验农场景色氛围的机会。农场内一般设有一个农业展览馆并配以导游和解说词，介绍农业工作情况，备有农场特有的手工艺品，提供餐饮、住宿服务。多数景点有儿童娱乐项目。注重将农业旅游与文化旅游紧密结合起来，使游人在领略风景如画的田园风光中体味几千年历史积淀下来的民族文化。发展城市屋顶农场，如英国 Crossrail 站台屋顶花园。该项目场地位于一个五层的多功能大楼，是连接伦敦市东西两边的桥梁，同时也是金丝雀码头站台。该花园是一个独特的半遮盖式公共花园，将伦敦市 Poplar 区的住宅与金丝雀码头商业区连成一个整体。设计师主要运用了软景观元素，灵感源于那些来自国内外不同区域的货船，景观设计中融入了很多异域元素，与多元化的现实环境相互照应。蕨类、棕榈科、观赏草类等植物完美搭配，呈现出一种浓浓的异域情调
日本东京都地区 ☆☆☆☆	独具地方特色的农业休闲旅游功能拓展：以东京为代表的都市农业注重农业的观光休闲功能培育，强调运用先进的科学技术和耕作技术，把农业生产寓于城市生态环境与休闲功能建设之中。在东京周边地区，观光农业园发展迅速，包括综合性观光农场、观光农园、民俗农庄、教育农园等多种方式，成为城市居民闲暇时候的好去处。都市农业体验、休闲观光旅游是"田园城市"的重要组成部分，不仅能够作为市民观光旅游的重要场所，还兼具农业耕作体验和休闲的功能，并可体现农业传统文化及展示农业高新科技，为市民扩展放松身心的生活空间。发展城市屋顶农场，如位于日本东京银座商圈的屋顶农场——日本涩谷表参道屋顶菜园，成立了银座农园株式会社统一管理，进行本地生产和本地消费。它是住宅公共屋顶农场的典型代表，是一个以社区为基础，大家共同经营的种植场所。管理者在屋顶上开辟一块集中的地块，分成若干小地块，每个小地块租给社区周围的居民进行种植，这些小地块彼此之间是相互独立的，由租用者自行管理，居民可以在公共屋顶上按其爱好种植喜欢的蔬菜瓜果、香料及药材等。住宅公共屋顶农场不仅具有生产及绿化功能，让周围居民能够体验自给自足传统农耕文明的乐趣，同时也提供了一个促进邻里交流的绝佳场所

表6-12（续）

都市区	农业农村文化传承与休闲旅游功能
法兰克福 都市区 ☆☆☆☆	独具地方特色的农业休闲旅游功能拓展：20 世纪 90 年代以来，德国政府在倡导环保的同时，大力发展创意农业。主要形式是市民农园和休闲农庄。市民农园利用城市或近邻区之农地、规划成小块出租给市民，承租者可在农地上种花、草、蔬菜、果树等或经营家庭农艺。通过亲身耕种，市民可以享受回归自然以及田园生活的乐趣。种植过程中，绝对禁用矿物肥料和化学保护剂。休闲农庄主要建在林区或草原地带。一些企业还把团队精神培训、创造性培训等项目从公司封闭的会议室搬到开放的森林里，产生了意想不到的培训效果。慕尼黑郊区因其独特的"骑术治疗项目"及所实施的"绿腰带项目"系列行动方案而成为人们向往的休养之地
美国纽约 都市区 ☆☆☆☆☆	美国独特的乡村旅游与城市屋顶农场：美国乡村旅游主要包括农业旅游、森林旅游、民俗旅游、牧场旅游、渔村旅游和水乡旅游等，主要依托大规模的农场开辟大型郊游区供游钓、野营、骑马等郊游活动；开展农场、牧场旅游；每年参加农业旅游的人数达到 2 000 多万人次。此外，在都市区的城区充分利用建筑屋顶等空间以及水土肥现代技术，探索发展城区屋顶农业，如美国纽约布鲁克林农场是全球第一个，也是最大的商业屋顶农场，他们利用闲置的屋顶为社区生产健康蔬菜、发挥生态效益，成为盈利的都市农业。即使采用商业模式经营，他们也并没有因此丧失当初的愿景与使命，就是以社会企业的精神，提供社区居民美味的有机食物、改变人们对食物的观念，也让整座城市更凉快

（6）生态保护功能。都市现代农业集生产、生活、生态功能于一体，稻田是人工湿地，菜园是人工绿地，果园是人工园地，麦田可抑制扬尘，都发挥着"都市之肺"的生态涵养作用。发达国家大都市地区逐步认识到城市发展离不开农业，农业农村是城乡有机协同发展的重要组成部分，特别是在生态保护与涵养等方面发挥着重要功能。各都市区均注重保护利用现有农业生态资源。通过把成都市郊区废弃的土地、未开发的荒地、荒坡、盐碱地变为绿地等方式，既增加了农业生产用地，也改善了城市生态管理。改善修复已破坏生态资源，由于都市农业对单产、品质、人文等因素要求较高，因而对产业发展环境要求也更高。通过土地整理、参与高标准农田建设、完善城郊基础设施建设和休闲农业园区、建设特色小镇、修复养殖海域河道等可以明显改善农业生产环境和城郊生态环境。

主要世界城市群中心城市都市农业生态功能的比较见表 6-13。

表 6-13　主要世界城市群中心城市都市农业生态功能的比较

都市区	都市农业生态保护与涵养功能
法国 大巴黎区 ☆☆☆☆☆	规范城市空间秩序、夯实城乡生态基底：巴黎大区规划与城市建设时间历经数次调整变迁，但对自然、土地、农业保护一脉相承，使得巴黎大区在实现高度城市化以后，仍保有近80%的生态空间，其中约50%为农用地。利用农业把高速公路、工厂等有污染的地区和居民分隔开来，营造宁静、清洁的生活环境。一望无际的广袤农田，构成了巴黎大区全景图中开阔而美丽的景观面貌，农业与城市相辅相成。中心城区的近郊地区是蔬菜、水果、花卉等园艺作物及多种畜禽主要产区，农业结构呈现多元化；距离中心城区较远的区域以规模化的大田作物种植为主，主要实施三年轮作制度，以小麦、黑麦作为冬季作物，燕麦或大麦作为春季作物
英国伦敦 大区 ☆☆☆☆☆	规范城市空间秩序、夯实城乡生态基底：伦敦大区通过英国政府实施的"绿色发展计划"推广可再生能源、农药安全管理、综合养分管理、多样性种植、休耕轮作、风能太阳能等技术，支持农村改善环境，维护生物多样性，保护自然资源，增强公众保护环境的意识。伦敦大区的农场还通过旅游开发来保护农场环境及农村生态环境，英国大约有2.5万名农场主参加了以保护农村风景为主的农业环境计划，种植了总长4万千米的灌木篱笆墙，他们还管理着23万个农用水塘，大大丰富了农业旅游资源。同时，在伦敦农业融入了城市环境管理系统，在市政府的废物处理战略中发挥了关键作用。有机废物的循环利用，大大降低了市政府潜在的废物处理和填埋成本
日本东京都 地区 ☆☆☆☆	规范城市空间秩序、夯实城乡生态基底：1991年，日本出台《绿地改正法》，规定城市街区规划内的农地明确区分为用作宅基地的农地和用于30年农业经营的农地生产绿地；同年，日本规定生产绿地地区内的农地可以缴纳低水平的税赋，而其他农地则继续缴纳相当宅基地的税赋。2015年，日本专门制定了《都市农业振兴基本法》，明确规定国家和地方政府在税收减免、培育新型农业经营者、确保都市农业农地等方面对划入市街化地区的都市农业采取相应的优惠政策措施，规定了都市农业的区域范围
法兰克福 都市区 ☆☆☆☆	规范城市空间秩序、夯实城乡生态基底：森林都市农业，如德国的法兰克福是工业发达、交通便利的城市，但为了减少工业化对城市环境的污染，在都市农业区内大量发展森林，使其成为森林城市，而农产品采取进口以满足城市居民的需求

表6-13(续)

都市区	都市农业生态保护与涵养功能
美国纽约都市区 ☆☆☆☆☆	规范城市空间秩序、夯实城乡生态基底:纽约大都市地区从中心区的曼哈顿向四周呈现同心圈层结构,土地利用类型从商业用地逐渐变为居住用地和林地,沿着发展轴线向外扩展融合形成从点轴扩散到联网辐射的空间结构。都市农业如网络般分布在城市区域内部,都市与农业、农村交叉融为一体。在CBD、商业中心,利用先进科学技术发展占地小产量高的水栽法绿室、垂直温室、屋顶农场、阳台农业、公园菜地、后院田园、农业校园等生态城市农业形态,如著名的布鲁克林农场、蝴蝶状垂直温室大楼、曼哈顿炮台公园菜地等,除提供新鲜果蔬之外,还发挥生态景观、农耕体验、休闲娱乐、科普教育等功能

6.1.3.2 与主要国家或地区水平的比较

围绕打造具有国际竞争力的成都都市现代农业,重点选择代表全球现代农业最高水平和不同类型的国家与地区,以及代表国内具有领先水平的国家中心城市的都市农业,进行国内外系统比较。其中,国外以日本、韩国、法国、德国、意大利、英国、荷兰、美国、以色列、西班牙(以下简称"十国")为对象,国内以北京、上海、广州为对象。

(1)农业结构比较。总体来看,成都市的畜牧业仍有发展潜力,粮食作物比重应进一步保障稳定,食饮品与烟草制造业仍有提升空间。农业产业结构是衡量区域农业现代化进程的重要指标,世界发达国家基本上已经完成工业化、城镇化进程,农业增加值占GDP的比重均在3%以下。目前成都市农业增加值占GDP的比重为3.9左右,接近世界发达国家的水平。从种植业与畜牧业结构来看,发达国家畜牧业占比大都在30%以上,畜牧业的产值大多大于种植业,十国种植与畜牧产值之比平均为0.91:1,目前,成都市种植与畜牧结构之比为1.33:1;从种植业内部来看,除以色列、荷兰等资源禀赋限制较显著的国家之外,粮食作物均占有较高的比重,十国粮食作物平均比重为25.7%,成都市粮食作物平均比重为16.2%;从农业产业链延伸来看,发达国家食饮品与烟草制造占制造业增加值的比重多数在15%以上,十国平均值为13.9%,食饮品、烟草制造与农业增加值之比平均在1:1之上,十国平均值为1.8:1。目前,成都市这两项指标分别为10.75%和0.94:1,也低于全国平均水平,显著低于北京、上海、广州4.24:1的平均水平,产业链延伸程度相对滞后较为显著。

对成都市都市农业产业结构国内外的比较见表6-14。

表 6-14 对成都市都市农业产业结构国内外的比较

国家 （地区）	农业增加值 占 GDP 比重 /%	农业种植与 畜牧的总产 值之比	粮食作物产值 占种植业产值 比重/%	食饮品与烟 草制造与农业 增加值之比	食饮品与烟草 制造占工业 增加值比重/%
法国	1.64	1.01∶1	22	1.10∶1	16.84
德国	0.61	0.42∶1	33.2	2.94∶1	7.06
荷兰	1.83	0.32∶1	4.3	1.39∶1	19.73
以色列	1.30	0.77∶1	4.5	1.18∶1	11.22
意大利	2.11	1.10∶1	14.7	0.97∶1	11.45
日本	1.16	0.78∶1	33.1	2.77∶1	12.89
韩国	2.19	1.05∶1	41.6	0.82∶1	5.96
西班牙	2.76	2.44∶1	14.1	1.12∶1	20.33
英国	0.60	0.39∶1	34.6	3.19∶1	18.32
美国	1.05	0.79∶1	55.2	1.55∶1	15.16
成都	3.9	1.33∶1	16.2	0.94∶1	10.75
北京	0.5	1.18∶1	—	2.52∶1	—
上海	0.4	2.37∶1	—	6.76∶1	—
广州	1.22	3.66∶1	—	3.44∶1	—
全国	8.6	1.87∶1	22.6	1.07∶1	11.5

数据来源：世界银行、联合国粮食及农业组织、国内统计年鉴。

（2）土地产出率比较。总体来看，成都市的土地产出率已经达到世界较高水平，土地资源利用经济效率与效益较高，拥有适度比例的耕地规模。成都市人均耕地面积 0.038 公顷，土地资源禀赋与日本、韩国、以色列等国家平均水平相当。从三大谷物单位面积产量水平来看，成都市已达到 6 578 千克/公顷，接近十国的平均水平（6 625 千克/公顷）。特别是成都市的柑橘、茶等单位面积产量位居世界领先水平。从土地产出价值来看，成都市单位耕地面积农业增加值已达 12 505 美元/公顷，远超全国的平均水平（7 102 美元/公顷），也超过了北京、上海等地，远高于法国、德国、西班牙、英国等国家，与日本、韩国、荷兰、以色列等土地资源紧缺国家的产出价值相当。但成都市的蔬菜、水果两大经济作物的单位农地产出价值相对明显偏低，仅分别为十国平均值的 43.3% 和 46.8%。

对成都市都市农业土地产出效率国内外的比较见表 6-15。

表 6-15　对成都市都市农业土地产出效率国内外的比较

国家 （地区）	耕地面积 占国土面积 比重/%	人均耕地 面积 /公顷/人	单位耕地面积 的农业增加值 /美元/公顷	三大谷物 单产 /千克/公顷	单位土地面积 地蔬菜产值 /美元/公顷	单位土地面积 地水果产值 /美元/公顷
法国	33.7	0.277	2 402	5 903	36 491	15 629
德国	33.9	0.145	1 623	7 872	22 133	13 837
荷兰	30.6	0.061	12 360	8 111	28 847	20 632
以色列	13.7	0.035	11 877	5 260	10 998	32 913
意大利	22.4	0.108	5 331	5 860	22 764	7 759
日本	11.5	0.033	13 552	5 217	36 095	49 735
韩国	15.0	0.028	19 223	7 132	36 869	23 824
西班牙	24.6	0.265	2 518	4 564	21 595	6 362
英国	24.8	0.092	2 368	7 879	35 982	25 337
美国	14.6	0.474	1 206	8 458	36 728	13 190
成都	31.7	0.038	13 453	6 578	12 505	9 786
北京	13.4	0.01	8 913	6 379	—	—
上海	30.1	0.007	8 641	7 339	—	—
广州	11.1	0.006	43 775	5 176	—	—
全国	19.5	0.097	7 102	6 095	14 427	10 325

数据来源：世行世界发展指标、联合国粮食及农业组织、国内统计年鉴。

（3）劳动生产率比较。总体来看，成都市劳均耕地规模受先天资源禀赋约束显著较小，劳动生产效率水平滞后最为显著。目前，成都市城镇化水平已经接近欧盟主要国家平均水平，与世界中心城市相比仍有空间，但考虑我国人口大国独特的城镇化规律，全市农业劳动力转移空间仍旧有限，如果将农业就业人数比重降至日本、韩国的水平，劳均耕地面积也仅与日、韩相当，仍远低于欧盟主要国家。成都市单位农业劳动力创造农业增加值接近 5 000 美元/人，远低于十国的平均水平（50 494 美元/人），仅为其 1/10。与资源禀赋相近的国家相比，仅相当于日本的 1/5、韩国的 1/4、以色列与荷兰的 1/20。

对成都市都市农业土地产出效率国内外的比较见表 6-16。

表 6-16　对成都市都市农业土地产出效率国内外的比较

国家(地区)	城镇化率/%	农业就业人数比重/%	农业劳均耕地面积/公顷/人	单位农业劳动力的农业增加值/美元/人
法国	79.75	2.87	25.9	62 162
德国	75.51	1.28	20.8	33 787
荷兰	91.01	2.21	5.8	71 732
以色列	92.21	1.07	7.4	88 470
意大利	69.12	3.92	8.1	43 357
日本	93.93	3.49	1.8	24 435
韩国	82.59	4.89	1.0	19 389
西班牙	79.81	4.14	16.8	42 229
英国	82.84	1.11	15.7	37 252
美国	81.79	1.66	68.1	82 128
成都	70.62	16.1	0.4	4 968
北京	86.5	4.1	0.44	3 941
上海	87.9	3.32	0.42	3 627
广州	86.06	7.4	0.13	5 804
全国	57.35	27.7	0.63	4 461

数据来源：世行世界发展指标、联合国粮食及农业组织、国内统计年鉴。

（4）资源利用率比较。总体来看，由于我国农业水土资源利用率较高，成都农业资源利用水平已与发达国家相当，但与国内相比仍有些滞后，化肥使用强度仍然较高。2016 年，成都市总用水量达到 61.04 亿立方米，未超过省下达的 2016 年用水总量控制指标 64.0 亿立方米。其中，第一产业用水 32.34 亿立方米，占总用水量的 52.98%，包括农田灌溉用水 27.56 亿立方米，农田灌溉水有效利用系数达到 0.54。成都市单位农业用水创造的农业增加值达到 2.2 美元/立方米，已经超过日本、韩国、西班牙等国家的水平，但低于全国平均水平，距离以色列等世界节水农业领先国家仍有较大差距。从化肥、农药使用强度来看，成都市单位耕地化肥使用量仍在 350 千克/公顷，与十国相比仅略低于韩国平均水平，是日本的 1.57 倍、欧盟六国的 1.71 倍、美国的 2.55 倍。成都市较高的土地产出水平尽管受益于科技、装备等现代要素投入，但仍依赖于高密集劳动力和高强度化肥、农药投入。

成都市都市农业资源利用效率国内外的比较见表6-17。

表6-17　成都市都市农业资源利用效率国内外的比较

国家(地区)	农业用水占总用水量比重/%	单位农业用水的农业增加值/美元/万立方米	单位耕地面积农药使用量/千克/公顷	单位耕地面积的化肥用量/千克/公顷
法国	10.4	14.3	3.9	168.73
德国	0.64	91.1	4.0	202.22
荷兰	0.56	212.7	9.7	258.15
以色列	55.78	4.5	20.4	240.24
意大利	42	1.6	9.1	128.92
日本	66.83	1.0	12.1	222.78
韩国	54.66	1.8	13.5	368.99
西班牙	68.19	1.2	5.0	150.51
英国	12.77	13.9	3.2	246.88
美国	30.06	1.5	2.7	137.03
成都	52.98	2.2	—	350
北京	15.5	3.3	—	442
上海	11.0	1.3	20.4	480
广州	16.3	3.4	40.6	1 387
全国	62.4	2.5	—	443

数据来源：世行世界发展指标、联合国粮食及农业组织、国内统计年鉴。

（5）农业设施装备比较。总体来看，成都市农业设施装备条件不断改善，单位耕地的固定资产投资强度已经高于欧盟、美国等国家，但劳均固定资产投资强度远远滞后。在农业灌溉条件方面，由于法国、德国、荷兰、英国等欧盟国家农业气候降水条件较好，主要是雨养农业，与成都市可比性较低，可比性较强的日本、韩国、以色列等国家的农业灌溉用地占农用地面积比重均在30%以上，成都市相对偏低。在农业机械化方面，成都单位耕地面积的农机数量已经接近土地资源禀赋相对较好的英国、德国、西班牙等国家，但远落后于资源禀赋相似的日本、韩国、荷兰等国家。从农业基础设施、物质装备等固定资产投资强度来看，成都单位耕地面积固定资产投资强度已接近发达国家水平，但劳均固定资产占有额远远落后于发达国家，仅为欧洲国家的8.9%、美国的5.2%、日本的25%、韩国的60%。

成都市都市农业设施装备的国内外比较见表6-18。

表6-18　成都市都市农业设施装备的国内外比较

国家（地区）	单位耕地面积农机数量/台·平方千米	灌溉条件用地占农用地面积比重/%	单位耕地固定资产形成额/美元·公顷	劳均固定资产占有额/美元·人
法国	64 020	4.95	862	22 302
德国	83 830	2.190	1 068	22 231
荷兰	130 150	5.51	6 558	38 058
以色列	69 530	32.58	2 649	19 735
意大利	211 710	19.08	1 775	14 433
日本	453 210	34.8	3 931	7 088
韩国	111 540	51.63	3 098	3 125
西班牙	83 120	14.56	422	7 079
英国	76 060	0.28	1 478	23 244
美国	27 120	5.53	527	35 864
成都	66 500	28.59	5 082	1 877
北京	54 400	29.2	6 853	3 030
上海	68 900	64.3	323	136
广州	52 100	15.6	3 869	513
全国	171 600	10.49	2 102	1 320

数据来源：世界银行世界发展指标、联合国粮食及农业组织、国内统计年鉴。

（6）农业资金投入比较。2017年，成都市农林水事务支出104.7亿元，占财政支出的6.56%，远高于其他国家财政总支出中农业支出的比重。但从农业财政投入相对于农业增加值规模的比较来看，成都市农业财政投入占农业增加值的比重为22.1%，低于全国29.2%的平均水平，远低于北京、上海、广州对都市农业的财政支出。发达国家该项指标一般在10%以上，特别是日本、韩国等国家分别达到77.6%、38.8%，美国也达到了53.2%。全市农业财政投入支持力度仍然相对较小。

成都市都市农业资源利用效率国内外的比较见表6-19。

表6-19　成都市都市农业资源利用效率国内外的比较

国家（地区）	财政农业投入占财政支出比重/%	农业财政投入占农业增加值比重/%
法国	0.37	13.7

表6-19（续）

国家（地区）	财政农业投入占财政支出比重/%	农业财政投入占农业增加值比重/%
德国	0.46	40.9
荷兰	0.36	11.5
以色列	0.50	17.4
意大利	0.58	18.1
日本	2.29	77.6
韩国	3.72	38.8
西班牙	0.82	15.9
英国	0.30	28.0
美国	1.54	53.2
成都	6.56	22.1
北京	6.92	341.7
上海	5.26	417.0
广州	3.72	30.3
全国	9.90	29.2

数据来源：世行世界发展指标、联合国粮食及农业组织、国内统计年鉴。

考虑到所选择的十国基本上代表了全球现代农业最发达水平，如果以十国的平均值作为当前全球现代农业的领先标准，通过对比成都市各项指标现状值，可以得出成都都市现代农业各指标实现程度。重点针对结构优化度、土地产出率、劳动生产率、环境友好度、设施装备度五个方面，选择畜牧与种植产值之比，并且选择食饮品和烟草制造与农业增加值之比、单位耕地面积的农业增加值、三大谷物单位面积产量、单位农业劳动力的农业增加值、单位耕地面积的化肥用量、单位耕地面积农机数量、灌溉条件耕地占总耕地面积的比重、劳均固定资产投资额等十项指标。通过将成都都市现代农业单项指标的实际值与标准值进行比较，可以确定都市现代农业单项指标的实现程度，并根据现代农业各项单项指标实现程度的算术平均值确定都市现代农业综合水平实现程度。其计算步骤和公式如下：

第一步，测算现代农业单项指标实现程度。

正向指标：
$$MAI_i = \frac{Ind_i}{lns_i} \times 100\%$$

逆向指标:
$$MAI_i = \frac{1}{(Ind_i/lns_i)} \times 100\%$$

第二步,测算现代农业综合实现程度。

$$MAI = \frac{\sum_{i=1}^{8} MAI_i}{8}$$

公式中,MAI_i 为现代农业指标 i 的实现程度,Ind_i 为指标 i 的实际值,lns_i 为指标 i 的标准值。综合以上指标的对比结果,不同的指标呈现出的差异较大,根据综合实现程度公式,计算出成都都市现代农业各项指标的综合实现程度平均为 55.2%,高于全国平均水平(52.7%)、广州市(49.7%)的都市农业实现程度,但仍明显低于北京(63%)、上海(60.9%)的都市农业实现程度。其中,劳动生产率普遍滞后显著,成都市的都市农业实现程度仅为 9.8%;成都土地产出率实现程度较高,达到 99%,与发达国家水平相当。

成都与国内主要中心城市重要指标实现程度蛛网比较见图 6-3。

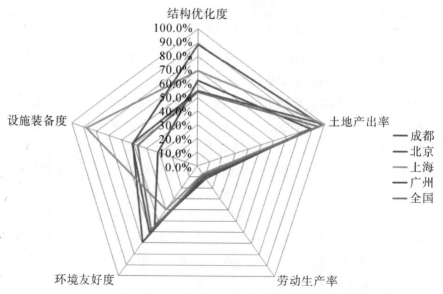

图 6-3 成都与国内主要中心城市重要指标实现程度蛛网比较

成都市都市农业现代化各项指标实现程度的比较见表 6-20。

表 6-20　成都市都市农业现代化各项指标实现程度的比较　　单位:%

一级指标	二级指标	成都	北京	上海	广州	全国
结构优化度	种植与畜牧产值之比	68.8	77.7	38.7	25.1	49.1
	食品制造与农业之比	40.9	100.0	100.0	100.0	59.1
土地产出率	谷物单位面积产量	99.3	96.3	100.0	78.1	92.0
	单位耕地增加值	100.0	100.0	100.0	100.0	98.1
劳动生产率	单位劳动力增加值	9.8	7.8	7.2	11.5	8.8
环境友好度	单位耕地化肥使用量	60.6	48.0	44.2	15.3	47.9
	单位用水的农业增加值	60.4	90.7	35.7	93.4	68.7
设施装备度	单位耕地拖拉机数量	50.8	41.5	52.6	39.8	100.0
	有灌溉条件的农地比重	93.6	95.6	100.0	51.1	34.4
	单位劳动力固定资产投资	9.7	15.7	0.7	2.7	6.8

6.1.4　面临的形势、任务和要求

6.1.4.1　乡村振兴战略五大振兴的总体要求

实施乡村振兴战略,是以习近平同志为核心的党中央在深刻把握我国国情,深刻认识我国城乡关系变化特征和现代化建设规律的基础上,着眼于党和国家事业全局,着眼于实现"两个一百年"的伟大目标和补齐农业农村短板的问题导向,对"三农"工作作出的重大战略部署、提出的新的目标要求。成都市作为全国统筹城乡综合配套改革试验区和全国第二批农村改革试验区,将迎来全面深化城乡综合配套改革的新阶段,农村金融、生态文明、公共服务等重点领域和关键环节先行先试的发展机遇依然存在,农村户籍制度改革、农村产权制度改革、农村土地综合整治等方面将释放更多的改革红利,这必将进一步激发农村创新创业活力,释放农业农村发展潜力,助力成都农业和农村发展。

6.1.4.2　农业供给侧结构性改革深入推进

目前,我国正处于农业发展方式加快转变、农业现代化水平快速提升的关键时期,以结构调整为核心,以降低生产成本、加强农业供给薄弱环节为主要任务的农业供给侧结构性改革将在"十三五"时期甚至更长的时间内处于突出位置。可以预见,未来农业供给侧结构性改革将向数量、质量、效益并重转变,这将为成都农业内部结构调整、农产品质量提升、农业多功能拓展、农业综合效益提高注入强劲动力。

6.1.4.3 成都国家中心城市与世界公园城市建设的区域升级

从成都市来看，伴随成都市产业体系和经济实力不断增强，近年来先后完成了由省会城市到区域性中心城市再到建设国家中心城市三级跳，在全国的引领、辐射、集散功能不断提升。2015 年，成都市入选美国智库发布的全球城市排行榜 100 强，是中国入选的十大城市之一，代表了中国城市发展最高水平。2016 年，成都市被纳入国家中心城市建设范畴，以建成西部地区重要的经济中心、科技中心、文创中心、对外交往中心和综合交通枢纽为主要目标。成都市委、市政府提出加快建设六大现代产业体系，包括先进制造业、高新技术服务业、现代金融服务业、现代物流业、开放型经济、文化创意产业。按照建设国家中心城市的定位要求，成都市委、市政府编制了《成都市总体规划（2017—2035）》，提出"中心城区＋郊区新城"的双城发展思路和"东进、南拓、西控、北改、中改"的十字空间布局战略，促进城市可持续发展，对全域都市农业的功能定位与空间布局提出了新的要求。目前，成都都市农业正处于起步阶段，集中连片的大块农地主要分布在西部区域，且随着非农化和城市化进程的持续推进，未来都市农业的发展规模很难实现大规模的集中连片经营，生产规模以经济和生态适度为准，既不会达到欧美那么大，也不会如日本都市农地那么破碎，而是以镶嵌于密集的非农建筑和非农设施之间的点、块、带相结合的农业用地空间结构为主要特征。遵循这一特征规律，需要与国家中心城市建设相契合，按照城乡融合发展的理念与要求，围绕培育具有国际竞争力的都市农业新高地，明确全市都市农业发展的空间策略。

6.1.4.4 "一带一路"对外开放合作战略带来新空间

全国农业对外开放格局加速形成，在国家"一带一路"倡议和"长江经济带"战略背景下，成都以建设国家中心城市为目标，加快推动天府国际机场建设并整体代管简阳，未来将面向天府新区、成都经济区、泛成都经济区、成渝经济区、成渝西昆贵钻石经济圈、泛珠三角、长三角、京津冀，建设国际性区域航空、铁路和国家区域性高速公路枢纽，同时将依托蓉欧快铁和中亚班列，建设国际区域物流中心。"蓉欧＋"等一系列战略的深入实施，将为成都农业龙头企业、优势品牌和特色农产品"走出去"提供更加广阔的空间，也将为先进农业资金、技术、人才、企业"引进来"提供更加开放的市场环境。

6.1.4.5 农业资源环境等生态约束日趋显著对农业高质量发展提出迫切要求

农业生态环境保护和修复日益成为农业农村现代化突出短板，农业资源定价机制、生态利益补偿机制和奖惩机制尚未健全，农业环境治理和资源使用成本仍未完全"内部化"，单纯依靠市场机制难以解决农业生态恶化问题。当前，成都市龙泉山脉等地生态较为脆弱，土地水土流失情况依然存在，建设用地需求与耕地保护矛盾日益突出。目前，成都市人均耕地仅为 0.6 亩，远低于联合国粮农组织确定的人均耕地 0.8 亩的警戒线；人均占有本地水资源量仅为 600 立方米，仅占全国人均水资源量的 1/4 左右，远低于国际公认的严重缺水警戒线 1 700 立方米/人，被列为全国 400 个缺水城市之一。耕地和水作为农业发展的两大战略性资源，其供需矛盾将持续存在，加之工业化和城镇化发展将持续挤压农业用地空间，农业功能多样化发展将受到制约。加快农业绿色发展迫切要求统筹农业发展对生产、生活、生态协调发展的支撑作用，加快农业生产方式和资源利用方式的有效转变，推动形成资源利用高效、生态系统稳定、产地环境良好、产品质量安全的农业发展新格局。

6.1.5 新高地定位

6.1.5.1 总体定位

根据产业集聚生命周期理论，为实现成都市现代都市农业产业集聚的高质量发展，需要遵循机制规律，立足成都市独特区位、资源、产业等优势，对接国家中心城市建设，着眼于"立足成都、服务全川、辐射西南"，打造具有中国特色、世界领先地位的都市现代农业新高地，重点突出以下四个方面的新高地定位。

（1）全国城乡融合体制机制与政策创设试验高地。充分发挥成都市在全国农村综合改革创新领域的先发优势，顺应城乡融合发展趋势，持续深化体制机制改革与创新，重塑城乡关系，更好激发农村内部发展活力、优化农村外部发展环境，推动人才、土地、资本等要素双向流动，为乡村振兴注入新动能，面向全国输出成都经验与模式。

（2）全国都市现代农业产业科技创新应用高地。依托国家现代农业产业科技创新中心等一批国家级创新平台建设，立足国家和西南地区农业重大科技需求，开展应用基础性、战略性、前瞻性科技创新，以产业技术创新、成果转移孵化"双轮驱动"为特色，以都市农业、智慧农业、功能农业等前沿领域的技术突破为重点，打造与世界农业科技创新前沿相衔接，面向西南、引领全国的农业产业科技创新高地。

（3）全国农商文旅深度融合与新业态引领高地。充分利用成都作为全国休闲农业与乡村旅游发源地的领先优势与行业影响力，与新时代乡村文化振兴紧密结合，推进天府农耕文化传承创新发展，打造一批具有全国影响力的乡村农商文旅深度融合综合体，培育具有国际影响力的都市农业会展与论坛，打造成为全国农商文旅深度融合与乡村旅游业态创新引领的新高地。

（4）西部地区农产品冷链物流与交易展示高地。充分利用成都国家中心城市、西部地区开放门户的区位优势，结合天府美食等地域特色品牌推广，依托西南地区丰富优质的特色农产品资源优势，建设具有全国影响力的农产品冷链物流与交易中心，实现西南地区面向全国乃至全球主要生鲜农产品快速、大批量集散和分销，打造面向全川、辐射西南产品冷链物流与交易展示新高地。

6.1.5.2 功能体系

围绕全国城乡融合体制机制与政策创设试验高地、全国都市现代农业产业科技创新应用高地、全国农商文旅深度融合与新业态引领高地、西部地区农产品冷链物流与交易展示高地等总体定位要求，统筹考虑都市现代农业在保障食品供给、传承乡村文化、保护生态价值等方面的内容，将成都市都市现代农业新高地的功能体系聚焦在"六地"（产业价值高地、科技创新重地、文化创意源地、展会交易胜地、对外合作基地、生态宜居福地）。

（1）产业价值高地功能：大力推进乡村振兴产业兴旺，突出全市特色优势农业产业，大力推进农业标准化、专业化、规模化生产，发展壮大农产品精深加工，延长农业产业链条，培育一批知名品牌，提高农业效益。构建辐射全川、带动西南的天府食都产业体系，培育千亿元食品饮料产业集群。

（2）科技创新重地功能：发挥成都区位与科研优势，抢抓全球生物技术、信息技术变革机遇，以破解资源约束、提升效率价值、满足营养需求三大导向为重点，建设西南地区国家农业科创中心，推动产、学、研相结合，以市场需求为导向、企业为主体，加大科技创新和应用力度。

（3）文化创意源地功能：大力发展农业农村创意文化产业，壮大乡村创意经济，推进全市乡村文化振兴，以创意产业激活全市都市农业转型升级内在动力，让乡村坚守城市历史文化底蕴，保护好农村历史文化和自然景观，保持乡村特色和乡风民俗，强化服务于传承天府农耕文明的文化传播功能。

（4）展会交易胜地功能：发挥农业主产区的优势，农业基地距离城区近、运输半径短的优势，最大限度地满足城市居民的食品需求。充分利用全市的文化、区位、农业等综合优势，结合文化创意产业发展，打造具有世界影响力的都市农业会展交易胜地。

（5）对外合作基地功能：契合成都市国际门户枢纽城市的定位，全力服务国家开放大局，充分发挥成都联结"一带一路"和长江经济带的枢纽作用，推动成都农业对外开放合作，立足成都、辐射西南、面向国内外，将成都市打造成为"一带一路"沿线农业对外开放合作的重要枢纽。

（6）生态宜居福地功能：充分发挥都市现代农业集生产、生活、生态功能于一体的特点，稻田是人工湿地，菜园是人工绿地，果园是人工园地，麦田可抑制扬尘，都发挥着"都市之肺"的生态涵养作用，强化服务成都城乡居民的生态宜居功能，打造西南地区乡村振兴生态振兴的典型示范。

6.1.6 总体思路

深入贯彻习近平新时代中国特色社会主义思想，全面落实中央"四个全面"战略布局、四川省委"三大发展战略"、成都市委关于推动形成"一干多支、五区协同"新格局、"四向拓展、全域开放"新态势的发展方向，以全面实施乡村振兴战略为总体要求，以加快构筑成都都市现代农业高地为总体部署，以培育具有国际竞争力的都市农业产业生态圈为重要路径，抢抓知识经济全球化带来的技术、商业、开放等变革机遇，以强化科技驱动、文创驱动、开放驱动三大核心驱动为内在动力，以建设服务全川、辐射西南的都市现代农业产业体系，绿色引领、科技驱动的都市现代农业生产体系，主体融合、竞争力强的都市现代农业经营体系，深度融合、互惠互利的城乡融合体制机制与政策体系等四大体系为重点任务，将成都市全面建设成为独具中国特色、世界领先的都市现代农业新高地。

6.1.7 核心驱动

6.1.7.1 构建创新生态圈，建立西南地区国家农业科创中心

当今科技创新融合化、加速化，创新竞争国际化、加剧化的特征和趋势，学科交叉融合日益深化，信息科技、材料科技飞速发展引领农业科技诸多领域，深入开展分子水平、基因水平、纳米水平创新，农业科技向医药、化工、能源、环保等领域加速延伸，显现出引领性、突破性、颠覆性的显著特征，生物基因组学已成为国际种业竞争的制高点，基因组选择、基因编辑与定点突破及高频重组技术成为新突破点。以物联网、云计算、大数据为代表的现代信息技术与农业的结合更紧密，数据的获取、传输和分析服务日益便捷高效，农机装备在融合现代微电子技术、仪器与控制技术基础上，加速提升数字化、智能化、机电一体化水平。提升成都市都市农业科技创新能力，着力打造驱动区域农业转型升级和深化农业供给侧结构性改革的新动力，探索都市农业、智慧农业、生态循环农业发展的新路径，解决制约西南地区乃至全国农业农村可持续发展的基础性、方向性、全局性、关键性问题，建成世界一流、国内领先的农业科技创新公共中心和成果试验示范转化中心，以及服务高效、人才聚集的产学研合作与科技金融一体化中心，形成具有较强国际影响力的农业科技硅谷和国家现代农业试验示范基地。

第一，科技创新方向：突出三大导向、聚焦十三项技术领域。

（1）以突破资源约束为导向，构建农业绿色发展技术体系，推动形成资源利用高效、生态系统稳定、产地环境良好、产品质量安全的农业发展格局。聚焦以下五大技术创新方向：一是水资源利用技术。未来30年里淡水和食物的缺乏将会在世界上制造更多的冲突，全球大约25%的农地已经由于过度耕作、干旱和污染等原因造成严重退化。当前，全球低收入或贫困人口每天的淡水使用量为5~10升/人，而不断增长的中产阶级与高收入人口每天的使用量达50~150升/人。预计到2045年，全球超过40%的人口将会面临缺乏淡水资源的问题，未来海水淡化、微型灌溉、污水回收、雨水收集等科技将会缓解人类淡水资源供需矛盾。二是清洁生产与农业面源污染防治技术。突破农林生态系统氮磷、有毒有害化学品与生物、重金属、农林有机废弃物等污染机理基础理论及防治修复重大关键技术瓶颈，提升技术、产品和装备标准化产业化水平。研究化肥农药减量高效施用方

法、配套产品及施用装备，开展主要作物分区域"双减"技术集成与示范，构建化肥农药减施增效与高效利用的理论、方法和技术体系。三是农业资源循环综合利用技术。研究农林废弃物（农作物秸秆、畜禽粪便、林业剩余物等）和新型生物质资源（能源植物、微藻等）的清洁收储、高效转化、产品提质、产业增效等新理论、新技术和新业态，使农林生物质高效利用技术进入国际前列，利用率达到80%以上。开展畜禽养殖减排综合技术、秸秆综合利用、菌渣废弃物综合利用、动植物病虫草害与疾病疫病绿色防控等技术研究与示范。四是农业生物制造技术。围绕农业绿色发展投入品需求，以生物农药、生物肥料、生物饲料为重点，开展作用机理、靶标设计、合成生物学、病原作用机制、养分控制释放机制等研究，创制新型基因工程疫苗和分子诊断技术、生物农药、生物饲料、生物肥料、植物生长调节剂、生物能源、生物基材料等农业生物制品并实现产业化。五是食物生产资源替代技术。封闭的水培系统、垂直城市农场以及其他新技术可以使农作物在没有耕地的情况下种植。科学家们正在研究从实验室培养中"种植"肉类的方法，这种方法可以提高获取蛋白质的机会，而不会对动物的环境和资源造成影响。如垂直农场总部位于美国新泽西州的Aero Farms公司正在纽瓦克市一个 69 000 平方英尺（1 平方英尺≈0.093 平方米）的仓库里建造世界上最大的垂直农场，2016 年开始生产，每年可以生产 200 万磅（1 磅≈0.454 千克）绿叶蔬菜。

（2）以提升生产效率为导向，构建资本密集、劳动集约型农业技术体系，合理优化资本与农业劳动力配置比例，显著提升农业劳动生产效率、农业产品品质、农业国际竞争力，降低农业生产成本。聚焦以下四大技术创新方向：一是农业生物技术。以农作物、畜禽水产和林果花草为重点，突破种质资源挖掘、工程化育种、新品种创制、规模化测试、良种繁育、种子加工等关键核心技术，培育具有较强核心竞争力的现代种业企业，通过基因改造农作物技术有效提升农业劳动生产效率和土地产出效率，如抗旱抗病作物品种的转基因研发将有效促进农业产量提升。二是智慧农业技术。构建大田和果园精准生产、设施农业智能化生产及规模化畜禽水产养殖信息化作业等现代化生产技术系统。重点利用机器人自动化和微灌技术使农业更有效率和高产。其中，农业无人机领域近年一直吸引着风险投资者的极大关注。三是丘区农机装备技术。突破决策监控、先进作业装置及制造等关键核心技术，研发高效环保农林动力、多功能与定位变量作业、农产品产地处理与干燥等技术与装备，开展农作物耕种收、施肥、植保、节水灌溉、收获后处理等环节丘区机械化生产技术研究及装备开发。四是农业物联网集成技术。以设施栽培、智能管控、自动化采获气调保鲜等为重点，集成运用物联网、远程控制技术，开展作物生长信息、环境因子信息采集与处理、水肥药一体化实时监控、信息溯源及关键生产环节机械化技术研究与设备开发。研究土壤水分传感技术、土壤温度速测技术、肥水定量灌溉技术等新型微机测控技术。

（3）以保障营养需求为导向，构建健康营养食品技术体系，加快拓宽农业产业链条，提升产业链与价值链，农副产品加工与食品制造业的规模化、智能化、集约化、绿色化发展水平明显提升，促进食品供给质量和效率显著提高，食品安全治理能力、食品安全水平、食品产业发展水平和人民群众满意度明显提升。聚焦以下四大技术创新方向：一是营养健康食品技术。研究突破食品营养功能组分筛选、稳态化保持、功效评价等关键技术，掌握营养功能组分高效运载及靶向递送、营养代谢组学大数据挖掘等核心技术，以及基于改善肠道微生态的营养靶向设计与新型健康食品精准制造技术，加强主食营养健康机理与现代化关键技术研发，开发多样性和个性化营养健康食品，支撑全民营养健康水平提升。二是质量安全技术。开展食品品质评价与系统识别、危害因子靶向筛查与精准确证、多重风险分析与暴露评估、在线监测与快速检测、安全控制原理和工艺、监管和应急处置等共性技术研究，重点突破食品风险因子非定向筛查、快速检测核心试剂高效筛选、体外替代毒性测试、致病生物全基因溯源、全产业链追溯与控制、真伪识别等核心技术，加强食品安全防护关键技术研究、食品安全基础标准研究、互联网新兴业态的监管技术研究，构建全产业链质量安全技术体系。三是保鲜物流技术。开展物流过程中食品品质保持、损耗控制、货架期延长等共性技术研究，突破环境因子精准控制、品质劣变智能检测与控制、新型绿色包装等关键技术，加强粮食现代储备关键技术装备研发，开展粮食流通节粮减损关键技术研发和示范，掌握智能冷链物流、绿色防腐保鲜等核心技术，构建符合西南地区农产品与食品冷链物流的新模式。四是观光农业及农业大数据技术。以猕猴桃、食用菌、粮油、伏季水果、茶叶、花卉苗木、水产品等特色优势产业为载体，为观光农业做好科学规划提供技术支持；开展农业大数据与"互联网+"等技术创新研究与示范。

第二，科技创新平台建设：突出一核多心、构建协同创新机制。

（1）搭建具有世界影响力的都市农业科技创新核心平台。依托成都市国家自主创新示范区建设，将成都天府新区科学城打造成一个创新要素集聚、创新特色鲜明、创新功能突出的农业科技创新核心区，形成辐射带动广大西南地区现代农业建设的强大引擎。大力聚焦全国相关的高端创新要素，通过院地合作等方式，吸引一批涉农科研机构国家队入驻，通过联合建设一批重大科学装置集群与交叉前沿研究中心以及基础研究和交叉学科研究的创新中心，实现基础前沿重大突破，形成一批具有世界影响力的原创成果，提升成都乃至西南地区农业基础研究水平，提高源头创新能力，攻克一批关键核心技术，增强国际农业科技竞争话语权。

（2）建设一批独具西南特色、国内领先的特色农业科技创新中心。围绕成都现代都市农业区域与行业发展，充分利用中国农业科学院与成都市深度合作的资源优势，针对花卉、中药材、水果、畜牧等全产业链发展需求，按照产业需求和问题导向，在特色品种生物育种、园艺作物资源与利用、动物疫病防控、农业资源环境、农业智能装备、功能食品开发、生物质能源、智慧农业、农产品质量安全等领域，重点优先在全市因地制宜地建设 10 个重点研究方向清晰、优势突出、布局合理、特色显著、支撑有力的特色农业科技创新中心，打造全国行业或区域的特色农业科技创新的排头兵，力争 3~5 年培育形成 20~30 个科研创新团队，为全面支撑成都市都市农业科技创新高地的可持续发展奠定坚实的人才基础。

（3）建设国际领先的都市农业高新技术产业集聚基地。突出都市农业的科技研发、产业孵化及成果转化的核心功能，依托中国科学院西部创新园区等创新载体和重大项目，加快引进国际知名企业的区域总部和研发中心、吸引海内外高端科技创新人才、聚集国内一流创新创业资源、打造多层次创新创业载体，吸引世界领先农业跨国企业在成都设立研发中心或亚太地区创新总部。形成行业龙头企业高端引领、创新创业企业竞相发展的良好态势。培育一批具有国际影响力的都市农业科技型领军企业，重点在生物农业、智慧农业等领域，支持企业参与研究制定政府重大技术创新规划、政策和标准。支持企业牵头联合高等院校、科研机构承担国家、省级科技计划项目和市级产业集群协同创新重大项目，鼓励企业开展基础研究和前沿技术攻关，推动企业向产业链高端攀升。支持涉农龙头企业建设研发中心，推进科研机构与企业深度合作，鼓励高等院所的专家到企业任职，支持高等院所的科技成果向科技型中小企业转移转化，探索农业企业与高等院所合作建立产、学、研联合实验室的路径与制度。

（4）搭建辐射西南的农业科技创新成果产业孵化平台。依托西南都市农业科技创新核心平台建设，配套建设相应的科技创新成果孵化中心，围绕农业科技创新链的产业转化，建设集研发中心、培训中心、信息服务中心、中试基地、生产加工中心于一体的农业科技成果综合型孵化器。践行大众创业的理念，推广新型孵化模式，鼓励发展众创、众包、众扶、众筹空间，打造全国农业领域的"大众创业、万众创新"的"双创"示范基地。

6.1.7.2 建设辐射西南地区的都市农业文创驱动中心

据联合国教科文组织等机构共同发布的文化与创意产业新报告，全球文化创意产业创造产值为 2.25 万亿美元，超过电信业全球产值 1.57 万亿美元。天府之国的农业资源丰富，农耕文化历史悠久。文化振兴是乡村振兴战略的重要内容，伴随乡村振兴战略全面实施，美丽乡村、特色产业、乡愁记忆、生态农业等业态发展，为农业农村的文化创意产业带来巨大空间。通过文化创意产业与乡村振兴深度融合，在培育催生农业农村新的经济增长点的同时，有效推进传统都市农业的转型升级、提升农业农村产品与服务的附加值。

（1）大力推进天府农耕文化传承创新发展。发挥成都作为首批全国历史文化名城和中国十大古都的独特优势，深度挖掘源于中华文明、成长于巴山蜀水的天府农耕文化核心内涵，传承创新创造的天府农耕文化基因、点亮历史厚重的天府农耕文化特质、彰显包容共生的天府农耕文化气度，推动天府农耕文化创造性转化、创新性发展，让天府历史文脉和独特文化成为市民留住乡愁的精神和物质载体，让天府农耕文化成为彰显成都世界田园城市魅力的一面旗帜。梳理全市天府农耕文化的类型与现状，整合"郫都自流灌区水旱轮作系统与川西林盘景观"农耕文化资源，推进相关农耕文化开展中国农业文化遗产、国际农业文化遗产申报，谋划推出"天府之国五大国家级重要农业文化遗产"，建设一批中国重要文化遗产核心产区。加强对各类乡村文化遗产、文物保护单位、大遗址、国家考古遗址公园、历史文化名村和非物质文化遗产等珍贵遗产资源的保护，推动遗产资源合理利用。实施天府农耕文化遗产创意创新孵化工程，推动农业文化遗产传承与创意设计、金融投资、市场营销等要素的创新融合。策划建设国家级天府农耕文化保护实验区，支持农业农村领域非物质文化遗产展览、展示、传习场所建设。

（2）打造一批乡村农商文旅深度融合综合体。推进文化产业发展融入乡村振兴建设，延续乡村历史文脉，保护乡村原始风貌、自然生态，承载文化记忆和乡愁。扶持培育一批专注于乡村文创产业的知名企业与科研机构，支持小微文创企业深耕乡村走"专、精、特、新"和与大企业协作配套发展的道路。充分利用全市城区的创意设计、艺术品原创、演艺产业、文体旅游等领域的文创产业与文创智力，促进文创与农业农村融合发展，重点实施全域"文创+X+乡村"的城乡对接三年行动。针对全市乡村绿道、川西林盘、小组微生等村庄建设与特色农业发展升级，组织本市大型文创企业集团、文创知名企业和科研机构、各类文创产业园区和基地，与全市主要乡镇全面建立对接机制，实现每个乡镇对接一个有实力的文创团队，将城市文创智慧与乡村文创资源有机衔接，加快培育乡村创意经济大产业。探索"文创+特色农业""文创+康体+乡村旅游""文创+乡村商业"等融合发展模式。积极推进文化创意与都市现代农业、特色农业、休闲农业等融合，建设一批具有文化创意的农业产品、农业节庆和农业景观，打造成集农业观光、体验、科教及文化传承于一体的农文旅深度融合综合体示范区。支持发展特色村落、创意民宿和田园综合体，鼓励艺术家租赁农房开办艺术工作室，引导农家乐等现有旅游形式提升文化品位，打造一批全国知名的"艺家乐""创意村"。支持农产品与食品物流销售等传统商业企业引入特色文化、强化创意设计，擦亮"老字号"金字招牌。促进文创与康体、乡村旅游融合，探索乡村文化体验、乡村赛事旅游、演艺旅游等产业发展新模式。

（3）策划培育具有国际影响力的都市农业会展与论坛。以成都建设国际会展之都为契机，依托中国西部国际博览会、中国博物馆、国际都市现代农业博览会及中国（成都）国际非物质文化遗产节等平台，重点提升成都在都市农业专业会议、国际农产品和食品展览会与博览会、大型农业与乡村节事赛事活动等领域的服务水平和服务能级，提升成都都市农业会展与会议的世界影响力。积极鼓励申办知名国际农业或乡村会展活动，争取更多知名国际会展项目落户成都。策划"一带一路"国际都市农业高峰论坛永久会址，依托成都国际博览中心，专设"'一带一路'国际都市农业高峰论"，打造永久会址，形成在全国、亚洲乃至世界范围具有国际影力的都市农业"博鳌论坛"，聚集全球一流的涉农机构、企业与人才。大力发展节庆农业，策划开办开犁节、采茶节、应季花节等农事活动，深入挖掘天府文化，特别是天府农耕文明、川西林盘、川菜美食、都江堰水文化精华，打造一批具有成都平原特色的农业文化主题公园、博览园、博物馆和农业文创主题农庄、休闲农场、农艺工坊，培育一批涉农文创企业，打造乡村文创与农业节庆示范基地。

（4）壮大天府农业区域品牌策划营销服务业。着眼于辐射带动全川绿色农业与食品资源整合开发与产业提档升级，按照培育大联盟、搭建大平台的思路，推进四川省农业科学院、四川农业大学等科研机构与高等院校，以及新希望等涉农龙头企业、绿色食品企业、各类食品行业协会，共同发展与组建天府源绿色食品品牌策划和运营总部，培育集聚一批与绿色食品升级相支撑的科技、品牌、市场、金融等现代服务业，打造带动全省绿色食品产业联盟、网络式发展的源头，全省绿色食品科技与创新的引领地、品牌与营销的策源地。提高运营总部品牌策划运营能力，引领推进全省品牌与营销资源整合升级，支持龙头企业共同创建一批品牌联盟，制定统一的技术规程与产品标准，促进品牌价值与产品效益大幅提升。以品牌为统领，促进食品标准与质量安全有机衔接，制定构建天府之国绿色食品标准。增强总部的绿色食品科技研发能力，发挥金融对绿色食品产业整合的支撑作用，设立天府源绿色食品品牌孵化基金，探索设立天府源绿色食品品牌资产运营公司，完善品牌价值评估等服务。

6.1.7.3 建设"一带一路"西南内陆都市农业对外合作中心

共建"一带一路"国家和地区共有 65 个，人口占世界的 63%，经济总量占世界的 29%，对外贸易总额占世界的 35%，是世界上最大的区域经济合作倡议。当前，我国粮油等农产品进口主要来自美洲和大洋洲，从周边、沿线国家进口相对较少。共建"一带一路"国家的农业发展潜力巨大，如老挝、柬埔寨、缅甸在农业技术推广、农业基础设施建设有所改善的条件下，三国大米出口潜力可以新增 2 000 万吨。共建"一带一路"，将促进形成国际农业合作新格局、农业贸易投资新机遇以及全球农业治理新秩序，为沿线发展中国家粮食安全以及农业食品产业发展带来新机遇。打造成都市都市现代农业高地，迫切需要深度融入"一带一路"建设和长江经济带开放开发，拓宽对外交往渠道，完善开放型现代农业经济体系，全面提升国际交往便利度和合作紧密度，构建更大范围、更宽领域、内外联动的都市农业开放合作新格局。

（1）积极争取建立涉农国际组织亚太总部基地。目前，世界上有超过6万个国际组织，具有影响力的国际组织有90多个，拥有国际组织总部数量是衡量一个国家国际影响力的重要指标。我国作为世界第二大经济体，也是具有全球影响力的政治大国，目前我国国际组织总部数量只有7个，但依然缺少重量级国际组织。国际组织入驻对提升城市国际影响力有巨大的撬动作用。依托成都领事馆区建设，立足全国现代农业生产与市场巨大的规模优势，着眼于全球重要涉农国际组织在亚太地区的业务拓展，对接国家"一带一路"倡议农业对外开放合作要求，建设成都市涉农国际组织亚太总部基地，积极将成都打造成为重要涉农组织的亚太总部或分中心。依托各类国际组织，积极举办各类国际会议、论坛与展会，形成完善的农业对外贸易与合作生态圈。

主要世界城市群中心城市都市农业生态功能的比较见表6-21。

表6-21 主要世界城市群中心城市都市农业生态功能的比较

国际组织机构名称	机构职能	机构总部住址	亚太地区分部住址
联合国粮食及农业组织（FAO）	宗旨是提高人民营养水平和生活标准，改进农产品的生产和分配，改善农村农民经济状况，促进世界经济的发展并保证人类免于饥饿	意大利罗马	中国北京
国际食品法典委员会（CAC）	1963年设立的政府间国际组织，专门负责协调政府间的食品标准，建立一套完整的食品国际标准体系	意大利罗马	中国北京
国际标准化组织（ISO）	目的和宗旨是："在全世界范围内促进标准化工作的开展，以便于国际物资交流和服务，并扩大在知识、科学、技术和经济方面的合作。"	瑞士日内瓦	亚太地区尚无分部
国际有机农业运动联盟（IFOAM）	通过发展有机农业保护自然和环境，为全球有机农业的发展规划决策；同时，为有资金、技术困难的成员提供帮助	德国	亚太地区尚无分部
国际农业研究磋商组织（CGIAR）	由国家、国际及区域组织、私人基金会组成的战略联合体，为相关国际农业研究中心提供经费，与各国农业研究系统、民间机构、私人部门有合作关系	法国蒙彼利埃	亚太地区尚无分部

表6-21(续)

国际组织机构名称	机构职能	机构总部住址	亚太地区分部住址
国际竹藤组织（INBAR）	宗旨是在竹藤资源可持续前提下，促进竹藤生产者和使用者福利。INBAR 通过开创新的竹藤应用，在环境和生态保护、扶贫与促进全球公平贸易方面发挥着独特的作用	中国北京	—
国际饲料工业联合会（IFIF）	全球饲料工业的重要参与者，在食物链中为不断增长的世界人口提供持续、安全、营养、实惠的食物	卢森堡	亚太地区尚无分部
国际茶叶委员会（ITC）	收集和出版有关茶叶生产、进出口、茶园面积等世界性统计资料	英国伦敦	亚太地区尚无分部
国际农业发展基金（IFAD）	通过筹集资金，以优惠条件提供给发展中的成员国，用于发展粮食生产，提高人民营养水平，逐步消除农村贫困，促进农业范围内南北合作与南南合作	意大利罗马	中国北京

（2）建立农产品与食品产业对外合作集聚基地。深化绿色农业与食品产业国际合作，鼓励与支持农业和食品企业充分利用"两个市场、两种资源"，在共建"一带一路"国家与地区建立原料采购、流通运输、食品加工和销售的绿色供应链体系，拓展发展空间，提升发展水平。重点强化和德国、法国、荷兰等欧洲国家在绿色食品工业领域的技术与经贸合作，吸引欧美大型跨国食品企业入驻成都，共同开拓全球中高端市场，重点推进中德产业园、中法生态园等重点合作平台建设，促进全市辐射带动全川绿色食品产业在功能性食品研发制造、食品加工与包装装备水平、食品安全保障能力等方面实现大幅提升。加强与中东欧、中亚等地区在玉米、大豆、畜牧领域的全产业链合作，重点加快推动建设中欧农业与食品工业科技园，吸引一批国内外智力机构、科研院所和大型企业研发机构入驻，建立外向型绿色食品工业基地及科技支撑体系。支持食品企业通过绿地投资、并购、参股、交叉换股等多种方式，到境外投资建设原料基地、生产工厂、物流设施、购销网络等产业，加强境外投资相关信息服务与政策支持。建立"一带一路"地区农业及食品产业大数据中心，开展全国与全球主要区域和国家的农业及食品产业数据搜集、分析、研究，为农业及食品产业政策制定、产销调控、市场调节等提供支撑。积极开展食品产业生态

圈招商工作，加快农业对外投资合作，推进关键项目落地。

（3）建立"一带一路"西南内陆农业物流贸易中心。深入实施农业领域"蓉欧+"战略，充分利用便捷融入"一带一路"的交通区位优势，建设国际农副产品冷链物流基地，依托蓉欧中俄国际冷链物流等项目，实施冷链物流产业国际合作，搭建国际冷链物流平台，建设集保税仓储、冷链物流、信息发布、电子交易于一体的农副产品交易市场。健全农产品冷链流通标准体系，推动冷链物流与互联网创新融合，实现食品农产品配送智能化、快速化。依托成都国家自贸区、综合保税区、保税物流中心等政策平台，设立进境水果、肉类、屠宰用肉牛、冰鲜水产品指定口岸，建立辐射全川及西南内陆周边区域的分销基地。大力发展农业跨境电子商务，推广跨境电商的成熟经验做法，建立完善覆盖生产和消费、融合线上和线下的农产品生产流通全链条标准体系。探索农产品食品国际交易新模式，搭建集冷链物流、信息发布、电子交易于一体的农产品食品交易平台。依托交易中心，整合优化资源，积极举办国际性农产品食品展会，提升成都农业国际博览会等展会的专业化和国际化水平。

（4）探索建立农产品食品检验检疫国际互认机制。加强与国际一流高校与科研机构引智引技合作，加快农产品与食品标准体系研究，应用生物与现代农业技术研发，加强食品与营养科学研究、风险评估、中试试验等。推进农产品食品标准领域的国际合作交流，尽快形成与国内衔接的农产品食品标准体系，探索构建与国际标准接轨的农产品食品质量安全监管模式。支持企业按照欧盟等国际先进标准，建立全程质量控制和追溯体系。完善全面落实主体责任、科学实施合格评定、强化事中事后监管的检验检疫监管制度，实施风险管理、全过程监管，推进进出口食品农产品治理体系和治理能力现代化建设。探索建立国际农商互联标准体系，制定完善特色农产品冷链物流、内外贸一体化、电子商务、公益性市场等技术标准，依托现有交易场所开展全国农商互联标准化农产品展示交易。推进与主要国家建立农产品食品检验检疫国际互认机制，推动建立西南地区与欧洲农产品、食品安全合作机制和检验检疫证书国际联网核查机制，吸引欧洲等国际领先的权威第三方农产品与食品检测机构入驻，共建安全、高效、便捷的进出境农产品检验检疫监管措施和农产品质量安全追溯系统，共同规范市场行为。

6.2　城乡融合的都市现代农业功能布局

6.2.1　布局现状分析

6.2.1.1　以"十字"方针为指导，城乡空间日益重塑

新中国成立以来，成都市先后编制了五轮城市总体规划，在引导城市发展方面发挥了重要作用。最早1954年版《成都市城市总体规划》提出，要突出工业基地建设，形成环形放射城市的格局；1982年版《成都市城市总体规划》提出，要形成东城生产、西城居住的格局，并强调保护传统历史城区格局；1996年版《成都市城市总体规划》提出，中心城区东郊工业结构调整，退二进三，提出城市向东向南发展；2011年版《成都市城市总体规划》提出，中心城区由圈层式向扇叶状布局转变，突出全域城乡统筹规划，提出由1个特大中心城市、8个卫星城、6个区域中心城、10个小城市、68个特色镇构成的五级城镇体系，打造"五环二十四射"的市域高快速路网，塑造"两环两山两网六片"的生态保护格局。经过多年城镇化发展，全市"一区六廊"的城镇空间格局基本形成，中心城区扇叶状多中心格局初显。但同时单中心高度集聚，虹吸效应不断强化，圈层发展的大城市病逐步显现。2005年以来，全市城镇建设用地面积快速扩张，建设用地规模由21.6万公顷扩张至29.3万公顷，农用地面积由113万公顷下降至109万公顷，其中，耕地面积稳定在53万公顷以上。2017年，新一轮城市总体规划围绕打造国家中心城市，规划确定"东进、南拓、西控、北改、中优"的空间结构优化"十字"方针策略，促进城市可持续发展。其中，东进是沿龙泉山东侧，开辟城市永续发展新空间，打造创新驱动发展新引擎；南拓是高标准、高质量建设天府新区和国家自主创新示范区，优化空间结构；西控是优化生态功能空间布局，发展高端绿色科技产业，提升绿色发展能级，保持生态宜居的现代化田园城市形态；北改是建设北部生态屏障，保护好历史性、标志性建筑，加快城市有机更新，改善人居环境；中优是优化中心城区功能，降低开发强度、建筑尺度、人口密度，提高产业层次，提升城市品质。

2005—2015年成都市土地利用变化见表6-22。

表 6-22   2005—2015 年成都市土地利用变化   单位：公顷

年份	土地总面积	农用地	农用地，其中：			建设用地	其中：农村居民点用地	未利用土地
			耕地	林地	园地			
2005 年	1 433 478	1 139 883	526 978	329 033	125 104	216 196	115 571	77 399
2015 年	1 433 478	1 090 875	531 451	362 874	92 402	293 654	109 336	48 949

村庄沿河、沿山、沿路布局特征显著。全市的农村新型社区多沿河、沿山、沿路布局农村新型社区，选址多集聚于景观良好、生态丰富的"山丘交界""河溪两畔"，约 35% 的农村新型社区分布于沿河两侧 1 000 米范围，沿河两侧 2 000 米范围则聚集了约 60% 的农村新型社区。选址的另一个重要特征则是沿城际公路、旅游通道、省道等主要交通干道集聚。这一方面方便了农村新型社区居民的日常生活和出行，另一方面也为社区多种产业发展提供了交通运输支持。

6.2.1.2 国外都市农业空间演变经验借鉴

（1）城乡深度融合一体布局都市农业的发展空间。从世界城市的都市农业发展空间来看，都市农业发展的空间地域广阔，既有城郊广阔的农用地，又有城区紧凑的社区农场；既有高度开放的室外田园农场，又有健全的室内温室垂直农场。如东京、纽约等世界城市的垂直农业高度发达，与室外农业相比，位于摩天大楼的垂直农业基本上不需要土壤，而是通过有机栽培方式生长，并且融入了环保治污、能源再生、生物遗传等高科技因素。

（2）城镇化圈层扩张对都市农业布局产生了深刻影响。世界城市的空间结构，从内向外基本上都是形成由中央商务区、内城区、外城区、郊区，以及周边地区的"中心—边缘"的典型圈层结构。在城市内部，因各自核心功能、土地结构、交通网络等特点，而形成点、带、片、圈等不同分布结构。目前，从我国的情况看，不仅是北京、上海、天津等大都市都市农业由中心城市向外延伸呈现圈层布局，其他城市的都市农业布局也呈圈层特征，如太原市都市农业布局有三个圈层，即都市内部圈层、都市近郊圈层（都市近郊）、城区外围圈层（都市远郊）。这种农业圈层结构特征与"以中心市区为核心，分散式、组团式"的城市形态发展格局密切相关。都市内部圈层由城市中心区域组成，主要针对都市居民的需求和城市自身特点发展设施农业、智慧农业等业态；都市近郊圈层由城市中心区域外围及近郊区域组成，主要为城市提供优质农副食品、观光休闲等；城区外围圈层由远郊区域组成，主要从事专门的农业生产。另外，在城市高速公路或铁路两侧的交通地带，因具有交通设施发达、与市场联系便捷、居民密度较高的有利环境，普遍发展高集约化都市农业，呈现走廊式条状分布。在国外主要世界城市群除圈层分布以外，还出现了城市有序扩张、乡村有序发展的镶嵌或插花式布局结构，如东京、大阪、新加坡等城市在扩展过程中，农业以其优美的环境被保留下来，包括了小块农田、庭院或绿地等，并在都市内建立各种自然休养村、观光花园和娱乐园，插花式分布于城市工商业区、居住社区之间，镶嵌式分布于城郊接合部和高度城市化或快速城市化的城市群之间，以及城市内部庭院间隙地、屋顶、阳台、河边、其他闲置地块、学校及公园等城市内部可利用空间上。通过农业用地有效阻隔城市无序发展与粘连，发挥了农业的生态涵养与空间引导功能。

（3）依托世界城市巨大影响力呈现较强的国际竞争力。世界城市的都市农业大都呈现出国际化、专业化、优质化、高新技术化的趋势，具有高投入、高产量、高产值的特点。并且随着大量现代农业科学技术的应用，人们利用各类农作物在生产过程中的空间差异和时间差异，进行错落组合、综合搭配。都市农业由自然式向设施式发展，由单一型生产向综合型生产拓展，由平面式向立体式转变，由机械化向自动化转型，构成多层次、多功能、多途径的高效都市农业生产系统。以阿姆斯特丹、新加坡为代表的都市农业成为创汇农业、园艺农业、设施农业、加工农业的典型。例如，新加坡作为世界城市，农用地极少，农业向高新技术和高产值方向发展，积极发展高产值的热带观赏鱼和胡姬花，出口创汇增加收入，同时建有水栽培蔬菜园、花卉园、热作园等现代产业型都市农业基地。

6.2.2 乡村生活空间

乡村生活空间优化导向：以新型社区、川西林盘建设为抓手，支撑"双核联动、多中心支撑"的城乡网络化功能布局。

实施城镇化东进战略，有效扭转建设用地向西蔓延的势头，缓解平原地区压力、培育新兴发展动力、优化市域发展格局、推动区域协同治理、加快成渝相向发展。按照"多中心、组团式、网络化、集约型"城镇空间结构和功能布局，打破单中心、圈层式发展模式，推动城镇与村庄体系沿交通走廊组团布局、集群发展。针对打造宜居宜业的乡村生活空间，明确以下布局与建设任务。

（1）优化市域村镇空间布局，支撑强化"双核联动、多中心支撑"的城乡网络化功能布局。契合成都市城市总体规划（2016—2025）的空间布局，全面构建市域"2+8+199+N"四级城镇村体系。其中，双核即建设中心城区和东部城市新区；8个郊区新城即都江堰、彭州、大邑、崇州、新津、邛崃、蒲江、金堂；199个特色镇包括濛阳、永宁、花源、羊马、平武、新繁、石板滩、清泉、安德、沙渠、羊安、寿安、贾家、禾丰、三星等特色镇；N个即农村新型社区等，包括建设若干个产村一体、"小组微生"的农村新型社区和川西林盘。优化特色镇与新型农村社区等为重点的村镇体系结构和布局，重点依据全域人口的城镇化和农村人口的聚居需求以及农村生产资源与城镇化发展趋势，结合各区（市）县农村人口总量、区位条件、产业布局现状，对全域农村人口规模及各区（市）县农村人口规模进行预测，明确全市域村庄的布局模式及控制引导。在各区（市）县农村新型社区布局规划的基础上，形成全域农村新型社区的等级结构、职能结构、规模结构规划方案。

（2）以"川西林盘""小组微生"为特色抓手，分类推进乡村振兴建设。顺应全市村庄发展规律与演变趋势，根据不同村庄的发展条件、区位条件与资源禀赋等，与乡村振兴战略规划的聚集提升、融入城镇、特色保护、搬迁撤并四类村庄相契合，分类推进乡村发展建设。

一是聚集提升类：建设"小组微生"新农村综合体。针对全市规模较大的中心村和其他仍将存续的一般村庄，在原有规模基础上进行有序改造提升，利用成都城乡统筹试验区的先发优势与实践特色，以"小组微生"为理念，针对该类型村庄全面推进"小组微生"宜居宜业美丽乡村建设。按照"宜聚则聚、宜散则散"的原则，坚持"建、改、保"相结合，推进"小规模、组团式、微田园、生态化"新农村综合体建设。针对以往村庄整治中破坏生态、"乡不像乡"的问题，按照体现"微田园风光"，保护山水田林"生态本底"的要求，推进村庄整治和新村建设。实施"扶贫解困、产业提升、旧村改造、环境整治和文化传承"行动，加快"业兴、家富、人和、村美"幸福美丽新村建设，推进农村风貌和综合环境整治、川西林盘保护和农村散居院落的改造提升，全面改善农村人居环境，将农村建设成记得住乡愁的幸福美丽新村。以村庄布局规划为引领，引导新村向

《全域村庄总体规划》确定的 5 个示范走廊聚集。

二是城郊融合类：建设特色小镇与农村新型社区。城市近郊区以及县城城关镇所在地的村庄，具有成为城市后花园的优势，也具有向城市转型的条件。结合全市特色小镇与农村新型社区建设，加快该类区域城乡融合发展。实施特色镇（街区）建设工程，采取"特色镇（街区）+林盘+农业园区（景区、产业园）"等模式，加快建设产业集聚、功能复合、连城带村的特色镇（街区）。结合产业空间布局优化和产城融合，积极发展"市郊镇""市中镇""园中镇""镇中镇"等不同类型特色小镇。"东进"区域"三城一园"根据拆迁安置计划提前谋划建设特色小镇，以特色小镇为载体集中安置拆迁居民，植入特色产业，提高基础设施和公共服务设施配套标准。乡村振兴战略实施第一个五年，在全市选择有依托、有资源、有特色、有措施、有基础、有支撑的区域逐步建成 100 个特色镇。

三是特色保护类：打造川西林盘保护示范村庄。重点针对历史文化名城、传统村落、特色景观旅游明村等自然历史文化特色资源丰富的村庄，突出川西林盘的历史文化特色，依托川西林盘修复工程，将该类区域打造成川西林盘保护示范村庄。川西林盘是天府文化、成都平原农耕文明和川西民居建筑风格的重要载体，具有丰富的美学价值、文化价值和生态价值。保持川西林盘建筑形态与地形、林木等环境元素自然相融的特色，充分遵循传统川西林盘"田、林、水、院"空间格局，维持林盘周边环境景观要素完整；充分体现川西民居建筑风貌、历史遗迹、径、桥等特色要素，维护人文景观要素完整。以绿色田园为本地、自然山水为映衬，以天府文化为内核，加强外部风貌塑造和内部功能提升，统筹实施山水林田湖整治，开展以"整田、护林、理水、改院"等为主要内容的川西林盘整理、保护、修复。突出林盘的产业特色，将林盘建设融入全域成都产业布局和产业生态圈，成为产业链、价值链、创新链的重要组成环节。乡村振兴战略实施第一个五年，结合全市历史文化村庄保护，重点建设 100 个精品林盘，形成形态优美、特色鲜明、魅力独具的川西林盘保护聚落。

四是搬迁撤并类：加强生态保护与修复建设。主要是指地理位置偏远、交通不便，或处于重要水源涵养区、水土保持的重点预防保护区和重点监督区，以及其他具有重要生态功能区的村庄，严格限制新建与扩建，统筹村庄搬迁撤并与新型城镇化、农业现代化相结合，以尊重农民意愿为前提，依托适宜区域进行安置，避免建设孤立的村落式移民社区。

6.2.3 乡村生态空间

乡村生态空间优化导向：以乡村绿道为纽带、全域农旅融合为导向，重塑构建全市农业山水自然景观格局。

围绕全面构建"两山两环两网六片"生态保护格局，"以山为屏、以水为脉、以田为基、以绿塑形、以旅拓面"，按照生产、生活、生态有机统一的要求，将全市的生态保护格局与乡村建设格局有机衔接，有机统筹"山、水、田、林、院"，以乡村绿道和川西林盘建设为着力点，以全域农旅融合为导向，全力打造与现代公园城市相匹配的、乡村集约高效的生产空间、宜居适度的生活空间、山清水秀的生态空间，重现天府之国"岷江水润、茂林修竹、美田弥望、蜀风雅韵"城乡融合秀美画卷。

（1）以山为屏，打造人地相融、两山环抱的生态屏障。着力打造龙门山生态保护带、龙泉山生态保育带。龙门山脉和龙泉山脉呈东北—西南走向，是沱江源头及市域岷江水系支流发源地、重要高山水源涵养区和全市水源地，具有重要的森林水源涵养功能和水土保持功能，是全市重要的生态屏障，以及风景名胜区、森林公园和自然保护区主要分布地。该区域要加快划定生态保护红线，加强生态保护和修复，保护生物多样性，合理开发生态旅游资源。切实巩固生态植被修复工程建设成果，落实龙门山脉生态植被修复工程后续管抚育工作，启动龙泉山脉生态提升工程。以申报建设大熊猫国家公园（成都部分）以及成都市龙泉山脉植被恢复提升工程为抓手，推进成都市"两山环抱"生态屏障建设。加快建设龙泉山城市森林公园。大力发展山地立体农业，塑造独具特色、垂直分层的山地农林景观，在中高山重点加强资源保护，强化森林涵养水源、保持水土的功能，适度发展林下中药材、茶叶、林下珍稀动物养殖等立体生态农业产业。在低山丘陵地区发展珍贵树种、笋用竹、中药材、木本油料、林果生产基地，在龙泉山地山区发展枇杷、桃、柿子、橘子、葡萄、油橄榄、笋用竹等特色经济林果。

（2）以水为脉，提升岷江、沱江两大水网生态功能。加强以岷江、沱江为主体的市域河湖水网体系建设，构建互联互通、可调可控、共享共治的水网体系，以及安全可靠的城乡供水体系，提升城市水生态环境质量和防洪排涝能力及城乡水安全保障能力。积极塑造城乡水生态风貌，促进城乡发展与生态环境保护有机融合，突出抓好水污染防治、湖泊湿地建设，打造富有地域人文特色的亲水景观和滨水空间，呈现绿意盎然、水韵悠长、独具特色的城乡生态风貌，推动水润天府盛景重现。重点以区域自然生态特征为基础，选择主要河流适宜段建设滨水绿道，构建以河流为廊道、湖泊湿地为节点的生态宜居滨水景观格局，构建全市"一环、两带、多廊道、多节点"的区域生态景观格局，连通生态用地，保障生态安全。

（3）以田为基，打造"沃野千里"的大地自然景观。以"升级版"农村土地综合整治为主要载体，以山水林田湖草综合治理为主要抓手，统筹推进全域增绿、高标准农田建设、城乡风貌改造提升、特色镇建设和川西林盘整理，深度结合农业种植结构调整与不同农作物的景观特色，根据"十字"方针空间结构优化策略，打造区域景观各具特色的大地自然景观。"东进"区域建设龙泉山低山城市森林公园生态景观，结合高标准农田建设，塑造丘陵中宽谷大规模粮油种植农业景观。"南拓"区域结合国家农业科创中心打造"城田相融"城乡融合大地景观，结合农博园打造农业园艺大地景观。"西控"区域打造龙门山高山自然生态景观，重点结合崇大灌区、邛蒲灌区改造建设，发展集中连片的规模化现代农业，塑造现代农业生产区"沃野千里"大地景观，在都郫温灌区自流灌渠、蜿蜒田埂、浑然天成"小田"和邛崃市南河西南侧"条状"分布的茶园、橘园等，打造丘陵缓坡经济作物大地景观。充分发挥都江堰精华灌区的优势，以"两带七轴"为重点，加快建设田园生活、生态旅游、产业发展"三位一体"的特色镇（街区）及林盘聚落，率先形成特色镇（街区）与川西林盘有机融合、千里沃田与发达水系自然交叉、绵延丘陵与壮美山峰浑然一体、农耕文明与蜀风雅韵交相辉映的优美城乡形态。"北改"区域东侧打造规模化现代农业生产区"沃野千里"大地景观，西侧打造浅丘农业经济作物大地景观。"中优"区域依托绿道建设，构建城市人工绿地与自然绿地交相辉映"田在城中"大地景观。

（4）以绿塑形，构建开放互动的乡村绿道空间体系。发挥绿道的廊道串联、城乡纽带与开放空间等功能，以绿道为轴，促进美丽乡村与美丽城市交相辉映的大美公园城市建设，不断优化城乡空间形态。以"可进入、可参与、景观化、景区化"为理念，以人民为中心、绿道为主线、生态为本底、田园为基调、文化为特色，全域规划形成"一轴两山三环七道"的绿道体系。一轴即从都江堰紫坪铺至双流黄龙溪的锦江绿道；两山即龙门山森林绿道、沿龙门山东侧绿道，龙泉山森林绿道、沿龙泉山西侧绿道；

三环即利用三环路、环城生态区、二绕郊野绿带建设的城市绿道；七道沿主要河道建设的七条展示天府文化、串联城镇村的休闲绿道，包括走马河、江安河、金马河、杨柳河—斜江河—邛江河—临溪河、东风渠、沱江—绛溪河、毗河等河段，有机串联15个区（市）县。充分利用乡村现有村道、组道、机耕道、河堤道进行绿道改造，加密乡村绿道，健全乡村三级绿道网络体系。推动绿道环湖、沿河、临村、绕山、穿城，有效串联起城乡交通、景区景观、用地功能等多个系统，构建"绿道环"、串联"公园链"、联通"河湖网"，将碎片、隔离、零散的生态板块整合成为相对完整的绿色空间系统。

（5）以旅拓面，构建全域农旅融合的乡村旅游景观体系。在全市"双核共融，多极共兴，两翼齐飞，两圈拓展"的旅游发展格局引导下，围绕世界旅游目的地建设，发挥全域旅游辐射效应，充分结合全域山水田林大地自然景观功能，做大做强休闲农业与乡村旅游业。打破以行政地域单元为束缚的旅游空间布局模式，统筹兼顾市域乡村旅游产业与其他产业、城市与乡村旅游的协调发展，形成城市空间与乡村旅游景区共融协作发展态势。以绕城高速为发展纽带，向内包含三圣花乡，向外拓展辐射5~10千米至温江、郫都、新都、龙泉驿、双流的部分区域，以生态保护、休闲空间、都市农业为发展特色的近郊休闲集聚发展功能区；包括温江、郫都、新都大部分区域及彭州、崇州、都江堰、大邑、邛崃、蒲江、新津、双流、龙泉、青白江等山前平坝区域，以农业园区、都市农业、川西林盘、乡土文化为发展特色的大地景观和田园风光综合发展功能区；包括彭州、都江堰、崇州、大邑、邛崃、蒲江等区（市）县大部分区域，以生态保护、山地运动休闲、山前度假为特色的龙门山优化发展功能区；包括青白江、龙泉、双流、简阳、新津部分区域及金堂全域，以生态培育、农家休闲、山地运动为特色的龙泉山提升发展功能区等四大发展功能区，形成有地域特色、连片化、组团化的乡村旅游发展布局模式。

6.2.4 乡村产业空间

乡村产业空间优化导向：以落实"十字"方针为导向、功能区划为重点，塑造具有国际竞争力的五大都市农业生态圈。

围绕构筑都市现代农业发展高地，结合国家"五区、三园"现代农业重大平台建设政策支持导向，充分发挥天府之国的农业资源与产业比较优势，不断优化乡村产业布局，拓展都市农业发展空间。契合成都市国家中心城市升级战略对空间功能优化要求，围绕全市都市农业产业体系融合升级与区域有序协作，落实"十字"方针空间战略要求，突出打造五大都市农业生态圈，合力打造全市食品饮料、休闲旅游、农产品物流、农村电商和饲料加工五大千亿元产业集群，培育一批国内领先、国际知名的大企业大集团和总部型企业，塑造具有国际竞争力和世界影响力的都市农业产业生态圈。

（1）"中优"区域打造城市生态景观农业生态圈，探索建设国家城市农业公园。中部优化区域主要为成都市中心城区，充分发挥城区农业的生态涵养、景观营造、绿化隔离、科普休闲、农耕体验等功能，有效保护农用地和城市生态，美化城市环境，改善城市空间布局形态，满足城市生态改善、防灾避险、绿化美化和居民休闲、健身等需求。发展楼宇农业、立体垂直设施农业、绿地农业、创意农业等业态，将城市农业纳入城市管理范畴规范发展，营造支持城市农业发展的科技、人才、政策等良好环境。统筹城乡绿道、城市农业、楼宇农业、城市公园等建设，整合中心城区涉农资源，以天府之国、城中乡野为特色主题，以中心城区为范围整域探索创建国家城市农业公园，以保护区域原有的生态体系为基础，保证原有的土地的农用性质不变，建成风景秀丽、特色鲜明，既体现乡村农趣，又满足城市人民游憩休闲、远离喧嚣、品味生活等多功能融合的城市农业公园，在城市现代化建设过程中实现城乡有机融合。

（2）"南拓"区域打造高科技与会展农业生态圈，建设具有全球影响力的农业科创展示中心。南拓区域包含双流区（含天府新区直管区和高新区双流部分）、新津平原丘区以及邛崃市羊安镇和牟礼镇，是全市城镇和产业向南发展重点区域。依托南部大型科创与会展平台等优势，发展农业高科、会展交易、专业论坛、农业智库咨询等业态，打造以汇集国内农业高端人才与资本为核心竞争力的科创和会展农业生态圈。

一是发展高科技农业，建设国家农业科创中心。深化成都与中国农业科学院等国家级科研机构的战略合作，加快推进国家农业科创中心建设，大力发展生物农业、数字农业、健康农业等农业高科产业，围绕农业生物技术与信息技术、食品精深加工技术、数字农业与追溯体系、优质饲料加工、生物育种等重要领域，搭建集科研攻关、成果转化、产业孵化、人才集聚和培养等功能于一体的资源共享开放研发平台，聚集农业科技创新研发资金，加快孵化转化，搭建世界一流、国内领先的农业科技创新公共平台，助推成都乃至西南地区在特色优势农业全产业链发展上取得重大突破。通过整合各单位各类科技成果示范平台，集中开展农业科技成果展示、集成示范与推广，开展新品种、新技术的推广新模式构建。加强农业企业在科技创新、产业经营以及创新创业人才培育等方面与农业科研机构、高等院校的高效对接，通过组建联合攻关创新创业团队等形式，集聚一批高素质的农业科创人才。

二是发展会展农业，建设国内外知名农博园。重点在新津区加快建设国际农博园，建成现代化、智能化、网络化的农业博览园，促进国内外新品种、新技术、新设备的交流展示，建成以展示、交易、体验、观光、科普为主题的文化创意园、主题旅游园，打造西南特色农业宣传、展示与文化推广的窗口。策划国际农业与饮食文化节庆活动，积聚人气，传承与弘扬天府农耕文化，提高品牌知名度和影响力。大力发展国际都市农业论坛与会展，打造国际化都市农业高峰论坛永久会址。辐射带动全市深入挖掘并拓展天府农业的文化与旅游功能，推动农业文化与旅游产业的深度融合，提升农业文化的蕴涵与品牌形象。

（3）"北改"区域打造商贸与对外合作农业生态圈，建设"一带一路"农业商贸重要节点。"北改"区域包含新都区、青白江区平原丘区以及彭州市成绵高速复线以东区域，是城镇优化发展区。大力发展农产品电子商务、标准与质量安全检测服务、农产品现代仓储物流、农业总部经济等业态，强化国际标准对接及高效贸易通关等政策创设，嫁接北部地区外向型产业综合条件，营造良好的开放农业生态圈。

一是创建国家农业对外开放合作示范区。发挥"一带一路"西南节点地区位的优势，突出农业对外合作示范功能，将该区域打造成为辐射西南地区、联通东部沿海的国家农业对外开放合作示范区。积极扩大农业与绿色食品对外贸易和合作，充分利用"两种资源、两个市场"培育壮大成都农业与食品产业，加强与共建"丝绸之路经济带"国家和区域合作，建设"丝绸之路"农业与绿色食品开放合作示范区。重点建设中欧农业与食品科技园等合作载体，探索建立合作机制，打造对外合作展示窗口。吸引欧盟、中东欧等大型跨国食品企业入驻，共同开拓全球市场，联合开展农业、食品与装备研发、食品质量安全保障与标准对接等，合力做大做强具有天府特色的农业与食品制造产业，面向"丝绸之路"建立原料采购、流通运输、食品加工与销售的绿色供应链体系。

二是建设辐射西南的农产品与食品商贸中心。在新都区建设集仓储、交易、加工、配送及综合服务功能于一体的综合性农产品物流中心。建立质量安全检验检测点，引入现代结算及交易方式，吸引具有产业背景的资本进入物流业市场，培养壮大第三方物流企业，提高农产品物流现代化水平，建立三个设施先进、功能齐全、专业化程度高的综合性农产品物流中心，在确保成都市农产品与食品稳定供给的同时，打造面向全国和"一带一路"国家与地区的大型农产品集散中心，以及具有影响力的国家级农产品流通中心，构筑全市农产品物流集散大中心的骨架，带动全市形成以全国性农产品集散中转市场为主体、区域性农产品产地市场为支撑、田头（村头、码头）市场为补充、农产品物流集散通道为脉络、现代化农产品运输为载体的农产品流通体系。

（4）"西控"区域打造有机农业与健康食品产业生态圈，搭建三区、三园的国家级战略平台。西控区域包含都江堰市、温江区、郫都区、崇州市、大邑县、邛崃市（羊安镇和牟礼镇除外）、蒲江县以及彭州市成绵高速复线以西平原地区，多为都江堰自流灌溉区，发挥西部灌区优势与生态优势，发展有机农业、食品与饲料加工、冷链物流等业态，加大绿色发展政策创设，构建以有机生物、健康食品、农资供给与综合服务为核心竞争力的产业生态圈。

一是建设西南粮仓，全面推进"两区"划定建设。全面划定以水稻、玉米为主的国家级粮食生产功能区和以油菜为主的重要农产品生产保护区，建设优质粮油、新鲜肉类、禽蛋、水产等农产品重要生产供应保障区。加快"两区"的建设与管理，重点完善农田排灌设施、开挖疏浚渠道，实现灌排合理调配；采用微生物土壤改良、土壤电磁处理、土壤改良剂及生物-理化改良等技术，开展水田养护耕作、改善土壤理化性状，提升土壤质量。突出种养结合、立体农业的生态循环理念与方向，适度发展稻田综合种养和循环养殖，高标准规划建设平坝灌区名优水产养殖产业区；适度发展生猪养殖，培育一批年出栏 10 万头以上的规模养殖场，推行"一座猪场—沼气——一片粮田"的养殖模式；适度发展山羊养殖，建设金堂大耳羊、成都麻羊品种资源保种场等。

二是建设特色农谷，创建国家特色农产品优势区。围绕提升全市重要特色农业竞争力，结合国家特色农产品优势区创建政策，立足优质蔬菜、水果、茶叶、中药材、花卉苗木五大特色产业，不断强化技术支撑，改善基础设施，加强品牌建设和主体培育，打造一批特色鲜明、优势聚集、产业融合、历史文化厚重、市场竞争力强的特色农产品优势区。重点在龙门山丘陵区打造以桃、猕猴桃、枇杷等为主导的特色水果产业优势区，在五面山—龙门山中低山区打造名特优茶叶及精深加工全产业链发展的特色农产品优势区，在金马河—江安河平坝区打造花卉苗木育种、生产、创意、品鉴、体验、销售等全产业链的特色农产品优势区，在龙门山中低山区打造优质中药材种植、中药制品及健康养生品制造、健康产业、养生产业、中医旅游等特色农产品优势区。

三是建设全国绿谷，创建国家农业可持续发展试验示范区。以西控区为核心率先创建国家农业可持续发展试验示范区，以资源环境承载力为基准，以节约利用资源、保护产地环境、提升生态服务功能为重点，把绿色发展贯穿农业发展全过程，加快构建农业绿色发展政策体系，创新推广一批农业可持续发展集成技术，形成适宜的农业绿色发展模式，全力打造天府农业绿色发展先行区，建成全国农业绿色发展示范区，为全面推动形成农业绿色生产方式和生活方式提供样板。全域推进粪污、秸秆等全量化资源化综合利用，实施化肥农药使用量零增长行动，大力推广应用商品有机肥、种植绿肥、秸秆还田的培肥措施，推进果菜茶药有机肥替代化肥和绿色防控，推广应用生态调控、农业防治、生物防治、物理防治、科学用药等绿色防控技术。

四是建设天府食都，打造千亿元特色食饮产业集群。着力发展果蔬、食用菌、畜禽、中药材、茶叶、水产品和林产品等农产品加工，将成都打造成西部农产品加工物流企业总部聚集地和农产品加工业发展展示窗口。重点建设郫都区安德川菜调味品加工产业园、邛崃临邛食品饮料加工产业园、蒲江农产品加工产业园、彭州濛阳农副产品加工产业园、大邑王泗食品加工产业园五大加工园区，依托龙门山脉猕猴桃、温江大蒜、蒲江雀舌茶叶、邛崃黑茶、邛崃白酒、崇州金针菇等特色优势产品，鼓励企业延伸产业链条、扩大加工范围，大力推进农产品精深加工。重点发展果蔬（含食用菌）精深加工、粮油精深加工、畜禽产品（含水产品）精深加工、茶叶及酒类精深加工、中药材及养生补品精深加工、休闲食品精深加工、林产品精深加工等产业集群。

（5）"东进"区域打造特色休闲与高端农业生态圈，构建两区、多园的都市农业发展格局。东扩区域包含龙泉驿区、金堂县、简阳市平原丘区，是推进城镇和产业发展向东拓展的重点区域。重点优化农业区及生态区的土地利用结构，积极推进退耕还林，保护生态资源，构建产城融合发展、生态保护良好的土地利用格局。重点发展农旅融合、乡村旅游、市民农园、特色高端农业等业态，依托成都城市新空间的开拓，打造以城乡融合、居民休闲与康旅融合为核心竞争力的产业生态圈。

一是建立全市"两区"的重要补充区域。在西控区域划定的基础上，充分保护与利用东进区域的优质耕地资源，建立粮食与油菜"两区"划定的补充区域。重点加强"两区"的优质化、生态化、景观化与休闲化建设，结合该区域新型城市核心建设，与城市生态环境改善相配套，建设一批稻田湿地公园、油菜花景观公园等基地，促进稻田、油菜花田的生态涵养与景观营造等功能不断增强。谋划建设 5A 级稻田主题体验公园，利用田间道路建设"绿色长廊"、"花海长廊"、自行车骑行慢道、木质栈道等，建设观景台、稻田民宿等场所。在简阳市谋划建设富硒稻米康养小镇，以富硒稻米为特色主题、健康养生农业为产业支撑、文化融合为内在灵魂，依托西坑水库优良的生态环境，按照农文旅一体化的要求，在西坑水库附近打造富硒稻米健康小镇。

二是建设一批精品林果休闲与体验园。重点建设龙泉山 10 万亩伏季水果产业基地，发展桃、枇杷、葡萄、梨等水果产业；重点建设龙泉山"梦里桃乡"水蜜桃产业园，以"回归自然"为主题，整合龙泉山、龙泉湖区域田园、生态景观和洛带古镇、桃花故里、梦里桃乡、锦绣东山、紫颐天堂等旅游资源，形成以客家文化、乡村休闲为特色的旅游产品体系，推动乡村旅游向生态游憩、观光、山地运动等多功能转变，大力发展家庭农场、休闲农庄等，培育壮大乡村旅游度假区，打造一批富有浓郁地方文化、产业特色的休闲农业基地。

三是建设一批优质蔬菜农事体验的市民农园。推进放心菜标准化基地的基础设施建设，推广水肥一体化高效节水灌溉设施技术，完善机耕道、电网配套，逐步建成能排能灌、土壤肥沃、通行便利、抗灾能力较强的高产稳产蔬菜生产基地。在菜地划入基本农田功能区的基础上，探索出台基本农田的设施用地支持政策。创新菜地经营方式，与高度城镇化的区位条件相结合，与观光果园、花圃相结合，向生产、观光、体验、采摘等多元化经营转变。围绕放心菜标准化基地的产后商品化处理能力提升，建设一批产后初加工基地，配置相应的预冷设施、整理分级车间、冷藏库，以及清洗、分级、包装等设备，为市民农园与菜农提供产后商品化处理的公共服务。

四是建立西南地区食用菌产业引领基地。充分发挥食用菌产业基础优势，对接国外发达国家的市场标准，尽快制定先进、实用、可操作性强的蔬菜生产技术规程，提升食用菌标准化生产基地设施装备水平，建设可控温、控湿、通风的高标准食用菌工厂化栽培智能菇房，推广智能自动控制栽培和专业化栽培等方式，实现食用菌自动化、工厂化、周年化生产。推进食用菌重点品种的 GMPs 良好操作规范、GAPs 良好农业操作和 HACCP 认证体系的认证与基地建设。重点建设金堂赵家食用菌加工基地、金堂清江食用菌加工与物流基地、青白江城厢特色食用菌加工基地等重点基地。引培食用菌精深加工企业与农业科研院所、高等院校等深度合作，积极探索食用菌贮藏保鲜与深加工技术，应用液体深层发酵、超细粉体、微胶囊、超临界流体萃取等技术开发食用菌功能性食品、提取食用菌活性成分等。构建食用菌循环利用体系，利用工厂化栽培的金针菇、杏鲍菇等菌渣，配合牛粪、稻草等基质堆制后直接栽培草菇、双孢菇，或者栽培草菇后再堆制栽培双孢菇。

6.3 建立服务全川、辐射西南的都市现代农业产业体系

6.3.1 打造西南粮油产业转型示范样板

树立由保安全、提产量向保重点、提品质转变的发展理念，以提升粮油产业竞争力与农民收入为核心，坚持市场导向和效益优先，强化政策和科技支撑，加强基础设施建设，充分挖掘增效潜力，稳定规模，提高品质，创响品牌，拓展功能，加快形成区域化布局、标准化生产、社会化服务、产业化经营、高端化销售的粮油产业发展格局，促进粮油生产向特色化、精品化方向持续稳定发展。

6.3.1.1 强化高端环节，打造西南地区粮油种业高地

（1）组建西南粮油种业研究院。依托全市科研资源，深化种业体制机制改革与创新，引导种业科研院校、大型种业企业共同参与，建设西南国际种业中心，搭建功能齐全、设施配套、研究系统的粮油种业研发与孵化

平台，引导公益性科研院校与商业化技术研发机构共同组建西南国际粮油种业研究院，引入或培育一批国际一流的种业研发与创新团队，创建种业领域的国家重点实验室、工程实验室、工程研究中心和创新基地，形成面向国际种业科技前沿的现代种业科技创新制高点，缩短与国际先进水平的差距。

（2）加强种业试验与推广基地建设。挖掘全市乃至西南地区粮油优质种质资源优势，加强种质资源收集与保护，建设粮油省级种质资源库（圃），增强种质资源异地保存能力。积极对接全国、全省粮油种业创新重大科技平台，按照政、产、学、研紧密结合的思路，组建西南地区优质粮油种业的育繁推联合体，形成"科研机构+优势种子企业+粮油生产功能区"的种业发展新模式。围绕全市粮油产业品种优质化、产品精品化等发展需求，培育推广适于西南生态区的优质、绿色及适于机械化作业的新品种。在各区（市）县粮食生产功能区建设集农作物新品种试验及优良新品种特征特性展示于一体的品种试验站，促进粮油产业品种优化、品质和附加值提升。在发展壮大成都种业园（邛崃羊安）的基础上，新建一批水稻、油菜等种子基地，引进国内外种子公司，重点发展基因育种、辐射育种、航天育种、生物系统的定向调控与创造系统的应用技术。确保种子生产户与种粮大户享受同等补贴政策待遇。

6.3.1.2 提升规模经营，大力推进"两区"划定建设

对接全国与四川省关于粮食生产功能区、重要农产品保护区划定政策与要求，以崇州市等西部平坝及简阳市等东部丘陵为主，在全市划定232万亩的粮食生产功能区与重要农产品保护区（以下简称"两区"）。粮食生产功能区中，水稻生产功能区230万亩，小麦生产功能区111万亩，玉米生产功能区102万亩，小麦与玉米重合面积48万亩、小麦与水稻重合面积63万亩；油菜生产保护区95万亩。尽快建立全市两区的精准化建设、管护、管理和支持制度，构建现代农业生产数字化监测体系。着力加强两区的基础设施建设，整合农田水利建设、农业综合开发、现代农业生产发展、高标准农田、耕地质量提升等项目资金，大力推进重要灌区续建配套与节水改造，改善粮食生产功能区水利灌溉条件，积极推进土地平整、土壤改良等工程建设，打造232万亩西南特色优质粮油现代化生产示范基地。全面推进粮油种植基地的标准化生产，按照"统一优良品种、统一生产操作规程、统一投入品供应和使用、统一田间管理、统一收购加工、统一品

牌销售"实施标准化作业和规范化管理，全面推进耕种管收全程机械化，逐步完善农业标准化生产技术规程体系，严格开展农业生产前、生产中、生产后全过程管理，推进"医保式"病虫害防控、农业机械、气象信息等方面的生产社会化服务体系建设，加快全市水稻标准化生产全域化进程。

6.3.1.3 强化品牌营销，着力培育天府粮油品牌

着力整合全市粮油品牌资源要素，以"天府粮油"区域品牌联盟作为母品牌，保护区域品牌知识产权，深化区域品牌内涵。在"天府粮油"区域品牌之下纳入企业等知名子品牌体系，形成全市粮油产业品牌营销合力。加大品牌宣传力度，充分利用广播、电视、网络等媒介，多形式、广角度、深层次地宣传报道"天府粮油"母子品牌，通过召开新闻发布会、举办各种农业展会、在主流媒体发布广告、策划开展大型宣传活动，整体提升品牌辐射影响力。加快建立线上与线下相互补充的品牌营销渠道，在线上与天猫、京东商城、苏宁易购等知名电商平台合作，拓宽线上销售渠道；在线下重点依托四川国际农产品交易中心、新都粮油批发市场、成都粮油储备（物流）中心等平台，开设"天福粮油"官方旗舰店线下实体店，建立物流配送体系，使消费者可以在固定渠道买到纯正保真带有"溯源防伪标识"的粮油产品。策划采取点对点、私人定制、田块认购、众筹等手段，定制式销售粮油产品，拓宽天府粮油销售渠道。

6.3.2 建立西南地区中央厨房产业总部基地

6.3.2.1 全国中央厨房产业现状

中央厨房产业是指菜品用冷藏车配送，全部直营店实行统一采购和配送，具有集中采购、统一加工、易于质检、统一标准、综合信息处理、规模效益等优势的产业。我国中央厨房产业尚处于成长期，2004年国内首个以中央厨房经营模式为核心的餐饮企业福记食品在港交所上市，2011年国务院、中央宣传部办公厅提出"中央厨房"加工概念后逐渐从餐饮和食品行业分离出来的一种新兴业态。截至2016年，国内中央厨房产业累计投资额已经达到4.2万亿元，中央厨房设备及相关配套第三方服务市场规模达到170亿元。目前，中央厨房的应用正从快餐业进入正餐业、零售业，应用领域覆盖面逐渐增大。但产能社会化需求激增和行业产能结构性过剩之间的矛盾显著，主要原因是我国餐饮企业中央厨房产业主要以自给自足模式为主，较少对外提供第三方服务，面向各类中小餐饮企业、单位团餐等

需求的第三方服务市场空间仍然巨大。总体来看，我国饮食市场巨大，但供应链水平整体处于初级阶段，存在效率较低、市场混乱、人员散杂等问题。中央厨房作为一种新产业、新业态，涉及基地、食材、加工、供应链等相关模块，统一采购、统一加工、统一配送，实现标准化、规模化、集约化和信息化，是餐饮消费与生鲜产品流通调整的主导方向。

我国中央厨房主要包括以下四种类型：

（1）连锁餐饮企业自建的中央厨房。目前，我国成规模的连锁餐饮企业中，74%已经自建中央厨房。知名连锁餐饮企业如海底捞、西贝、外婆家、避风塘、眉州东坡、鼎泰丰、丰收日，以及大娘水饺、真功夫、永和大王等快餐品牌，均有自己的中央厨房体系，其中海底捞旗下的蜀海供应链已成为国内第三方中央厨房的龙头企业。餐饮企业通常采用"中央厨房+连锁门店"的传统模式。随着网购、外卖、"最后一公里"到家等新消费的基础设施加速完善，演变出了"中央厨房半成品+全渠道销售至终端用户"的模式。

（2）团餐企业的中央厨房。这类厨房主要服务于学校、机关、事业单位等团体用餐需求，团餐用餐规模较大，一直是中央厨房传统的参与者。我国大型团餐企业品牌包括千喜鹤、快客利、北京健力源、上海麦金地、蜀王餐饮等，超过半数均拥有自己的中央厨房。

（3）传统零售企业的中央厨房。零售渠道企业以生鲜、熟食为切入口不断向食品上游供应链延伸，中央厨房经营已成对接零售业、新业态，发展成为"生产基地+中央厨房+连锁零售网点"的模式。目前主要超市和便利店业态均涉及中央厨房项目。如在超市企业中，永辉超市、家家悦、中百集团等均大力推进中央厨房的投入和建设，用于供给自身超市渠道中的熟食、半成品以及生鲜商品。

（4）新零售企业的中央厨房。新零售概念催生了一批零售企业逐渐向餐饮端延伸，"互联网+"的新生力量加入中央厨房。一个是首提"超市+餐饮"概念的盒马，另一个是背靠传统餐饮品牌望湘园的净菜电商我厨。其中，我厨位于上海青浦区，建有2万平方米的自动化中央厨房，分为仓储区域、加工区域、订单处理区域、研发区域和办公区域，生产容量为2万单左右。

6.3.2.2 建立西南地区中央厨房产业总部基地

聚焦成渝都市区以及西南主要消费城市城乡居民优质"菜篮子"与餐

饮行业的消费升级与巨大需求，以蔬菜、畜产品、水产品产后初加工、冷链物流为关键环节，通过商业模式与产业业态创新，构建覆盖全域重要基地的中央厨房供应体系，建立西南地区中央厨房产业总部基地。

（1）建设中央厨房产业集聚总部基地。依托全市各产业园、物流中心等重大平台的农产品集散能力，建设中央厨房产业集聚总部基地，配套建设优质农产品原材料采购、食品质量安全检测与监管、中央厨房产品冷链配送等完善的社会化服务，为中央厨房产业集聚发展提供共享条件。重点在新津等主城近郊建设西南地区中央厨房产业总部基地，在全市各优势区（市）县建设中央厨房企业采购与配送中心。积极培育具有竞争力的多元化中央厨房产业主体，加强招商引资，在土地、财政、税收等方面出台有针对性地招商引资优惠政策，吸引一批知名大型连锁餐饮集团入驻，建立面向西南地区重要城市群的中央厨房研发服务与生产供应基地。

（2）创新发展多元化中央厨房产业模式。遵循餐饮与食品产业发展和产品细分规律，扶持餐饮连锁企业、团餐企业、传统零售与新零售企业等主体，合力构建目标市场相互补充、运作模式多元、规模大小各异的中央厨房产业体系。支持餐饮连锁企业构建"中央厨房+连锁门店""中央厨房半成品+全渠道销售至终端用户"等模式，引入永辉等大型传统零售商超企业投资构建"生产基地+中央厨房+连锁零售网点"等模式。积极构建第三方中央厨房供应模式，针对大城市餐饮企业与居民饮食需求，投资建设净菜、复合调料包、预制菜肴、调理食品等餐饮食品专业化第三方餐饮食品中央工厂，开展专业化生产、商业化配送、产业化经营。依托电子商务线上交易平台，建设中央厨房供应链互联网采购中心、仓储中心，构建配送中心第三方专业化服务模式。

6.3.2.3 建设成都标准化优质蔬菜生产基地

（1）探索划定蔬菜生产保护区，建设"天府食都"放心菜标准化基地。针对满足成都都市圈居民菜篮子产品稳定供应需求，借鉴京、津等一线城市经验，在全市永久性基本农田范围内推进百万亩蔬菜生产保护区地块的划定与建设工作。重点推进环主城平坝蔬菜（食用菌）功能区建设，提升绿叶菜等鲜活农产品的生产能力。统筹推进出口标准化蔬菜基地、"三品一标"认证蔬菜基地等各类标准化基地建设，研究出台成都市"天府食都"放心菜生产基地标准与评审办法，全面推进放心菜标准化基地创建与认证，提升放心菜基地的标准水平和质量安全保障水平。引进日本、以色列等农业发达国家的高效农业技术，强化放心菜地科技与设施装备。以千亩菜地为单元配套建设蔬菜产后商品化处理中心，配置相应的预冷设施、整理分级车间、冷藏库，以及清洗、分级、包装等设备，提高产品档次和附加值。

（2）做优做强成都名特优蔬菜产业，引领西南蔬菜产业供给侧结构性改革。按照"一村一品、一镇一业"特色化发展方向，大力发展西南名特优蔬菜产业。强化全市名特优蔬菜品种选育创新，建立名特优蔬菜新品种新技术引入试验与示范基地，开展日本及国内蔬菜发达地区优质良种引进，促进优质特色蔬菜品种的引入、试验、示范与推广。推进名特优蔬菜的品牌创建营销体系建设，支持名特优蔬菜地理标志产品认定，划定原产地保护区，促进品质升级与品牌创建深度融合，打造一批西南知名的名特优蔬菜品牌。

6.3.2.4　推进成都规模化畜禽养殖基地建设

从种养平衡来看，全市域的种养养分趋于平衡，根据农业部办公厅印发的《畜禽粪污土地承载力测算技术指南》标准要求，按照近两年全市畜禽饲养量，以及粮油、蔬菜、水果等全部农产品产量，对现有养殖规模的粪污土地承载力需求进行测试，全市畜禽粪污作为肥料后的氮肥、磷肥供给量分别达到1.36万吨和0.23万吨，而产出现有产量规模的全部农林产品土地对氮肥、磷肥的需求量分别为1.24万吨和0.31万吨，总体来看总量趋于平衡而氮肥略有过剩。未来根据全市现有养殖状况和植物吸收、土地消化、水体自净等情况，按照"总量控制、结构优化、扶持特优、提升效率"的思路推动畜牧业转型发展。严格遵循全市土地利用规划以及关于划定畜禽养殖禁养区限养区适养区的有关规定，全面关闭不规范的小型养殖场，重点发展规模化养殖场，提升全市畜禽标准化规模养殖水平。

（1）打造西南畜牧种业高地。充分整合西南地区畜牧种质资源与种业科研单位，谋划建设西南畜牧遗传资源基因库和西南畜牧种质资源利用大数据服务中心，构建育种资源整合、数据科学分析、过程信息化管理的育种技术新体系，消除育种资源的数据孤岛与数据海洋并存的问题。支持和鼓励畜牧育种企业成立纵向或横向联合育种组织，利用西南畜牧育种大数据中心，合力打造具有世界影响力、国内拔尖的标志性超大型种业企业，形成引领西南乃至全国生猪等畜牧育种创新加速发展的新格局。

（2）优化畜牧养殖结构。生猪"稳量提质"，以减量化调控与提高养殖效率为主，重点推进优质商品猪战略保障基地建设，提高生猪养殖效益和市场竞争力。扩大"粮改饲"试点，推进"以草换肉""以秸秆换肉奶"工程实施，发展牛、羊和小家畜禽，稳步提高除生猪以外的其他畜禽产业比重，形成特色鲜明、优势突出、效益良好的畜种结构。加大畜群结构调整力度，根据不同畜种的繁育特性，合理确定基础母畜、后备母畜和种公畜的比例，形成出栏多、周转快的可持续发展畜群结构。

6.3.3 打造西南地区特色农业发展的有机产业之都

利用全市特色农业资源禀赋优势，以深化农业供给侧结构性改革为契机，以整合资源、汇集合力、聚焦品种、做强品牌、做大产业为导向，聚焦水果、茶叶、中药材三大特色主导农业，走以有机农业为引领、绿色农业为支撑、品牌农业为体系的转型升级之路，重点扶持建设一批有机或绿色示范基地，培育与国外接轨的有机、绿色等标准化配套服务产业，打造西南地区特色农业发展的有机或绿色之都。

6.3.3.1 建立有机特色农业示范引领基地

推动特色农业区域化布局、专业化发展，建设五面山—龙门山中低山茶叶功能区、龙泉山—龙门山丘陵水果功能区和龙门山中低山中药材功能区。在龙泉山—龙门山丘陵水果功能区，围绕龙泉山10万亩伏季水果产业基地、五面山和龙门山10万亩猕猴桃基地建设，率先建立一批有机特色水果核心示范引领基地；在五面山—龙门山中低山茶叶功能区，建立"蒲江雀舌""青城道茶"等品牌的出口茶基地，率先建立一批有机示范引领茶园；在金马河—江安河平坝花卉苗木功能区，围绕川芎、郁金、明参、厚朴等国家地理标志产品种植基地建设，率先建立一批GAP或有机中药材示范引领基地。在各类示范引领基地，按照统一品种、统一种植、统一施肥、统一用药、统一管理五统一全面推行有机标准，构建一套符合西南特色农业资源禀赋条件的有机农业种植标准体系，示范引领特色农业转型升级。

6.3.3.2 打造有机、绿色标准化农业服务业集群

围绕全市有机或绿色标准化农业发展对技术、品牌营销等服务需求，积极完善有机农业配套服务体系，打造服务全川、辐射西南的有机农业事业中心。联合国内有机、绿色等标准认证机构，组建西南地区有机农业事业总部，带动全省有机农业整合开发与产业升级，按照培育大联盟、搭建

大平台的思路，培育集聚一批与有机农业发展相支撑的科技、品牌、市场、金融等现代服务业。此外，培育扶持有机、绿色投入品制造服务业，大力发展天然植物源性生长调节剂、生物农药、矿物源天然矿物肥料和生物菌肥等符合有机农业生产的投入品，成立有机农业投入品监管中心，对有机投入品的使用进行认证与市场监督。

6.3.4　打造千亿元农副产品加工流通产业集群

6.3.4.1　全国绿色食品产业发展现状

全国食品产业已步入由食品安全向营养健康转型关键阶段，加快实现产业由低端向中高端迈进、食品大国向食品强国迈进，已成为当前食品产业升级的共识。全国食品工业持续增长，正处于转型升级关键时期，转型后市场消费空间依旧广阔。2017 年，全国规模以上食品工业企业（不含烟草）主营业务收入 105 204.5 亿元，同比增长 6.6%；据测算，未来十年，中国食品消费将增长 50%，价值超过 10 000 亿元。其中，主要动力源于城镇化进程的持续推进和消费者可支配收入的平稳增长。大幅增加动物和乳类蛋白的摄入，提高二、三线城市对大众化包装食品总量的需求。

全国绿色食品表现为以下四种趋势：

（1）结构化分异：传统行业与朝阳行业命运迥异。传统食品农业行业及销售业态面临巨大挑战，竞争加剧，乳制品、粮油制品、肉类等日常主副食品行业板块消费增长普遍趋缓。消费者在日常饮食消费中愈发注重安全、健康等品质，趋向更高端的产品。工业云、大数据、互联网、物联网、智能机器人等新一代工业革命的技术在食品工业研发设计、生产制造、流通消费等领域深度应用，快速发展。

（2）区域化布局：主产区、销售区域与物流节点。食品企业将持续向主要原料产区、重点销区和重要交通物流节点集中。例如，乳制品布局"巩固和发展东北、内蒙古产区、华北产区，稳步提高西部产区，积极开拓南方产区，稳定大城市周边产区"；肉羊屠宰加工集群逐步向河南、内蒙古及河北北部、西北和西南集聚发展。

（3）安全化升级：品牌、绿色、营养。市场对食品健康、安全、美味等品质提出更高要求。绿色食品、功能性食品消费增速明显高于普通食品。自主品牌建设全面改观"中国食品"形象，各地培育、包装、推广食品工业品牌的长效机制逐步建立健全，食品行业品牌文化建设热情空前高涨，品牌发展基础和外部环境大幅改善，企业品牌、区域品牌、产业集群品牌交相辉映，大品牌发展趋势日益鲜明。

（4）集团化引领："小弱散"格局全面扭转。企业跨区域、跨行业、跨所有制兼并重组步伐不断加快，将涌现更多起点高、规模大、品牌亮、效益好、带动广、市场竞争力强的大型企业集团。这些企业集团在一系列政策的支持下，稳健扛起行业领军大旗，进一步提升行业集中度。

6.3.4.2 培育千亿元绿色食饮品加工产业集群

突出健康化、高端化、功能化的发展方向，深度开发"原字号"，实施"粮头食尾""农头工尾"产业链延伸行动；改造升级"老字号"，用先进适用技术和信息化、绿色化、服务化改造提升传统农副产品加工业；培育壮大"新字号"，积极发展药食同源、功能性特色食品制造业，将全市打造成全国知名的绿色食饮品产业基地。

（1）组建西南优质粮油加工产业总部。新津及周边地区已初步形成以希望集团、中粮集团、白象方便面等一大批粮油食品生产加工企业，中粮集团将与现有中储粮粮油储备、加工项目共同发展，形成产业聚集，带动成都成为西南地区最大的粮油加工基地和物流交易集散地。未来依托新津、崇州等粮油主产区资源优势，借助成都西南物流门户区位优势，立足西南地区粮油安全保障，着眼全球粮油产业贸易格局，在成都建立西南粮油产业总部基地，聚集一批跨国粮油企业。依托大规模粮油加工企业，促进产业链条不断延伸。

（2）建立全国知名川菜调味品产业基地。依托郫都区安德川菜调味品加工产业园、大邑韩场食用菌加工基地、新都新繁泡菜食品加工产业园、金堂竹篙镇农产品精深加工园、青白江城厢特色食用菌加工基地等，立足独有的蔬菜腌制传统工艺，运用食品生物工程技术，重点发展调味品、酸辣泡菜、豆瓣酱、酱菜、腌制蔬菜、辣椒油、榨菜、火锅调料、蔬菜罐头等产品。大力发展双孢蘑菇、香菇、金针菇、平菇、茶树菇等干食用菌、腌制菌块和罐头产品，重点开发蘑菇精、脱水蘑菇粉（粒）、草菇酱油和菌汤等熟制食用菌深加工产品。

（3）建立全国知名休闲食饮品产业基地。发挥绿色有机蔬菜和浆果资源优势，推进柑橘等水果、茶叶等食饮品加工，大力发展健康饮料，开发猕猴桃、葡萄、水蜜桃、梨等水果加工生产浓缩果汁、果酒、罐头等产品。加强对水果功能成分的提取和功能保健食品的研发，推进果品、果渣再利用，实现从水果皮渣、籽等副产物中提取果胶、精油、食用色素等产品。推进酒业产品多元化、休闲化、健康化，积极开发无糖啤酒、无醇啤酒、保健啤酒等新型休闲健康啤酒。

（4）建立西南畜产品精深加工示范基地。建立"畜禽养殖—屠宰加工—冷鲜肉加工—冷链物流—销售""畜禽养殖—屠宰加工—肉制品精深加工产业链"等产业链条。优化肉类食品加工结构，提高冷鲜肉比重、小包装分割肉加工比重，创建民族特色肉制品品牌。加强畜禽骨血、脏器、皮毛绒等副产品综合利用，开发免疫球蛋白、血球蛋白粉、骨油、骨胶、明胶、骨髓粉、骨多糖、硫酸软骨素、胎盘素等系列生物制品，延伸产业链条、提升产业价值。

（5）建立国内外领先的乳制品加工基地。建立全球一流的高端乳制品加工示范基地，发展功能性及专用型乳制品，积极开发适应不同人群的保健营养乳品，开发以酸奶、嗜酸乳杆菌奶、双歧杆菌奶、干酪等发酵乳制品作为益生菌载体的各种功能食品；大力发展干酪、乳清制品等国内紧缺产品，实现产品结构的多元化与高端化。

6.3.4.3　培育西南特色中药材加工产业集群

发展现代中药、生物制药产业，将全市打造成西南重要的中医药产业基地。建立中药提取产业基地或研发中心、中试基地等，应用先进提取、分离、精制技术提升中成药产品，重点发展用于治疗肿瘤、心脑血管病、免疫功能性疾病和病毒性疾病的中成药。积极培育生物制造产业发展，加大招商引资力度，引进知名生物工程、医药行业的企业或研发机构入驻，推进生物基材料、功能添加剂、糖工程产品的规模化生产，发展生物菌剂制备，纤维素酶、碱性蛋白酶、诊断用酶等酶制剂、纤维素生化产品。拓展中药材加工产业的日用品及保健养生大健康领域，推进"中药材+健康食品""中药材+医疗康体""中药材+功能营养品"三大跨界发展，打造区域特色显著、具有竞争力中药材加工产业集群。

6.3.4.4　培育国际一流的西南地区优质饲料产业集群

充分利用农业种养大省的资源与市场优势，大力推进优质高效饲料产业的快速发展，实现粮食就地转化增值，促进种养循环、贸工农一体化发展。依托新希望集团、三旺饲料等大型企业，加快推进优质高效饲料产业科技创新，构建具有国际竞争力的饲料加工产业体系。大力开发新型饲料添加剂产品，重点推进氨基酸技术改造，增强饲用氨基酸国际竞争力，重点加强对酶制剂、微生物制剂、有机微量元素、植物提取物等新型饲料添加剂的研发、生产与应用。积极发展安全环保型饲料产品，推广低氮、低磷、低微量元素配方技术，综合利用新型安全饲料添加剂产品，减少抗生素等药物饲料添加剂使用。增强大型饲料企业的科技创新能力，支持企业建立技术研发中心，聚焦全球最前沿的饲料开发技术领域，参与国家重大科技项目，重点开展蛋白质饲料资源开发利用技术研发与应用，加强食品工业副产品高效利用技术和研发与推广应用，支持企业开展饼粕、糟渣、玉米酒精糟等粮油食品加工副产物和薯类等饲料原料优质化处理与规范化利用，建立利用动物加工副产品深加工生产优质蛋白示范基地，缓解国内蛋白饲料原料不足的压力。

（1）进行新型饲料添加剂加工。增强技术研发与支撑能力，利用基因工程、蛋白质工程和代谢工程等现代生物技术，大力研发与制造微生物制剂、酸化剂、植物（中草药）饲料添加剂、酶制剂等新型饲料添加剂。

（2）建立蛋白饲料资源加工基地。加快对食品加工副产品等非粮原料的优质化处理，强化食品工业副产品高效利用技术与研发与推广应用，建立利用动物加工副产品深加工生产优质蛋白示范基地。

6.3.4.5 建立西南地区农产品食品交易流通门户

充分发挥西南对外门户的区位优势，依托全市"五园区—六中心—若干服务站（配送点）"的"5+6+N"市域物流节点设施空间布局体系，以及全市"五口岸—两区域—若干场所"的"5+2+N"立体口岸空间规划布局体系，促进现代农业全产业链发展与现代物流深度关联互动，着力推进全市农产品与食品仓储体系、流通体系和交易体系建设，打造西南地区现代农业与食品产业对接"一带一路"倡议的交易流通高地。

（1）构建线下农产品食品流通体系。构建以全国性农产品产销市场为主体、区域性农产品产地市场为支撑、田头（村头）市场为补充、农产品物流集散通道为脉络、现代化农产品运输为载体的农产品流通体系。重点谋划建立辐射西南地区的国际农产品食品物流中心，吸引国内外大型农产品食品与物流商贸企业进驻，建立辐射全川乃至西南农业产地、面向长江经济带和共建"一带一路"国家消费的优质农副产品集散中心，打造成为西南农产品食品流通交易的重要门户枢纽。

（2）大力发展农业电子商务。加强区块链、物联网、云计算、大数据、移动互联等先进信息技术在物流领域的应用，推进全程透明、可视、可追踪、智能管理。重点加强重要农产品食品物流平台的电子商务板块建设，搭建具有区域影响力的特色农产品电子商务平台。积极与国内淘宝、天猫、京东、苏宁易购等大型第三方平台合作，整合建设天府农产品食品特色馆，引导本地电子商务企业入驻。全面加强线下农村物流基础设施建设，围绕有机特色农产品基地布局乡镇与村庄，重点培育和建设"电子商务示范镇""电子商务示范村"。积极引导电子商务企业与农村邮政、快递、供销、交通运输等既有网络和优势资源对接合作，依托邮政网点、"万村千乡市场工程"和各类连锁直营店，与京东、邮政等企业合作，加快对农村传统商业网点升级改造，支持物流快递企业到镇村一级建设配送网点及终端，依托万村千乡市场工程和供销社、邮政、日用品连锁及便利店等电子商务服务站点，扩大农村地区配送网点的覆盖面。逐步建立起全市域线上与线下相结合、产地和销地市场相匹配、业态多元的农产品市场交易体系。

6.3.5 打造千亿元都市休闲农业与乡村旅游产业集群

6.3.5.1 构建全国休闲农业与乡村旅游发展格局

我国休闲农业与乡村旅游萌芽于 20 世纪 80 年代末期，起步于 20 世纪 90 年代，快速发展于 21 世纪初，至今已经迈入规范发展、创新发展的阶段。

近年来，特别是在全国旅游业快速发展的大背景下，我国乡村旅游这一新的旅游形式也被越来越多的人青睐。2012—2017 年，我国休闲农业与乡村旅游人数不断增加，从 2012 年的 7.2 亿人次增至 2017 年的 28 亿人次，年均复合增长率高达 31.2%，增长十分迅速。全国农家乐数量达到了 220 万家，休闲农业和乡村旅游示范县（市）区 388 个、中国美丽休闲乡村 560 个。2017 年，全国乡村旅游收入达到了 7 400 亿元。伴随国内经济增长与居民消费不断升级，预计到 2021 年年底，全国休闲农业与乡村旅游总收入将突破万亿元大关，迈入万亿元产业俱乐部行列，呈现出了较好的发展前景。

从全国县域休闲农业与乡村旅游发展水平来看，通过对全国休闲农业和乡村旅游示范县（市）区的对标分析，西南地区是我国休闲农业与乡村旅游规模体量最大、增长迅速的区域，但同时存在旅游消费不高、贡献度偏低等问题，是全国休闲农业最具特色、最有潜力的发展区域。

从县域休闲农业与乡村旅游经营主体数量、资产额等总体规模来看，西南地区规模指数达到 0.746，位居七大区域首位，领先优势明显，休闲农业与乡村旅游的规模实力前 50 强县中，西南地区有 15 个、华东地区有 14 个。从休闲农业与乡村旅游收入增长等发展增速来看，西南地区增速指数达到 0.727，仅次于华东地区，与华中地区并列位居七大区域中的第二位，休闲农业与乡村旅游增速实力的前 50 强县中，华东地区有 24 个、西南地区有 8 个。

从休闲农业与乡村旅游利润、税收和增收等贡献程度来看，西南地区贡献指数为 0.729，仅高于东北、西北地区，远低于华东地区（0.742），在休闲农业与乡村旅游贡献前 50 强县中，华东地区有 22 个，西南地区仅有 6 个。从休闲农业与乡村旅游农副产品销售等消费水平来看，最高的华东地区消费指数达到 0.729，西南地区仅为 0.707，位居七大区域中的第七位，仅略高于东北地区（0.702），休闲农业与乡村旅游消费实力前 50 强县中，西南地区仅有 7 个。

当前休闲农业和乡村旅游正处于新一轮转型升级期，其显著特征如下：一是在服务设施上，正从简陋、单一向装备现代化、信息化、智能化方向转型；二是在服务产品方面，正由吃饭、垂钓、采摘"老三样"向与教育文化、健康养老、信息科技等产业进一步深度融合转变；三是在发展业态方面，正由低端的农家乐和采摘园向精品民宿、现代农业园区、农业公园等方向转型升级。在政策推动、市场拉动、创新驱动下，越来越多的社会资本进入休闲农业和乡村旅游领域投资兴业，带动了科技、人才、信息和管理等现代要素下乡进村，推动了休闲农业和乡村旅游向着规划更加科学、管理更加现代、服务更加优质的方向发展，成为现代农业发展的一道亮丽的风景线。伴随产业整体水平的不断提升，休闲农业和乡村旅游产业将吸引更多的城市先进生产要素进入农业农村，成为连通城乡的重要节点和纽带。

6.3.5.2 打造成都市休闲农业与乡村旅游产业集群

成都市是全国休闲农业与乡村旅游发展的先行者与领头羊。2016 年，成都市被农业部认定为全国休闲农业和乡村旅游示范市。全市已建成集生产、生态、观光、科普等多种功能于一体的休闲农业示范园区 440 余个，面积近 200 万亩，占耕地总面积的 47%；全市各类休闲农业和乡村旅游经营主体超过 1.6 万家，其中省级休闲农业主题公园 10 个、省级示范休闲农庄 40 个、省级家庭农场和合作社 205 个、星级农家乐和乡村酒店 721 家、评选了 50 佳休闲农业和乡村旅游目的地。2017 年，成都市休闲农业和乡村旅游年接待游客达到 1.07 亿人次，总收入达到 328 亿元。

（1）实施全域休闲农业与乡村旅游精品创建。推动农旅文商等产业深度融合，着力构建和完善农业观光、休闲购物、美食体验、文化创意、养生度假等乡村旅游核心产品体系，积极培养和发展低空、自驾、康养、研学、科技等新业态，彰显天府文化特质。打造多个运动休闲、文化创意、度假康养、原创艺术等"成都主题旅游示范点"；培养一批建筑生态化、管理专业化、住宿特色化、服务国际化的文化主题酒店（旅游民宿）；催生一批林盘变景区、农区变景区、农房变客房等示范典型，优化乡村旅游供给体系，培养新经济，发展新动能。充分发挥农业绿色生态本底优势，大力推进美丽风景的精品项目建设，创建一批突出的地域文化特色、可进入可参与、集吃住行游购娱于一体的 2A 级及以上林盘景区，打造一批主题鲜明、内涵丰富、风格迥异的 3A 级旅游特色镇，结合特色镇和川西林盘建设，重点沿龙门山、环龙泉山、环都市区三条乡村休闲旅游带和天府绿道骑游带，精心打造田园化的农业景观景点，支持建设一批特色鲜明、设施完善、功能现代的田园综合体，积极创建一批国家 4A 级以上休闲农业景区，努力把都江堰灌区整体打造成世界级旅游景区。

（2）推进天府文化、巴蜀文化等保护传承创新。按照统筹谋划、系统部署、上下联动、重点推进的思路，以"有历史可鉴、有民俗可庆、有故事可讲、有文化可品"的形式开展多样的"四有"节庆活动。依托四川省的自然资源禀赋和民俗特色，开办开犁节、采茶节等农事活动。开展一批农业会展活动，发展农业会展经济。以这些活动为载体，弘扬农耕文化，彰显时代精神力量，促进文化振兴和乡风文明；发展"农业+文创"产业，深入挖掘天府文化，特别是天府农耕文明、川西林盘、川菜美食、都江堰水文化精华，打造一批具有成都平原特色的农业文化主题公园、博览园、博物馆和农业文创主题农庄、休闲农场、农艺工坊，培育一批涉农文创企业，打造一批如三星梅林雅集产业集群发展示范区的文创基地，发展壮大农业文创新业态；重点抓好"稻田湿地、水旱轮作农业生态系统"优化提升，争创中国和世界农业文化遗产。

（3）大力发展乡村健康旅游产业。面向西南地区都市养生康体人群，发挥本地生态资源、区位条件、有机农业等优势，构建以田园养生、乡村养老、农业康体、特色休闲为主导的"1+5+X"的乡村健康旅游产业体系。搭建西南地区乡村健康产业大数据平台，对接城市健康医疗机构与资源，提升医疗健康等精准服务能力，针对不同个体的健康需求提供定制系统性服务解决方案。利用生态环境、有机农业等优势，内培外引重点打造"医、教、食、养、康"五位一体的乡村休闲农业与健康旅游产业链。在全市扶持一批以休闲农业与乡村健康旅游产业为主题的特色小镇、田园综合体等，强化产业发展、主题特色的基础上，根据小镇或田园综合体发展健康旅游业对城市公共基础设施与服务的要求，完善配套城镇生活商业服务产业，培育强化商贸物流、养生居住、商务会议、体育健身、休闲娱乐、养老居住等产业板块。

6.4　建立绿色引领、科技驱动的都市现代农业生产体系

20世纪60年代以来，我国确立了以机械化、水利化、化学化和电气化等"老四化"为主的现代农业生产力建设重点，并指出机械化是农业现代化建设的根本出路，水利化是农业现代化建设的命脉。进入21世纪以来，特别是10多年的经济发展与外部形势等发生重大变化，生物、科技等现代技术革新不断加速，现代农业的设施装备建设迫切由劳动密集型导向向资本密集型与劳动集约型相结合导向转变，现代农业生产力建设正加速由以"老四化"向以水利化、机械化、智能化、节约化、绿色化、优质化等为代表的"新六化"转变。

6.4.1　推进现代化农田水利设施建设

（1）推进重点水利工程建设。加快推进毗河引水工程配套渠系和水源工程建设，都江堰灌区、玉溪河灌区建设及续建配套与节水改造工程建设，山丘区"百湖千塘万池"抗旱水源工程等项目建设，稳步推进高标准农田水利设施综合配套工程建设；尽快建成李家岩水库；推动三坝水库、踏水水库前期工作。深入推进小型水利工程产权制度改革，实施小型水利工程产权交易、水权分配和交易，以及产权和水权抵押融资。

（2）推进高标准农田建设。依据《成都市高标准农田建设技术规范》相关技术标准，按照"因地制宜、菜粮优先、设施配套、产村相融、集约高效、机制创新"的原则，坚持"区域集中连片、项目集成整合、产村同

步推进"的思路，积极整合资金，大力实施100万亩菜粮基地高标准农田建设提升行动计划工程，实现田网、渠网、路网、观光网、服务网、信息化网、设施用地网"七网"协调发展，机械化、规模化、标准化"三化"联动，农田灌排能力、土壤培肥能力、农机作业能力"三力"提升。

（3）大力推进农业用地综合整理。坚持最严格的耕地保护制度和节约集约用地制度，深入实施藏粮于地和节约优先战略，加强对农田、耕地、宜耕后备土地的整治，增加有效耕地面积，落实城乡建设占用耕地占补平衡任务。加强对宅基地（闲置地）和集体建设用地的复垦，与周边农用地进行规模化经营、集约化利用，集中连片考虑田、水、路的综合整治，整体推进土地流转，为规模经营和都市现代农业发展创造条件，促进农业增效，农民增收，带动城乡土地资源、资产、资本有序流动，促进城乡生产要素的合理配置。

6.4.2 提高农业全程机械化水平

（1）开展西南农业机械化关键装备技术示范行动。大力引进、试验与推广适合成都市丘陵山区优势特色农产品的农业机械化关键装备技术。粮食作物关键装备技术重点示范推广中小型水稻插秧和收获机械、水稻育秧流水线，推广粮食烘干机械，推广马铃薯等旱粮作物收获机械。油菜作物关键装备技术重点示范推广中小型油菜种植和收获机械，推广油菜优质、低耗、高效标准化机械化生产技术。茶叶作物关键装备技术重点示范推广茶园中耕除草、施肥机械，高效低污染的植保机械，名优茶采摘机械；推广水资源利用高的灌溉机械设备、茶树除霜防冻机械。水果作物关键装备技术重点示范推广中小型果园中耕除草、施肥、灌溉、果树修剪整枝、高效的污染病虫害防治等果园管理机械；推广具有分级和包装等功能的水果商品化处理机械，以及水果贮藏保鲜技术装备设施。蔬菜作物关键装备技术重点示范推广中小型移栽、高效低污染植保机械；推广工厂化机械育苗流水线，蔬菜采摘后分级、包装盒预冷贮藏保鲜技术装备设施。食用菌作物关键装备技术重点示范推广自动配料、混合、装袋和扎带等功能的菌包备置，以及菌种填装、胶囊自动备置及接种、灭菌等功能机械化生产线，以及食用菌栽培环境设施。中药材作物关键装备技术重点示范推广喷滴灌、病虫害防治、收获机械设备，以及钢架大棚栽培设备；大力示范推广中药材无硫烘干、切片加工机械装备。畜禽养殖作物关键装备技术重点示范推广自动喂料系统、畜禽粪污清理和收集机械设备；病死猪以及畜禽粪污无害化处理与资源化利用的机械设备。水产养殖作物关键装备技术重点示范推广高效、节能的鱼塘饲料投喂、增氧机械，示范推广水质净化循环处理设备、鱼塘孵化机械装备，用水量减少的池塘清淤机械。

（2）推进农机与农艺、机械化与信息化融合。农机农艺融合是农机化技术与农艺技术相互促进、协调统一的过程，对发挥两种技术在农业增产增效中的作用至关重要。推进丘陵山区农机农艺融合应从以下两个方面着手。一是加强农机、农作、经作、种子、土肥、植保等部门间的协调与协作；建立完善定期会商、工作协调等制度，构建工作沟通机制，搭建合作协调平台；同时，要加强农机农艺部门与科研部门之间的联系沟通，从制度和机制上确保农机农艺融合推进。二是根据丘陵山区的区域和产业特点，依托农业科技项目的实施，制定和选择相应的机械化生产技术路线与机械装备配备，通过作物品种、栽培技术、机械装备三者的集成配套，实现农机农艺的融合。此外，随着信息技术在农业生产中应用领域的扩大，推进机械化与信息化融合是丘陵山区农业发展的客观需要。目前，丘陵山区农业生产中机械化与信息化融合的主要领域包括以下三个方面：一是设施种植，大棚温室内的光照、温度和空气等环境控制，以及水肥喷施等机械装备的配套应用；二是设施畜禽养殖中的自动喂料、畜禽舍环境参数的自动调控，以及水产养殖中的定时自动投饵、增氧等机械装备的应用；三是茶叶、水果等丘陵山区特色经济作物的全程自动化的处理加工生产流水线的推广应用。

6.4.3　推广智能化数字农业生产技术

（1）建设数字农田。建立涵盖数量、空间布局、耕地质量和设施装备等信息的农田信息数据库，坐实农田"家底"。创新耕地质量监测技术手段，搭建耕地质量监测网络，构建耕地质量综合一体监测模式，重点围绕高标准农田和永久基本农田，加快推进以测土配方施肥为核心的地力信息数字化建设，搭建国家耕地质量大数据平台；做好粮食生产功能区和重要农产品生产保护区划定，推进"两区"建设、管理和服务数字化，实现农田的信息化、精准化管理。

（2）发展精准农业。在建设数字农田、数字农情等基础上，大力发展精准农业。针对具体地块、具体作物以及区域自然地理特点，强化数据融合、核心算法两大关键环节，构建"作物—环境—耕作"模型的解决方案。在数据融合方面，依托数字农田与数字农情，整合多年气象、土壤、地形、水文、耕作、产量、病虫害等一系列数据，做到每个农户有档案、每个地块有信息，继而根据信息有针对性地采取相应的管理措施。同时，在生产田间实行全程技术服务和跟踪检查，从春播、夏管、秋收等，环环进行技术指导，步步跟踪严格管理。在核心算法环节，结合气象模型、土壤模型、作物模型、遥感反演模型、机器视觉以及深度学习算法全天候监测农业生产整个流程，分析作物的成长状况，根据具体地块、品种、生长环境、气候条件和市场需求等制订出科学合理的管理种植方案。精准把握水、肥、药、种的投入量和投入时机，使作物达到最佳生长量，挖掘作物的生产潜力，同时减少化学物质使用，减少环境污染。

（3）引领数字化养殖业发展。促进大数据、物联网、云计算在养殖业全产业链集成应用，推动养殖模式变革和产业转型升级。重点推进畜禽养殖监控设施装备的数字化应用，建立畜禽养殖环境和养殖个体体征智能监测系统，研发以数据为驱动的动物生长模型，提高辅助决策和指导生产能力。推进电子识别、精准上料、自动饮水、产品收集、分等分级、畜禽粪污处理的数字化集成应用，精准监测畜禽养殖投入品和产出品的数量，提升畜禽养殖的自动化和智能化水平，实现畜禽养殖全程数字化管理。推进渔业生产管理数字化、网络化、智能化，重点推广应用水体环境实时监控、自动增氧、饵料自动精准投喂、水产养殖病害监测预警、循环水装备控制、网箱升降控制、无人机巡航等信息技术和装备普及应用。

6.4.4 节约利用农业水土资源

（1）加强耕地资源保护与建设。落实最严格耕地保护制度，确保全市耕地数量不减少、耕地质量不下降。加快划定全市永久基本农田，加强土地整治、中低产田改造、农田水利设施建设。制订实施全市耕地质量保护与提升行动计划，重点建设布局一批耕地地力监测控制点，加强耕地质量监测与评价。统筹开展耕地培肥地力、保水保肥、控污阻污等举措，重点推广深耕深松、保护性耕作、秸秆还田、增施有机肥、种植绿肥等方式，增加土壤有机质，实行耕地轮作休耕制度试点。恢复和培育土壤微生物群落，构建养分健康循环通道。

（2）推进农业水资源保护与高效利用。推行农业灌溉用水总量控制和定额管理，确立全市农业水资源开发利用控制的两条红线。加快推进农业水利设施建设，加强小型农田水利重点县建设，着力解决小型农田水利工程"最后一公里"问题，推进实施山区小型灌区续建配套与节水改造工程。实施农业节水灌溉行动，推广抗旱节水品种和喷灌滴灌、水肥一体化、深耕深松等技术，推广渠道防渗、管道输水、喷灌、微灌等节水灌溉技术，推动物联网技术在节水灌溉领域的应用。全面推进农业水价综合改革，建立健全水价形成机制，统筹考虑供水成本、水资源稀缺程度、用户承受能力、补贴机制建立等因素，制订农业水价改革方案。

6.4.5 全面推进农业产地环境治理

（1）实施化肥农药使用量零增长行动。继续开展测土配方施肥，实现全市测土配方施肥技术推广覆盖率达到95%以上，直接从养分投入"源头"上进行化肥减量。转变施肥方式，实施精准施肥示范基地项目，制定各区域、作物单位面积施肥限量标准，在集中连片区推广使用土壤机械深松机、肥料深施机等施肥机械；推广水肥一体化、叶面喷施和根外施肥等技术，建立特色农业种植集中区水肥一体化示范点。推广应用控释肥、缓释尿素、生物菌肥、水溶肥等高效新型肥料，重点在现代农业产业园、优质稻生产功能区、特色农业产业示范基地等载体，建立高效新型肥料应用示范点。推广"有机肥+配方肥""果—沼—畜""有机肥+水肥一体化""自然生草+绿肥""有机肥+机械深施"等模式。

（2）实施农药使用零增长行动。全面推进粮油作物病虫害的专业化统防统治，积极推进整建制统防统治，逐步实现整村、整乡推进，实现区域间联防联控、区域内统防统治。大力推进绿色防控，促进绿色防控与统防统治融合发展，集成优化适合不同区域、不同作物的病虫害绿色防控配套技术，建立粮油、蔬菜、茶、柑橘、中药材等一批绿色防控技术规范或技术标准。开展高效低毒环境友好型新农药的引进试验示范和推广应用，推广新型高效植保机械，培养一批科学用药技术骨干，加快实现"药、械、人"三要素协调提升。扎实推进农药减量控害示范乡镇建设，积极引导和协助植保服务组织落实相关补贴政策。

（3）加快秸秆和畜禽粪污等农业废弃物资源化利用。在全市整县推进秸秆全量化综合利用，围绕收集、利用等关键环节，促进多元化综合利用。在各区（市）县粮油及畜牧优势乡镇布局建立相应秸秆资源化利用试点中心，提升综合利用水平。大力推进畜禽粪污资源化利用，加强畜禽规模养殖场环境准入管理，在现有禁养区划分的基础上，尽快依法完成全市禁养区畜牧养殖基地的调整优化。支持规模养殖场建设必要的粪污处理利用配套设施，对现有基础设施和装备进行改造升级。重点在全市各区（市）县的养殖密集区建设集中处理中心和病死畜禽无害化处理中心，开展专业化集中处理，探索总结推广一批适合全县的畜禽粪污资源化利用典型技术模式。

（4）积极开展地膜与包装废弃物回收利用。研究设立市财政关于支持地膜与包装废弃物回收利用专项资金，加快构建网络完善的回收利用体系。推进全市地膜覆盖减量化，开展地膜覆盖技术适宜性评估，推进地膜覆盖技术合理应用，降低地膜覆盖依赖度，减少地膜用量。扶持从事地膜回收加工的社会化服务组织和企业，推动形成回收加工体系。加快推进农药废弃包装物回收利用，扶持在各区（市）县分别建设废旧农膜及废弃农药包装物回收利用中心，提升再利用水平。开展以农资经销网点、农业专业合作社、种植大户折价回收模式为主和清洁田园回收为辅的农业投入品废弃包装物回收处置措施，将因农业生产产生的农业投入品废弃包装物进行回收、分类，并统一进行规范化处置。

6.4.6 建立全域农牧循环经济体系

（1）农田尺度的种养循环模式。一是稻田立体种养模式。稻田是农业湿地的主要形态，稻田立体种养模式是我国最早的湿地农业种养模式，以稻田鱼最具代表性。稻田养鱼充分利用稻鱼共生互利的机制，田鱼以稻田里的杂草和害虫为食，鱼的排泄物可以作为有机肥，鱼在稻田中来回游动，翻动泥土，起到松土的作用，有利于水稻分蘖和根系的发育。水稻为田鱼遮阴，还提供了氧气和饵料。稻田除了养殖鱼以外，还可以养殖多种水产品和禽类，如鸭、青蛙、小龙虾、罗氏沼虾、黄鳝、泥鳅、鳖、蚌等，形成稻—鱼—鸭、稻—鳖、稻—虾、稻—鳅等多种立体种养模式。二是池塘立体种养模式。鱼塘是一个复杂的生态系统，系统中各类生物间存在养、相生、相帮、相克等极其复杂的关系。合理利用生物间的关系，发展立体种养，可以取得良好的经济效益、社会效益和环境效益。探索发展两类池塘立体种养：一类是桑基鱼塘模式。农田种桑、水塘养鱼、桑叶饲蚕、蚕屎喂鱼、塘泥壅田与培桑，池塘余水用于灌禾。鱼塘肥厚的底淤泥挖运到四周塘基上作为桑树肥料，桑地土壤中多余的营养元素随着雨水冲刷又流入鱼塘，养蚕过程中多余的蛹和蚕沙作为鱼饲料和鱼塘肥料，系统中多余营养物质和废弃物周而复始地在系统内进行循环利用。另一类是鱼菜共生模式。通过不改变或基本不改变水产养殖原有模式的情况下，在鱼塘水面种植适宜水生植物，通过吸收水中的富余营养物质促进植物生长，同时使水体中富营养物质从池塘转移到水生植物上，从而形成养殖鱼类到浮床植物的立体生态循环利用，实现了池塘水质的原位净化和节能减排。三是林下立体养殖模式。林下经济是对林地空间和森林资源的立体利用，我国在森林多种经营和发展林下经济方面具有悠久的历史，并在长期的实践中创造了多种成功模式和典型。全国林下经济产值已达到 3 600 多亿元，带动 4 550 万农户户均增收 453 元。重点推广林下养蛙、养鸡、养猪等模式。

（2）家庭农场尺度的种养循环模式。积极扶持种养结合型家庭农场，支持家庭农场发展种养循环产业，按照生猪存栏 2 200 头，周边配套种植基地 700 亩，种养比例为 1∶3 的原则，即 1 亩山地养 3 头猪。实现养殖场年产猪粪 1 000 吨，通过干湿分离，干粪发酵后制作有机肥，30% 自用、70% 供周边农户使用。日产污水约为 1.8 万升，经过三级沉淀及厌氧发酵处理，用高压泵抽到山顶的蓄肥池，通过喷灌、滴灌设施灌溉梨园、桃园、苗木等，果园套种番薯、萝卜、黑麦草等，用作生猪的青饲料，实现种养结合的小循环。

（3）镇域尺度的种养循环模式。统筹全镇域的种植、畜牧产业规模与布局，通过对生猪等畜禽废弃物、废水进行综合利用和有效处理，开发生物质能源，回收有机肥资源，将治理污染、净化环境、回收能源、综合利用、改善生态环境有机地结合起来，采用沼气综合利用技术进行污染治理，实行作物生产、动物转化、微生物降解还原一体化，以实现资源的多层次利用，形成"猪—沼—苗木""猪—沼—果""猪—沼—稻"的生态循环经济模式。重点对养殖场按照干湿分离、雨污分离原则，布局建造相应规模的气压式厌氧发酵沼气池，以及畜禽排泄物进料沉淀池、沼液贮存池、无害化处理池以及干粪发酵房，使得能基本能解决镇域各养殖小区（场）的畜禽粪尿直排问题，产生沼气用于生活用能、保暖等。同时，为解决沼渣沼液二次污染问题，通过建设沼渣沼液储存池，覆盖全镇域所有苗木、林果、粮食等种植基地，实现全镇域的种养循环发展。

（4）县域尺度的农牧循环模式。以县域为单位，统筹布局农业产业和沼气工程、沼液配送、有机肥加工、农业废弃物收集处理等配套服务设施，整体构建生态循环农业产业体系，实现县域大循环。重点针对养殖大县的畜禽粪污资源化利用环节，创新体制机制，引入第三方的能源或环保企业，对全县域规模养猪场猪粪进行统一收集，并作为原料进行沼气发电和有机肥生产，实现全县域 2/3 以上猪粪由第三方企业统一收集处理，通过企业生产沼气、发电，生产固体有机肥和液态肥。同时，在果蔬、茶叶、苗木、水稻等种植业区域建立沼液综合利用示范基地，由沼液专业服务公司统一进行沼液运送和施肥服务，实现"猪粪收集—沼气发电—有机肥生产—种植业利用"的县域大循环。

6.4.7 健全农产品质量安全追溯体系

（1）加强标准化基地建设。参照绿色有机、出口备案等要求，实施农业标准化提升工程，积极推广设施统建、农机统配、农资统供、病虫统防、产品统销等标准化生产经营模式。实施现代农业示范基地（园区、带）建设提升工程，加快集中连片基地建设，全面推进蔬菜、水果、花卉苗木等园艺作物标准化生产，鼓励经营主体在规模基地建设标准化种植园区和养殖场。

（2）强化农产品质量安全检测监督。提升全市农产品质量安全检测与监管能力，建立完善"市、县、点"三级监测体系，增强各类农产品批发市场、配送中心、农贸市场等流通载体的快速检测能力，区域性市场按照市级标准配备相应检测设备。重点对市、县两级的农产品质检条件进行改造升级，系统装备产区检测与销区检测衔接、国内市场与国际市场兼顾的质量控制基础设施，基本建成产地环境、投入品和农产品全面监控的农产品质检体系，提升全市农产品质量安全监管水平。结合农业区域品牌创建，加快建立主要品牌农产品的产地环境认证制度，加强农产品产地环境监测和农业面源污染监测，强化产地安全管理。委托具有一定资质的专门认证机关，对生产农产品的产地环境按法定标准进行严格系统审核，确定农产品的产地环境水平等级，并给予相应等级商品区域品牌标签的使用权。

（3）完善全市农产品质量安全追溯体系，搭建集"管、防、控"于一体的面向全市农民专业合作组织、农产品加工企业、农产品生产基地、消费者的农产品质量安全追溯与监管平台，为行业管理部门决策、企业内部管理和消费者追踪溯源提供全方位信息化服务。试点推行农产品生产基地生产档案登记和产品自检，加快扶持全市合作社和龙头企业等新型经营主体建设质量追溯管理中心，建立完善农业投入品采购与使用、农事操作、产品采收与检测、产品销售流向等记录档案，做到农业投入品的可追溯管理，生产到上市前各环节可追溯管理，确保产品可动态查询、可全程监管。全市农业龙头企业、家庭农场、合作社等新型农业经营主体以及部分农户优先全部纳入追溯范围，实现生产档案登记。

6.5　建立主体融合、竞争力强的都市现代农业经营体系

6.5.1　培育高质量新型经营主体队伍

积极培育农民经纪人、家庭农场、农民专业合作社、重点龙头企业，支持新型农业经营主体加快成为现代农业的骨干力量，通过土地经营权流转、股份合作、生产托管等多种形式，提高适度规模经营水平。不断壮大农业职业经理人市场，并实现与农村产权市场的有效对接，使其尽快成为农业经营主导力量。推进示范家庭农场、示范农民专业合作社、农业产业化示范企业等创建，提升新型经营主体素质，建立高质量的新型农业经营主体队伍，发挥示范带动作用。创建示范家庭农场，提升家庭农场管理服务能力，完善家庭农场认定制度，引导同产业同类型家庭农场通过组建家庭农场协会或者联合会。开展农民专业合作社示范社创建，稳步推进国家、省、市示范社评定工作，建立市级以上示范社名录，引导专业合作社或产业密切相关合作社重组。开展农业产业化龙头企业示范创建，支持创建一批市场竞争力强、科技创新有力、产业链条精深、联农带农机制好的农业产业化示范龙头企业，鼓励龙头企业以资本或品牌作为纽带进行跨区域、跨行业合作，通过联合、兼并、资产重组等途径，扩能增效、拓展市场；支持有条件的农业企业上市，增强资本运作能力；探索创新与农户、家庭农场、合作社等有效联结的组织模式。

6.5.2　完善小农户与现代农业衔接机制

引导新型农业经营主体多元融合发展，鼓励农民以土地、林权、资金、劳动、技术、产品为纽带，围绕第一、第二、第三产业融合发展，开

展多种形式的合作。整合农业产业链、要素链、利益链，培育以龙头企业为核心、专业合作社为纽带、家庭农场为基础的现代农业产业联合体，鼓励建立产业协会和产业联盟。创新发展订单农业，支持订单农业龙头企业建立农业农村综合服务中心，提供农资供应、技术指导、动植物疫病防控、土地流转、农机作业、农产品营销等综合服务。发挥新型经营主体辐射示范作用，引导新型农业经营主体多模式完善利益分享机制，总结土地经营权入股农业产业化经营试点经验，推广"保底收益+按股分红"等模式，让农户分享加工、销售环节收益，切实保障土地经营权入股部分的收益。创新农业经营模式，进一步探索和推广土地股份合作社、土地股份公司、家庭适度规模经营、"土地银行"、"农业共营制"、土地联合托管经营、"大园区+小农场"等多种土地流转规模经营模式。积极推广"龙头企业+专合组织+家庭适度规模经营"和"园区（基地）+专合组织+家庭适度规模经营"等经营模式，综合采取"订单生产""股份分红""二次返利"等方式，建立农民与合作社、龙头企业利益有机联结、风险共担的经营机制，提高农业组织化程度。

6.5.3　构建都市农业功能区基本经营管理单元

以深化农业供给侧结构性改革为主线，全面探索建立以都市农业功能区为基本单元的现代农业经营管理机制，围绕各功能区主导功能与产业升级需求，创新各功能区的人力、技术、土地、资本等要素供给方式，促进产业跨界融合，形成以功能区为基本单元的都市现代农业产业生态链生态圈，实现以现代农业功能区为基本单元的管理新体制成为现代农业发展主要方式。

（1）构建覆盖全域的都市农业功能区体系。科学明确都市农业功能区概念范畴，通过梳理整合中央、省、市政府关于粮食生产功能区、重要农产品生产保护区、现代农业产业园、农业科技园、创业园、田园综合体、特色小镇、产业融合示范园等内涵与政策要求，构建多层次、立体式、全覆盖的都市农业功能区体系。在全市八大功能区划框架下，围绕培育产业融合发展、全产业链一体化经营等产业生态圈需求，重点打造产业链延伸型、都市农业功能拓展型、新技术渗透型、产城融合型、多业态复合型五类都市农业功能区，按照"核心+腹地""企业+农户""生产+品牌""政策+市场""财政+金融"等要求，明确各类功能区的区域范围、产业方向、主导功能与建设重点等，在全市形成八大功能大区引领、五类基本功能区支撑的都市现代农业功能区体系。

（2）创新都市农业功能区经营管理体制机制。创新全市都市现代农业功能区管理体制，全面开展都市农业功能区创建认定工作，各类功能区由市农委牵头相关部门批准创建。要求每个功能区设立一个管委会，遵循经济规律，打破行政区域界限，推行政企分开、政资分开，实行功能区管理机构与开发运营企业分立。

优化都市现代农业功能区的营商环境。深化行政审批改革，由功能区管委会负责协调，对功能区建设事项开辟"绿色通道"，推行集中式、一站式服务。加快探索"互联网+"政务服务，加强各级部门管理信息系统与产业园的互联互通，简化审批流程，缩短审批时限，提高服务质量；加强对功能区各类主体的服务对接，搭建综合服务平台，提供政策、信息、法律、人才等全方位服务。

（3）探索都市现代农业功能区多元建设模式。发挥政府资金的引导和撬动作用，采取直接投资、投资补助、财政贴息等多种方式支持功能区建设。支持各区（市）县统筹使用财政涉农资金，通过政府购买服务、贷款贴息、专项基金、"以奖代补"等财政支农方式，撬动金融资本、社会资本投向产业园。鼓励以政府和社会资本合作（PPP）方式开展功能区公共服务、基础设施类项目建设，吸引龙头企业、农民合作社等新型经营主体以及科研机构投资、建设、运营产业园。鼓励多元主体、全社会力量参与，吸引大学生、返乡下乡人员、复员转业军人和新型经营主体入园创业创新，形成功能区建设多主体、多元化的参与格局。

（4）探索建立"管委会+投资公司"运营模式。在功能区管委会组织协调下，探索"1+1+N"的组织管理模式。即一个现代农业产业园管委会，一个实力雄厚的战略投资管理公司，N个科研机构、龙头企业、文创团队、新型经营主体等主体。贯彻"政府推动、企业主体、市场运作、效益优先"的原则，搭建高效的招商引资平台，发挥企业竞争优势。由管委会组织协调各方对功能区进行统筹规划建设、统筹环境营造、统筹产业布局。在管委会指导下，由战略投资公司负责搭建功能区建设投融资平台，统一开展功能区的土地整理、基础设施建设、物业管理等事宜；参与土地征转计划及征转补偿方案的拟订，承担土地征转过程中的土地整理成本，加强道路及供水、供电、供暖、供气、通信、排水等建设，以PPP模式推进功能区基础设施建设。组建功能区的都市现代农业招商机构，负责功能区招商引资、综合服务等。开展招商推介，形成广告发布、公关传播、形象包装、城市营销等全流程、多层面、系统化的品牌推广体系，实施产业链或产业生态圈招商。提供专业招商服务，对入驻企业提供环保审批、项目备案、注册登记、建设手续、消防手续、土地确权手续等投资服务，与金融机构建立合作关系，通过银行贷款、风险投资、信用担保、专项资金支持等，协助企业解决融资问题。

6.5.4 建立天府之国农业品牌营销体系

（1）整合打造"天府源·巴蜀食都"品牌体系。全面实施品牌强农战略，大力开展品牌创建与品牌营销行动，实施产品、企业、区域三位一体品牌培育计划。整合全市现有农业品牌资源，突出全市整体品牌形象塑造，构建"1+N"的农产品食品品牌体系。"1"即突出"天府源·巴蜀食都"的农业区域品牌形象塑造，加大市场宣传推广力度，占据西南重要城市群和全国一线城市优质高端农产品市场的品牌高地；"N"即在区域品牌内部创建若干地理标志、知名企业等子品牌，形成对区域品牌市场与产品定位的有效细分，共同构建具有市场竞争力的品牌体系。建立实施全市农业品牌价值评估与分级制度，建立区域品牌管理与准入制度。在"1+N"的品牌体系指导下，引导农业龙头企业、农民合作社、家庭农场等新型农业经营主体积极开展商标注册与品牌创建，扶持省级农业品牌申报，对获得"中国驰名商标""中国名牌产品"的新型农业经营主体按规定给予奖励，推出一批影响大、效益好、辐射带动强的名牌农产品。

（2）加强全市农业品牌的宣传与营销。制订全市农业品牌宣传年行动计划，策划举办、参加各类重大论坛与展会，举办"国际知名品牌农业发展论坛""国际都市农业展会"等有影响力的论坛与会展宣传活动，大力宣传推介全市农业品牌。鼓励农业龙头企业、农民合作社、家庭农场等新型农业经营主体在大中城市建立专卖店，专柜专销、直供直销，建立稳定的销售渠道。充分利用广播电视、互联网等媒体及各类农业展会，大力宣传、推介、展销优质农产品，进一步提升全市农产品的知名度和市场竞争力。强化农业品牌运营的管理与维护，建立由农业部门牵头、有关部门参加的品牌农业联席推进机制，统筹协调推进全市农产品品牌建设工作，加强督导检查，完善全市农产品品牌危机应对机制，推动农产品品牌建设工作深入开展。加强对全市农业区域公共品牌的管理与维护，建立区域公共品牌使用的授权和监管办法，构建"行业协会+企业+原料基地（农户）"区域品牌组织管理模式，完善市场准入和退出机制，不断提升农业品牌的行业自律能力。加强政府部门对农产品商标的管理，加大保护注册商标专用权、查处假冒商标的力度，规范市场竞争秩序。

（3）建立一批品牌标准化生产与体验基地。建立和完善全市农业品牌标准体系，把产前、产中和产后各环节纳入标准化管理，加快推进标准化基地建设，夯实农产品品牌发展基础。重点针对知名度较高、影响力较大的区域公共品牌，规划建设具有一定规模的品牌标准化生产核心展示与体验基地，按照各品牌标准化的操作规程，做到统一品种、统一技术、统一服务、统一管理，确保产品品质。支持各品牌标准化生产核心示范区测土配方施肥、生物农药和绿色控害植保等绿色技术的推广应用，改善农业生态环境，强化安全生产监管，不断夯实农产品品牌发展基础。

6.5.5　全面实施新型职业农民培训工程

大力开展新型职业农民培训，重点遴选家庭农场主、农民合作社带头人、农业企业骨干、返乡下乡涉农创业者、农业工人以及农业社会化服务骨干人员作为新型职业农民培训重点对象，加快建立一支有文化、懂技术、善经营、会管理的新型职业农民队伍，为农业现代化建设提供坚实的人力基础和保障。

（1）健全完善"一主多元"新型职业农民教育培训体系。统筹利用农广校、涉农院校、农业科研院所、农技推广机构等各类公益性培训资源，开展新型职业农民培育。鼓励和支持有条件的农业企业、农民合作社等市场主体，通过政府购买服务、市场化运作等方式参与培育工作。深化产教融合、校企合作，发挥农业职业教育集团的作用，支持各地整合资源办好农民学院，拓宽新型职业农民培育渠道。鼓励农业园区、农业企业发挥自身优势，建立新型职业农民实习实训基地和创业孵化基地。改善培育基础条件和办学条件，完善信息化教学手段，建立一批全国新型职业农民培育示范基地。

（2）建立完善新型职业农民制度。规范新型职业农民的认定管理，制定认定管理办法，明确认定条件和标准，开展认定工作。鼓励和支持专业技能型和专业服务型职业农民参加国家职业技能鉴定。规范信息管理，完善新型职业农民信息管理系统，健全新型职业农民培育信息档案和数据库，并根据年度变化情况及时更新相关信息，提高新型职业农民信息采集、申报审核、过程监控、在线考核等信息化管理服务水平。探索新型职业农民注册登记制度，鼓励新型职业农民到当地农业部门注册登记，建立新型职业农民动态管理机制。

（3）推进新型职业农民与新型经营主体融合一体。鼓励新型职业农民带头创办家庭农场、农民合作社等各类新型农业经营主体，发展多种形式的适度规模经营，通过土地流转、产业扶持、财政补贴、金融保险、社会保障、人才奖励激励等政策措施，推进新型职业农民和新型农业经营主体融合、一体化发展。支持新型职业农民在产业发展、生产服务、营销促销等方面开展联合与合作，组建新型职业农民协会、联合会、创业联盟等组织。提升新型职业农民发展能力，推动农技推广机构、农业科研院所、涉农院校等公益性机构定向服务新型职业农民，对新型职业农民培育对象开展一个生产周期的跟踪指导，建立跟踪服务长效机制。

6.5.6 积极推进农村的创新创业发展

（1）积极搭建农业"双创"平台。紧抓成都市建设国家创新型城市，建立具有国际影响力的区域创新创业中心的重大机遇，支持科研院所、区（市）县搭建现代农业创新创业园区和农业科技创新转化平台，加快形成"创业苗圃+孵化器+加速器+产业园"的农业科技创新创业孵化体系；以菁蓉镇现代农业"双创"中心为核心，汇聚农业"双创"资源要素，构建链式孵化机制，搭建现代农业创新服务大平台，打造"全国领先、世界一流"的农业双创空间品牌。支持搭建农业领域创投基金和专业技术服务平台，推动农业创业企业围绕产业链聚集发展。

（2）壮大农业科技创新创业人才队伍。深入实施"创业天府"行动计划，鼓励农业科技人员通过带技术、带项目在成都创办农业企业，或从事服务于成都农业企业、农民合作社的兼职创新创业活动。鼓励扶持大学生、有技能和经营能力的农民工创业从事规模种养生产、农产品加工营销、休闲观光农业、农业社会化服务等现代农业生产经营。进一步完善创新创业政策体系和服务保障机制，落实资金、技术、土地、劳动保障等各项优惠政策，加强自主知识产权保护，优化创新创业融资环境，营造良好的自主创新生态环境，广聚农业科技创新资源。

6.6　建立都市农业产业集聚高质量发展的稳定机制

为全面构建都市农业产业集聚高质量发展的稳定机制，需要深入贯彻落实 2018 年中央一号文件《中共中央 国务院关于实施乡村振兴战略的意见》，解放思想，破除体制机制弊端，突破利益固化藩篱，以完善产权制度和要素市场化配置为重点，着力增强改革的系统性、整体性、协同性，深入推进农业农村"放管服"改革，破除一切束缚农民手脚的不合理限制，通过制度性创新安排和改革突破，推动农村资源要素"三激活"，即激活要素、激活主体、激活市场；促进政府公共资源优先投向农业农村，逐步实现城乡公共资源配置适度均衡和基本公共服务均等化，发挥政府调控作用，实现城乡公共服务"四优先"，即在干部配备上优先考虑、在要素配置上优先满足、在公共财政投入上优先保障、在公共服务上优先安排。

6.6.1　加快成都城乡规划管理体系一体化进程

（1）推进县乡规划一体化。坚持"全域成都"理念完善规划，完成县城总体规划修编及县域城镇体系规划编制报批。按照县城、区域中心乡镇和一般乡镇三级城镇体系，在完成重点区域控制性详细规划编制的同时，稳步推进全域乡镇总规编制和修编，形成从中心县城覆盖镇村的城乡规划体系。加强规划管理，进一步修订完善《成都市城市总体规划（2011—2020 年）》，制定完善《成都城市规划区个户建房管理办法》《成都城市规划区个户建房管理实施细则》《成都城市规划区自建房暂行管理办法》等相关规划，形成完整的体系。

（2）补齐村庄规划短板。制定出台《关于进一步加强全市乡村规划管理工作的指导意见》，坚持规划先行，以乡村规划管理转型升级为先导，打造农村生态环境明显好转、村镇规划布局不断优化、农村人居环境全域提升、乡村特色更加彰显的新时代美丽乡村，积极建设乡村振兴示范区。建立健全规划体系，建立由镇（乡）域村庄布点规划、村庄规划、村庄设计、农房设计四个层次规划设计组成，凸显地域特色的乡村规划设计体系，建立多规合一、统筹城乡、覆盖全域、分类分点的乡村规划设计体系，实现乡村空间规划一张图。完善规划人才队伍，在全市范围内逐步推进驻镇规划师、乡村规划员制度，建立乡村规划联络员队伍，在部分区、县（市）选择若干乡镇进行驻镇规划师、乡村规划员、乡村规划联络员的试点，为乡村规划科学编制和实施、乡村规划建设监督管理提供人力和技术支持。启动《镇（乡）域村庄布点规划导则》《成都市村庄规划设计导则》等编制工作。

（3）加强城乡土地规划和管理。按照《国务院关于印发全国国土规划纲要（2016—2030年）的通知》（国发〔2017〕3号）等有关精神要求，编制实施《成都市城乡土地规划（2019—2030年）》，统筹推进"五位一体"总体布局和协调推进"四个全面"战略布局，发挥土地开发轴带的纵深连通作用，加快建设综合运输通道，加强土地开发轴带沿线地区经济联系和分工协作，实现要素区域间自由流动和优化组合。建立城乡融合联动土地管理制度，重点发展区位优越、潜力较大、充满魅力的小城镇，促进县域经济发展，发挥连接城乡的纽带作用，培育具有农产品加工、商贸物流等专业特色的小城镇。建立城镇建设用地增加规模与吸纳农业转移人口落户数量相挂钩机制，科学设定开发强度、划定城市开发边界。以盘活存量用地为主，严格控制新增建设用地，统筹地上地下空间，引导中心城市人口向周边区域有序转移。构建集约化、功能化城乡用地分配机制，按照促进生产空间集约高效、生活空间宜居适度、生态空间山清水秀的总体要求，调整优化城镇空间结构，努力打造和谐宜居、富有活力、各具特色的"全域成都"新模式。切实发挥耕地特别是基本农田在优化城镇、产业用地结构中的生态支撑作用，保护人文和自然文化遗产等用地；优化农村居民点布局，加快推进农村危房改造。

6.6.2 创新城乡劳动力合理流动转移机制

（1）优化城乡劳动力自由转移环境，制定农村劳动力转移规划，健全市场服务机构，构建统一的城乡劳动力市场，健全全市统一的信息工作程序、制度及传输、交流系统，使之迅速形成部门分工协作、城乡纵横相连的劳动力供需信息网络，消除劳动力市场上的制度障碍，进一步改善农民进城就业的环境，形成以素质为主要标准的劳动就业准入机制；加大政策支持力度，优化农村环境，创新优化就业岗位，鼓励城市富余劳动力到农村创业就业，合理有序配置城乡劳动力资源。

（2）继续深化城乡户籍制度改革，按照国务院和四川省政府关于进一步推进户籍制度改革的总体部署，落实《成都市关于推进户籍制度改革的实施意见》为主体文件、《成都市居住证积分入户管理办法（试行）》和《成都市户籍迁入登记管理办法（试行）》为配套文件的"1+2"户籍制度改革系列文件，进一步完善条件入户和积分入户（户籍迁入登记和居住证积分入户）"双轨并行"的户籍政策体系，通过入户指标、差异化落户政策等手段，科学调控人口规模、优化人口结构；建立健全居住证和实有人口登记制度，实现基本公共服务向常住人口覆盖；完善农业转移人口落户政策、保障农民农村合法财产权利及加强服务保障，推进农业转移人口市民化。

（3）建立城乡劳动力结业培训制度，针对农村剩余劳动力普遍综合素质不高、专业技术水平低的突出特点，要大力实施"千万农村劳动力素质培训"工程，加快农村劳动力向第二、第三产业转移。把培训农民技能与促进农民就业结合起来，大力鼓励培训学校、企业和社会力量发展就业服务机构，加强对受训农民的就业指导和就业服务，形成以培训促就业、以就业带培训的机制。

（4）建立城乡统一的劳动力社会保障制度，逐步推进农村劳动力医疗保险、失业保险、养老保险等社会保障全覆盖，提高保险标准，实现城乡劳动力同等待遇、同工同酬。

6.6.3 推动农村集体产权制度改革

（1）激活农村沉睡的土地资源，推进农村（宅基地）"三权分置"改革。针对农村大量农房和宅基地闲置资源，出台《关于开展农村宅基地"三权分置"改革试点工作的若干意见》等系列配套政策，选择试点率先启动宅基地"三权分置"改革试点，落实村集体所有权，保障农户资格权，适度放活使用权，通过农房（宅基地）使用权流转权审批认证，发放证书等，盘活闲置农房，吸引更多优质项目在农村落地生花。

（2）推动农村土地"三权分置"，深化土地确权登记颁证工作，实施土地所有权承包权经营权分置，从落实农村土地集体所有权、保护农户承包权、放活土地经营权进行顶层设计，通过向农户发放《农村土地承包经营权证》《农村土地经营权证》等土地"身份证"，变农村集体土地资源为农民资产，进行抵押、贷款和合理流转，激活农村沉睡土地资源，将农村居民与城镇居民资产资源平等化，促进城乡资源流动与合理配置。鼓励以村集体经济带头，领办创办土地股份合作社，鼓励农民将土地资源作为资产入股，实施"三变"改革，即将资源变资产、资金变股金、农民变股东，激发农民内生动力，壮大农村集体经济，最大化地实现土地产出的共享效益，实现共同增收。

（3）推进城乡土地综合整治，对土地进行全域规划，利用开发、复垦、整理、修复等一系列手段，对"山、水、林、田、湖、村、城"七要素进行综合整治；以高标准农田建设、城乡建设用地增减挂钩、城镇低效用地再开发、工矿废弃地复垦、矿山环境整治、矿地融合等多种组织形式协同推进，并综合国土、农委、林业、水利、环保等部门合力推进。

6.6.4 创新资本要素城乡合理流动机制

创新投融资机制，加快形成财政优先保障、金融重点倾斜、社会积极参与的多元投入格局。

（1）建立农业农村财政优先支持机制。创新财政支农制度，发挥政府作用，推进现代财政制度建设，构建制度化和合理化的公共资源和利益分配机制，构建效率驱动可持续发展的支撑体系；强化城乡融合制度性供给，建立公共财政投入优先保障以及公共服务优先安排的体制机制和政策体系，完善支持"三农"的财政投入保障机制，确保财政投入持续增长，不断增大相关投入，扩大保障覆盖面，推进公共财政更大力度向"三农"倾斜；遵循市场规律，改革当前农业支持保护政策，推进农产品价格形成机制改革，通过财政合理引导金融和社会资本投入乡村领域，构建推动城乡要素双向流动与平等交换的体制机制，形成市场化推动城乡融合的可持续发展道路；推动公共财政向农村倾斜，公共服务向农村延伸；进一步完善财政下发制度，尽量减少中间环节，可以公开的一定要公开。

（2）继续深化农村金融体制改革，提高金融服务水平，坚持农村金融改革发展的正确方向，健全适合农业农村特点的农村金融体系，在确保政策性金融供给的同时，开展金融制度创新，扩大村镇银行的覆盖面，拓宽商业银行对农村信贷业务的范围，支持新型农村合作金融组织健康发展，推动农村金融机构回归本源，把更多金融资源配置到农村经济社会发展的重点领域和薄弱环节。建立农村金融贷款抵押担保机制，针对农户和农村中小企业的实际情况，实施多种担保方法，探索实行动产抵押、仓单抵押、权益抵押等担保形式。应当建立多种所有制形式的农业担保机构，鼓励商业性担保机构开展农村担保业务，建立担保监管制度，以防范相关金融风险。

（3）鼓励社会资本投入，制定相关扶持政策，优化农村市场环境，鼓励各类社会资本投向农业农村，发展适合企业化经营的现代种养业，利用农村"四荒"（荒山、荒沟、荒丘、荒滩）资源发展多种经营，开展农业环境治理、农田水利建设和生态修复。对社会资本投资建设连片面积达到一定规模的高标准农田、生态公益林等，允许在符合土地管理法律法规和土地利用总体规划、依法办理建设用地审批手续、坚持节约集约用地的前提下，利用一定比例的土地开展观光和休闲度假旅游、加工流通等经营活动。能够商业化运营的农村服务业，要向社会资本全面开放。积极引导外商投资农村产业融合发展。

6.6.5 健全城乡公共服务均等化体制机制

（1）加大农村公共服务的供给侧结构性改革力度，抓住农村劳动力转移就业培训、农民失业保险、失地农民家庭廉租住房建设、农村土地经营保险、农民家庭土地经营权转让保险等事关农民生存与发展的困难，扩大农村公共产品供给与公共服务范围，加快实现全面覆盖，加速推进新型城镇化。提高供给管理的精细化程度，在基本公共服务提供领域使用标准化管理思想和管理技术、大数据决策支持系统等方式最大程度地提升公共资源配置效率。

（2）创新农村公共服务供给模式，推动城镇公共服务向农村延伸、社会事业向农村覆盖，优化城乡基本服务的供给模式，通过政府购买、特许经营、公私合作等方式的使用增加其他主体的参与程度和参与积极性，从而形成以公共财政为主体、社会各方共同参与的农村公共产品供给机制。允许私人部门、第三部门进入更多的农村公共产品供给领域。鼓励社会资金直接投向公共资源稀缺及满足公共服务多元需求的领域，广泛吸纳更多资金参与农村公共产品供给，吸引更多智力资源、管理资源参与农村公共产品供给管理。

（3）建立稳固均衡的财政分担机制，在合理界定市以下各级政府之间的事权边界的基础对各级财政的支出范围进行清晰划分进而核定稳定的收入来源，通过向基本公共服务薄弱领域倾斜新增财力的方式对财政支出结构进行优化，加大公共资源向农村倾斜力度，公共财政在基本公共服务的支出优先保证和支持农村，鼓励和引导城市优质公共服务资源向农村延伸，充分利用信息技术手段提高城乡共享基本公共服务的资源和水平。同时，加快推进教育、医疗、文化、养老等公共服务资源向农村倾斜，让农民也能享受到丰富多元的公共服务，逐步实现城乡居民生活质量和生活品质的等值化。

6.6.6　健全城乡全域一体生态保护机制

（1）构建生态修复保护长效机制。建立严格而灵活的土地使用制度，严格划分生态保护区、绿地建设区和基本生产区等重要区域，坚持把绿色投入作为有效资产，以新一轮土地利用总体规划编制试点为契机，完善国土要素生态保护措施，建立覆盖全部国土空间的用途管制制度。探索建立城乡生态专项整治资金，统筹城镇、农村的各类专项整理项目，高标准实施城市、城郊绿地建设、城市环境修复、乡村"山水田林湖"等项目，对城乡生态环境实施全面综合整治。通过创新融资模式，探索PPP、BOT等现代融资模式，建立生态修复专项资金等方式，加大城乡生态环境整治力度。建立农业面源污染零增长制度。深入贯彻落实农业部"化肥零增长行动"，以"增产施肥、经济施肥、环保施肥"为指导，多举措并举，全力推进化肥减量增效；全面推广测土配方施肥。在继续深化粮油作物测土配方施肥的基础上，深入开展测土配方施肥技术宣传，不断扩大配方肥在茶叶、银花、蔬菜、果树等经济作物上的应用范围，细化各乡镇具体作物的科学施肥推荐方案，着力推行精准施肥。探索生物防控和生产新模式，尽量减少化学农药、农膜等污染源的使用。建立城市、城郊山区、林地的保护制度，加大对城市已破坏生态区域的修复力度；对居民生活区和景点旅游区，严格划定居民可行走的绿地、可攀爬的山区等，加大生态保护；加大宣传、教育和提示，增强居民自觉保护生态环境的意识；建立严格的监督和惩罚制度，教育和法治并行。建立健全生态补偿政策机制，明确补偿标准、内容和措施，通过对环境税、生态补偿税、"碳税"的立规，使其成为政府生态补偿资金的固定来源。健全土地生态系统管理和生态补偿管理体制，探索实施区域生态补偿，利用生态用地指标进行自然资源的宏观调控。

（2）构建生态绿地建设长效机制。结合成都市城乡建设国土规划，加强全域绿地建设规划的制定，对城乡现有绿地列出开发、适度开发、保护、重点保护的优先序，在全域视角下，规划城市、城郊、农村绿地的开发、建设和保护范围。构建绿地网络体系，加大绿道成网、景点成线力度，拓展生活消费应用场景，为新动能、新产业、新业态形成创造条件、开辟空间。加强湿地公园、绿地生态公园、绿色水系建设，实施"绿线管理""绿色图章"制度，完善绿化管理体制，有效监管园林绿化质量。强化园林绿化管理和施工队伍，重点加强科技支撑和应急力量建设。探索市场化投入绿地建设管理机制，实施以项目和工程为抓手的绿地体系构建工程，加快龙泉山城市森林公园及"一轴两环"绿道建设，尽快启动龙门山森林绿道、二绕"田园绿道"、天府植物园、"熊猫之都"等大型生态建设保护工程。严格实施"成都市环城生态区保护条例"，加快制定"龙泉山城市森林公园保护条例"，推进湿地保护立法。选择重点生态保护区的城乡接合部及乡村，建立绿色产业、绿色商业、绿色物流、绿色办公、绿色住宅、绿色生活等现代化绿色生态新城样板区，采用纯绿色的生产方式和生活方式，发展低碳经济，形成国内绿色发展先行先试引领区和典范。

（3）构建农村人居环境整治长效机制。推进农村厕所革命，选取一定数量村容村貌相对薄弱村，按照"属地负责、部门包村"的原则，以"六化"（布局优化、质量强化、配套深化、卫生洁化、村庄绿化和环境美化）为标准，深化农村改水、改厨、改厕、改电，推动"厕所革命"向乡村延伸。推进集中式饮用水水源保护区规范化建设。划定城乡饮用水水源地保护区及乡镇集中式饮用水水源地保护区，全面排查和清理保护区内违法建筑和排污口，完善饮用水水源地保护标识，在保护区周边设立警示标志和告示牌，进一步完善《水源地保护管理办法》，明确保护区管理职责。完善乡村垃圾治理和监管体系。加大宣传教育力度，引导村民文明抛撒。坚决查处和打击在农村地区非法倾倒、堆置工业固体废弃物的违法行为。规范各种垃圾收集清运管理，完善定点收集、定时清倒、密闭清运、集中处理机制，避免重复污染。提升村容村貌，加快推进通村组道路、入户道路建设，基本解决村内道路泥泞、村民出行不便等问题。制订乡村公共空间和庭院环境整治计划，大力提升农村建筑风貌，开展农房及院落风貌整治和村庄绿化美化，完善村庄公共设施。加大传统村落民居和历史文化名村名镇保护力度，弘扬传统农耕文化，提升田园风光品质。持续推进"百镇千村"景观化建设，优化提升农村居民生活设施现代化水平，打造一批乡村田园综合体。

6.6.7 完善城乡融合发展的配套政策体系

根据新形势、新政策、新要求，制定完善相应的配套政策，构建成都城乡融合发展完善的政策体系、城乡融合与乡村振兴相辅相成的政策体系，在国家实施乡村振兴战略大背景下，把乡村振兴作为城乡融合发展的重要抓手，充分利用好国家乡村振兴的扶持政策，制定《成都市乡村振兴战略规划》，出台乡村人才振兴、产业振兴、文化振兴、生态振兴、组织振兴的实施意见和扶持措施，加快补齐农村发展相对滞后短板。加快出台促进资源要素流向农村的财政、金融和税收政策，设立乡村振兴财政专项，加大对农村的财政支持力度、大力支持农村基础设施建设；加强税收政策修订，对返乡创业、人才"双创"等给予税收减免或优惠，对社会资本投入农业公共事业和基础设施建设领域给予税收优惠；对农产品交易和农村公共服务产品供给给予税收减免或优惠，吸引更多的人才和资本投入农村建设。完善农村信贷融资金融政策体系，提高金融信贷机构农村网点覆盖率，创新农村信贷抵押产品，对发展农业生产、农产品加工，创建现代农业产业园等现代农业经营主体贷款适当降低门槛，给予利率优惠。构建完善的都市现代农业产业发展政策体系。搭建综合性信息化服务平台，提供政策咨询、电子商务、休闲农业与乡村旅游、农业物联网、价格信息、公共营销等服务；优化创业孵化平台，提供设计、创意、技术、市场、融资等定制化解决方案等服务；建设农村土地产权流转交易市场，引导农村承包土地经营权有序流转、集体经营性建设用地入市等，满足农村产业融合发展用地需要；利用好国家"产业扶贫"政策，根据成都实际将产业扶贫政策纳入乡村振兴和城乡融合扶贫予以支持，制定发展当地特色产业发展规划，培育当地致富带头人、创建高效的产业扶贫模式。完善用地保障政策。建立健全都市农业新产业新业态用地保障政策，将产业融合重大项目纳入全市土地利用规划，在年度土地利用计划中单列指标，并通过城乡建设用地增减挂钩、工矿废弃地复垦利用、直接利用存量建设用地等途径，保障用地需求。针对休闲农业、设施农业等不同类型项目，实施差别化的土地用途管制政策。设立审批绿色通道，实行服务清单制，强化项目用地服务措施。

7 研究结论与政策建议

7.1 研究结论

本书分析了我国的农业现代化问题，并基于都市农业、产业融合、产业集群和生命周期等理论，根据产业集群生命周期设计出了都市农业产业集群机制研究的总体框架与形成、发展和稳定三个机制的分析框架。从产业集群生命周期视角出发，对国内外相关研究成果进行了整理和归纳。在从宏观层面探究了现阶段国内外都市农业产业集群典型模式和内部动力机制后，分析了不同模式的形成机理和融合过程。在此基础上，基于对我国31个省（自治区、直辖市）的数据，本书提出了我国产业融合的典型形式，并对其进行绩效评价，从而构建和设计了都市农业产业融合的绩效评价体系。与此同时，也深入探究了美、日、荷等国家和国内三个代表性都市农业产业集群在发展都市农业产业集群具体的发展进程，基于我国的实际情况，总结了可以进行学习和借鉴的理论成果以及实践经验。在此过程中，我们发现产业融合是推动都市农业和产业集群有机结合的重要路径，高质量发展是都市农业产业集群的核心目标和主要特征，并提出了促进都市农业产业集群发展的基本要素。本书为国内大中城市都市农业产业集群发展探索了有效路径，在深入分析之后，得出以下研究结论：

（1）我国现阶段最主要的都市农业问题是相关产业没有集群成链、形成体系，导致整体生产成本处在很高的水平，而经济效益无法得到稳定提升。对于广大的农民群众而言，因为农产品不具备较高的附加值，导致他们的经济收入难以得到提高。基于分析都市农业产业集群的生产成本、盈利情况、集群内部企业和组织等主体的关联性后，认为想要实现农民经济收益的稳定提升，首要任务是调整优化都市农业供给侧结构性改革和产业结构，高质量推进集群化发展。

（2）理论机制分析发现，要推动中国都市农业产业集群发展，交易成本降低和综合收益提高是集群的发展动力。目前，很多的研究都指出，该集群的发展动力源于两个方面：一是都市农业整体的交易成本逐渐降低，都市农业的多功能性得以体现；二是农产品附加值提升，造成都市农业全产业链发展的收益递增。

（3）基于对我国 31 个省（自治区、直辖市）的调研，我们发现都市农业产业集群化的形式实质上是产业融合主体的对接方式，是农村经营活动参与主体关系重建的过程。目前，我国农村产业融合的常见形式有农业产业化联合体、农业产业化集群、农业示范基地以及龙头企业打造全产业链。由于这四者的产业融合主体对接方式不同，造成组织和运行模式不同，最终的利益联结机制及效果也有不同。在此基础上，利用前沿分析方法对 2010—2019 年我国 31 个省（自治区、直辖市）面板数据进行分析，我们发现都市农业产业融合能促进集群绩效和质量提升，高质量发展能够保证集群长期稳定和可持续发展。

（4）梳理和归纳了美、日、荷农村发达国家和国内三个代表性都市农业产业集群的发展和变化进程，对其研究成果和发展的经验进行了分析与总结。在此基础上，进一步综合我国现阶段的发展问题和缺陷，立足相关理论和经验，提出针对性的建议。研究还发现，都市农业产业集群是促进我国都市农业优化升级的重要有效路径。然后，研究了美、日、荷和国内三个代表性都市农业产业集群的模式与特点，梳理与归纳出都市农业产业集群发展的生命周期、发展要素和体制机制。

（5）以美、日、荷三国和国内三个代表性都市农业产业集群案例作为分析对象，系统地分析了都市农业产业集群发展中存在的典型问题，从产业集群生命周期视角，梳理与归纳集群的形成、发展和稳定机制，并提出案例启示：一是以都市农业产业融合推动产业集群发展，探索全新的农业生产模式；二是进一步搭建要素平台，推动集群的高效发展；三是培育加强龙头企业，引领集群发展；四是构建完善的利益联结机制，激发集群内生动力；五是构建完善的都市农业产业集群科学发展规划和现代农业产业体系。

（6）根据都市农业产业集群的生命周期规律，我国都市农业产业集群尚有很多问题需要解决，切忌"拔苗助长"和急于求成。一定要以科学和务实的态度来面对和解决影响集群发展的瓶颈问题。集群形成必须是市场行为，是市场主体依据市场竞争需要和提升经济效益综合考虑做出的最优抉择，政府不能刻意去创造集群，但不代表政府无用武之地。实践证明，传统农业属于弱势产业，政府支持是集群发展的核心要素。集群并不是全能的，也具备相应的风险性，可能对区域经济与生态环境的可持续发展还存在负的影响机理。集群发展促使地方都市农业生产和动物植物的种类比较单一，如何应对变化和波动的市场需求，具有相应的生产和运营风险。在这个过程中，离不开政府的统筹规划，在发展战略方面进行宏观层面的指导，在实施措施方面进行相关政策的帮扶，在专业化和多元化方面进行有效、正面的融合。此外，在集群的发展中，需要健全和完善的市场体系，构建和执行市场运营的基本原则。如何使集群从形成阶段向提升阶段发展，有效延长集群的生命周期，并规避集群的风险，如何基于集群生命周期，充分发挥好形成机制、发展机制和稳定机制的主体效用，实现集群的可持续发展和高质量发展，是我国都市农业产业集群发展必须面临的重大课题。

7.2 政策建议

中国是农业大国，因此，进一步拓展农业产业的盈利空间，稳步提升农民的经济收入是非常关键的，是推动经济社会稳定发展的重要工作内容。而只有加快现代农业发展，才能够激发地区的农业产业的活力，促使农村经济和城市经济之间的差距不断缩小。在都市农业产业集群的发展过程中，要明确发展的核心任务目标是提升农民群众的经济效益。所以，要始终把为农民提供福利，提升农业价值贡献作为切入点和落脚点。目前，我国都市农业产业集群尚处于形成发展阶段，很多企业都沿用的是传统的"种养+加工+销售"的模式，而产业融合的水平较低，农业产业的质量较低，无法适应现代市场的标准要求，农业产业对于地区经济的带动作用也较差。本书按照驱动力的主导因素可以把集群发展划分为形成、发展、稳定和提升四个阶段，并从集群的生命周期视角提出了集群的形成机制、发展机制和稳定机制。借鉴国外农业发达国家和国内都市农业产业集群的经验，基于集群生命周期视角，本书从集群的形成机制阶段、发展机制阶段和稳定机制阶段与政府部门、涉农龙头企业、高等院校、社会组织四个主体，提出以下政策建议：

7.2.1 政府部门

7.2.1.1 形成机制阶段

政府部门要重视发掘区域的农业资源禀赋优势，进一步发挥农业园区的辐射作用。都市农业产业集群以产业园区为主要代表形式。因此，首先要制定出合理的农业园区和基地的发展规划。在集群的发展进程中，受到多方因素的影响，因此要对土地资源、人力资源以及农业技术等进行综合性研究，发挥区域自身具备的资源禀赋优势。此外，园区的建设要立足本地区的资源禀赋优势，保持农村的比较优势，同时要发现不同区域的具体问题，制订出针对性的解决方案，实现一村一策，提升发展策略的有效性。

7.2.1.2 发展机制阶段

以我国的乡村振兴政策为基础，加快进行产业融合，逐渐形成都市农业利益共同体和命运共同体。乡村振兴是推进"四化同步"的战略举措，要全面把握建设"一带一路"和乡村振兴的机遇。一是要对农业产业的特点和发展规律进行分析，进一步补充和完善现阶段的政策与措施，提升措施的可操作性，促使产业集群和"一带一路"实现协调发展；二是政府要重视集群发展的重要性，并将其作为核心的政府工作内容，为集群营造优良的发展环境。

7.2.1.3 稳定机制阶段

健全与完善集群主体相互之间的利益联结机制，必须立足于推动都市农业产业集群的长远发展，依托农业、立足农村、惠及农民，促使农民的经济效益得到稳定提升。要以农民增收为核心的指标，对农业产业的发展水平进行评价和分析。在本书的研究中，选定了土地流转、组织经营、订单农业等多个角度，分别提出了针对性的建议。

（1）土地流转。政府要以农民为核心主体，重视对他们利益的保障。在充分尊重他们的基础上，制定出科学合理和可操作性强的土地流转机制，促使各方人员的利益是相互均衡和协调的。与此同时，以农地三权分置的政策为基础，指导和帮助农民参与到"带地入股，保底分红"的机制中，促使农民工能够得到更多的经济效益。此外，还要建立长期稳定的收益机制，基于股份化等手段，对原本的收益机制进行科学的调整和优化，促使农民的盈利空间得到进一步扩展。在现代农业产业的发展背景下，最初的土地股权式经营模式也要进行改革，政府要指导更多的大型企业，参与到农业产业创新之中，逐渐形成企业、农户等主体之间的良好关系。在彼此协作、相互合作的基础上，实现共同发展，进一步提升产业的经济效益。

（2）组织经营。加强对合作社的扶持，进一步完善服务体系，从而可以及时为当地农民提供先进的生产技术，应用现代管理与经营理念，以当地的农业合作社等组织为核心，形成和组织之间的长期合作关系。在此基础上，农民所承担的成本得到了很大程度的降低。必须注意到的是，虽然都市农业发展引入了更多的主体，但是广大的农民群众始终是其中的核心主体，政府必须优先考虑他们的利益和福利。因此，政府部门要合理引进外来资本进入农村，在适度集约经营的同时，严格保障农民群众的经济效益，可以选取"带地入股"等方式，促使农户始终是核心主体。

（3）订单农业。订单农业要优先重视农民的经济效益。所以，当地的政府部门在和大型龙头企业进行合作的过程中，必须保证签订协议的公平，保障好当地农民的利益。龙头企业要充分运用品牌影响力与优势帮助农民参与订单农业保险。合作社也要重视农民的利益，严格依照标准要求，定期向农民提供分红，保障农民的利益是长期稳定提升的。同时，合作社也要积极引入和使用全新的技术手段，基于先进的技术，加快推进农业标准化和规范化生产，进一步提升农产品的质量水平。同时，农户订单中要明确农产品的最低销售价格，从而降低农户所面临的风险，保障他们能够得到稳定的经济效益。

（4）劳资关系。都市农业产业融合必须维持和提升农民的经济收益。在劳资关系方面，政府部门要做好以下三项工作。一是指导大型龙头企业为农村地区提供一定数量的工作岗位，带动农民就业。此外，定期开展农业技术的学习活动，提升农民的专业素养。同时，也要提供更多的季节性用工，促使农民可以得到兼营性的稳定收入，在各个时期都能够有一定的收益。二是建立科学合理的薪酬机制。政府要加强对企业的监督和管理，避免企业压榨农民的利益，保障农民所得到的薪酬和付出是相匹配的。三是政府要保障企业和农民的劳资关系是稳定的，基于签署合同等方式，明确劳资关系的各方面信息，保障农民能够得到长期持续的经济收益。

（5）财政项目资金股权化。现阶段，湖北地区已经正式开始实施粮食直补资金等折算为股份的政策。其优势在于，促使补贴资金发挥出了最大的作用。同时，广大的农民群众也能够长期得到分红，获得了更高的收益。目前，我国政府已经颁布和实施多项针对合作社等组织的福利政策。因此，也要将项目资金进行股权化，促使农民也参与其中，真正享受到政策的红利。地方政府必须结合当地都市农业和农村的具体情况以及发展需求，制定出税收优惠的政策，并定期向其发放一定的津贴，从而提升保险企业的积极性，推进其加入都市和农村地区的发展中，要求其为农民提供保障力度更大的保险服务，以此来有效保障农民的经济效益和生活质量。

7.2.2 涉农龙头企业

7.2.2.1 形成机制阶段

立足于乡村实际情况，必须以政府为主导，促使大型涉农龙头企业能够积极带动区域内农民的发展，构建出更加科学合理的现代农业管理体系，促使产业的各个环节之间相互配合和融合，提升都市农业生产的整体效率。与此同时，进一步探索和发掘都市农业的全新功能，比如休闲观光农业等，引导农户形成更多类型的经营主体，拓展都市农业产业的盈利空间，从而促使农户的经济效益得到持续提升。

7.2.2.2 发展机制阶段

培养发挥当地龙头企业的引领作用，推动都市农业产业融合，加强都市农业产业体系建设。加快都市农业产业集群高质量发展，是要调动广大农民的积极性，促使其进行农业创新，实现农业新功能的挖掘和应用，以此来提升自己的经济收益。但是我国的农民普遍不具备较强的资本，所以政府需要采取相应的措施，全面调动广大农民群众的积极性，使其踊跃加入集群发展中，发挥出自身主体作用，借助龙头企业在资源和技术等方面的优势，带动区域的发展，指导和帮助农民参与到新型的合作关系中，在全新的农业生产模式下，进一步提升农业产业的盈利水平。现阶段，我国的农业主产区都相继培养出了当地的龙头企业，并以此带动了当地农户的可持续和高质量发展。

7.2.2.3 稳定机制阶段

持续发挥多元主体和市场机制的作用。具体而言，要使集群高质量发展，首要任务是以龙头企业为主导，以激活都市农业资源为手段，完善服务体系为保障。

（1）以龙头企业为主导。本书中指出，龙头企业在都市农业发展中必须发挥领导作用，要认识到自身在资金以及技术等方面的巨大优势，从而积极指导和帮助当地农民参与到农业全产业链中，并和他们达成长期有效的合作，共同承担市场的多重风险，同时也共同分享都市农业生产的经济效益。以龙头企业为主导，不断提高产品质量和产业效益，辐射带动广大农民扩大生产经营规模、提升经营管理水平，而基于市场机制的作用，各个主体能够更加积极参与市场活动，共同推动集群的高质量发展。

（2）以激活农业资源为手段。都市农业产业集群发展的成功模式都是通过市场机制提升了土地资源配置的有效性，保障了农民利益的持续提高。通过集群发展对土地资源和资金、技术等要素进行整合，在相互协调的关系下，农业产业的效率才能够得到有效的提升。而这些要素的投入都是以市场机制为基础的。所以，要进一步构建成熟的市场交易机制，实现农产品的合理定价，并为农民留出较大的议价空间，保障他们的经济效益。

（3）以完善服务体系为保障。在产业融合的背景下，都市农业产业也要有成熟的服务体系。为不同类型的农业主体提供完善的服务，避免因为受行政区域与业务范围所限而影响新型主体的持续发展。改革组织模式和利益联结体制，探索新型主体与农户之间利益共享和风险分担机制；扶持新型主体开展全方位的生产、技术和设备等方面的服务，建立多样化的服务机制，基于相关理论成果和实践经验，加快推进制度的完善和创新，同时加强农业产业技术的研发创新，并不断优化交易模式。

7.2.3 高等院校

7.2.3.1 形成机制阶段

实现产、学、研、用的科学结合，提升农业从业人员的综合素养和技能水平，以符合现代农业产业的发展需求。在人才保障方面，要促使当地的高等院校、技术研发机构等发挥作用，为农民提供定期的技术培训，促使他们参与农业知识的学习，提升自己的专业水平。在此基础上，系统培养一批新时代的农民企业家以及各个岗位的产业工人。目前，农业现代化是我国"三农"工作的根本目标，农业软、硬件设施要加快建设进度，并积极推动农民综合素养的提高。在开展职业技能教育的过程中，高等院校要对当地农民的知识水平等进行分析，制订出科学合理的培训方案和措施。在系统性学习的基础上，指导和帮助农户掌握先进的农业技术。同时，以不同的产业岗位需求为依据，培养针对性的人才，促使其能够满足不同岗位的用人要求和标准。此外，加快推进现代农业合作社等组织的发展，促使其中的各个主体形成长期稳定的合作关系，实现产业整体成本的有效控制、产业盈利空间的拓展。在此过程中，进一步促使农民在市场上具备更高的参与度和积极性，不断稳固农民的市场地位，提升其在利益分配上的话语权。同时，政府部门要及时制定优惠政策与扶持措施，加大资金投入力度，加速促进乡村振兴和城乡均衡发展。

7.2.3.2 发展机制阶段

以产教融合实现校企深度合作，提升农业产业的信息化水平。在合作社等组织的基础上，充分发挥龙头企业的优势资源，构建出一条龙的标准化产业链。同时，不断控制和降低都市农业产业的交易成本，提升农产品的附加值。此外，不断引进和应用先进技术，借助新兴的信息技术以及生物科技，实现都市农业的创新发展，在此基础上提升都市农业产业的发展质量和经济效益，并且构建出稳定成熟的农工商的融合发展格局。

7.2.3.3 稳定机制阶段

高等院校要发挥作用，协助龙头企业打造具备一定市场知名度的品牌形象，以"互联网+农业"的模式为核心，重视对线上平台的有效利用，逐渐形成长期稳定的都市农业电子商务平台，对线上和线下的资源进行合理的配置，提升产业的整体效益和运营水平。对于农户而言，其自身的力量是非常有限的，因此无法进行产品的品牌建设和运营。而在现代农业的发展背景下，农产品的品牌形象是非常重要的，同时对于物流运输以及市场运营等，也有着更高的标准要求。另外，农户要和企业、电商平台等进行合作，构建利益共同体，形成更加完善和成熟的供应链，才能够适应市场的发展规律，表现出更强的竞争优势。因此，对于高等院校而言，要以推动产供销一条龙的实现为目标，为产业综合服务体系的建设和发展提供支持。在此过程中，借助互联网的优势，积极探索"互联网+农业"的全新营销模式。基于对现阶段市场需求和特点的分析，制定出科学的品牌运营策略，提升农产品在市场中的知名度，从而进一步拓展市场，占据更高的市场份额和更大的利益空间。同时，高等院校也要和大型龙头企业、合作社等进行长期合作，为城市和农村地区的基础设施建设提供支持，尤其是要重点开展现代化通信设施的建设工作。此外，要指导和帮助农民积极参与组织合作，并加快农业科技转化，不断提升都市农业的产品质量和产业效益，保证都市农业产业集群实现高质量发展。

7.2.4 社会组织

7.2.4.1 形成机制阶段

全面盘活都市农业资源，持续提高集群的核心竞争力。要利用好农村专业示范合作社，将党的各项支农惠农政策切实落实到农村，从根本上调整和优化原本的种植方式。以"一村一社"工程为基础，社会组织要深入城市和农村地区，为所有的农户提供指导和帮助，促使其认识到农产品深加工以及现代电商平台等对都市农业发展的重要意义。同时，在新业态的背景下，为城市和农村地区创造类型更丰富、数量更多的就业岗位，从而为乡村振兴的实现和现代农业的发展创造基础。全面发挥各主体效用，巩固自己的地位，实现经济效益的稳定提升。最终达到农民经济水平全面提升的最终目的。

7.2.4.2 发展机制阶段

协调好"计划调控、市场配置""内部培训"和"外部引资"的关系。在明确市场需求和特点的基础上，加快进行技术的研发，提升产业的质量水平，同时不断优化产业的服务体系。在多方面协作的条件下，进一步发挥都市农业的综合优势。重视农民群众的经济效益，对农机具补贴和农业保险等体系进行长期的优化和补充，降低农民所面临的风险，以此来确保不会出现大的经济损失，从而保障农民群众可以得到稳定的经济收益，增强农业市场中的应对能力以及竞争实力。结合当地农业建设的诉求和目标，对都市农业产业集群的体制进行调整和完善，使其具备较高的针对性，政府机关要认识到自己的重要性，发挥职能作用，充分掌握当地都市农业发展现状和问题，制定出完善科学的都市农业发展规划和政策。同时，要深入加强与本地农村合作经济组织的合作，加大资金投入力度，为其提供成熟的咨询服务，向农村地区输送先进的技术，制订出完善的市场营销方案，实现可持续和高质量发展。

7.2.4.3 稳定机制阶段

培育集群发展的内生机制。推进都市农业产业链、供应与价值链提升，推动农业产业展现出更加多样的功能，提升都市农业产品质量和效益是现代农业的核心任务和目标。因此，首要明确此类集群发展的内生机制。本书对目前国内外的模式进行了综合性的分析，从提高产业化水平等多个角度出发，针对该内生机制提出两点建议。

（1）优化调整集群内部产业结构，发展有中国特色的现代化都市农业。提高产业化水平，对传统的农业生产模式进行调整和优化，提升产业的创新度。在明确掌握市场需求的基础上，进一步推动产业的集群化发展。优化调整产业结构，布局"互联网+现代农业"，不断完善电子商务平台，促使其发挥出积极的作用，拓展都市农业产业的效益空间。针对各地的示范基地，要推动都市农业和加工业之间的科学融合，推进精深加工，打造知名的农产品品牌，提升品牌的市场影响力。

（2）以加工产业为核心，促使农业全产业链的高效互通。据农业农村部的数据分析，2019年，国内农产品加工业实现了质量水平和经济效益的全面提高。调查数据指出，该年度的农业主营业务收入突破了20万亿元，表现出了很强的发展潜力。而为了推动这一集群的长期持续发展，必须保证产业的最大利益空间留在农村地区，促使广大农民群众是最大的获利者。在集群不断发展的进程中，要重视新型合作社等组织的重要价值，并且合理挖掘和利用资源禀赋优势，将全产业链进一步拓展到第二、第三产业中，实现都市农业产业集群的高质量发展。

参考文献

一、中文文献

阿尔弗雷德·马歇尔，2019. 经济学原理 ［M］. 朱志泰，陈良璧，译. 北京：商务印书馆.

陈东，付雨，2018. 农业产业集群内农户融资的理性选择 ［J］. 兰州大学学报（社会科学版），46（20）：147-153.

陈林生，鲍鑫培，2020. 现代都市农业背景下农业产业融合水平测度及评价研究：以上海为例 ［J］. 经济问题，19（12）：89-95.

陈永富，方湖柳，曾亿武，等，2018. 电子商务促进农业产业集群升级的机理分析：以江苏省沭阳县花木产业集群为例 ［J］. 浙江社会科学，（100）：65-70，78.

蔡海龙，2013. 农业产业化经营组织形式及其创新路径 ［J］. 中国农村经济，（11）：4-11.

蔡洁，刘斐，夏显力，2020，农村产业融合、非农就业与农户增收：基于六盘山的微观实证 ［J］. 干旱区资源与环境，34（20）：73-79.

曹林奎，2019. 都市生态农业的特征与发展模式 ［J］. 上海农村经济，（3）：36-38.

曹祎遐，耿昊裔，2018. 上海都市农业与二三产业融合结构实证研究：基于投入产出表的比较分析 ［J］. 复旦学报（社会科学版），60（4）：149-157.

曹正伟，周培，2019. 都市现代农业助推乡村振兴战略 ［J］. 农学学报，9（4）：18-21.

查志刚，王全纲，刘东皇，2019. 产业集群内生机理与成长期政府策略选择 ［J］. 江淮论坛，2019，（6）：88-94.

陈林生，鲍鑫培，2019. 现代都市农业背景下农业产业融合水平测度及评价研究：以上海为例 [J]. 经济问题，(120)：89-95.

陈柳钦，2005. 产业集群与产业竞争力 [J]. 南京社会科学，(5).

陈培琳，程克群，2018. 安徽生猪产业集群形成的因素及路径 [J]. 系统工程，36 (10)：63-68.

陈启斐，王晶晶，黄志军，2018. 参与全球价值链能否推动中国内陆地区产业集群升级 [J]. 经济学家，(40)：42-53.

陈日武，2016. 以发展新理念引领推动现代农业强省建设 [N]. 农民日报，04-09 (3).

陈升，王京雷，谭亮，2019. 基于三阶段 DEA 的我国创新型产业集群投入产出效率研究 [J]. 经济问题探索，(90)：148-157.

陈盛伟，冯叶，2020. 基于熵值法和 TOPSIS 法的农村三产融合发展综合评价研究：以山东省为例 [J]. 东岳论丛，41 (5)：78-86.

陈曦，欧晓明，韩江波，2018. 农业产业融合形态与生态治理：日韩案例及其启示 [J]. 现代经济探讨，(60)：112-118.

陈肖飞，郭建峰，胡志强，等，2019. 汽车产业集群网络演化与驱动机制研究：以奇瑞汽车集群为例 [J]. 地理科学，39 (30)：467-476.

陈肖飞，苗长虹，潘少奇，等，2018. 轮轴式产业集群内企业网络特征及形成机理：基于 2014 年奇瑞汽车集群实证分析 [J]. 地理研究，37 (20)：353-365.

陈英华，杨学成，2017. 农村产业融合与美丽乡村建设的耦合机制研究 [J] 中州学刊，(80)：35-39.

陈赞章，2019. 乡村振兴视角下农村产业融合发展政府推进模式研究 [J]. 理论探讨，(30)：119-124.

程晓红，等，2018. 黑龙江省推动三次产业融合构建现代农业产业集群对策研究 [J]. 黑龙江省农村劳动力转移服务中心，10-17.

储霞玲，黄修杰，姚飞，等，2020. 农业专业化的时空演化规律及空间集聚效应探析：以广东省种植业为例 [J]. 中国农业资源与区划，41 (1)：194-203.

丛晓男，曾现进，2019. 都市农业与旅游产业融合发展的困境及对策思考：以北京四季青地区为例 [J]. 城市观察，(2)：133-141.

崔鲜花，朴英爱，2019. 韩国农村产业融合发展模式、动力及其对中国的

镜鉴 [J]. 当代经济研究, (110): 85-93.

戴勇, 2020. 基于企业生命周期视角的企业筹资战略研究: 以万科公司为例 [D]. 昆明: 云南财经大学.

戴万亮, 路文玲, 徐可, 等, 2019. 产业集群环境下企业网络权力、知识获取与技术创新 [J]. 科技进步与对策, (240): 109-117.

单元媛, 赵玉林, 2012. 国外产业融合若干理论问题研究紧张 [J]. 经济评论, (5): 152-160.

党福玲, 2020. 现代农业产业经济的发展转型研究: 评《现代农业产业集群创新发展研究》[J]. 中国蔬菜, (5): 114-115.

丁长发, 郑瑞玲, 2017. 习近平对马克思主义小农经济理论中国化的贡献 [J]. 福建论坛 (人文社会科学版), (7): 11-17.

杜聪, 王崎, 刘修岩, 2020. 住房供给约束、产业生命周期与创新分散化 [J]. 科研管理, 41 (70): 110-119.

杜军, 王许兵, 2015, 基于产业生命周期理论的海洋产业集群式创新发展研究 [J]. 科技进步与对策, 32 (240): 56-61.

段小平, 朱哲江, 2016. 关于石家庄 (藁城) 现代农业园区三次产业融合发展的调研报告 [J]. 经济论坛, (10): 134-136.

方世敏, 2018. 基于系统论的农业与旅游产业融合: 一种黏性的观点 [J]. 经济地理, 38 (12): 211-218.

方伟, 扬眉, 2020. 高新技术产业集群知识溢出对企业技术追赶的影响 [J]. 科技进步与对策, 37 (90): 87-95.

费钟琳, 魏巍, 2013. 扶持战略性新兴产业的政府政策: 基于产业生命周期的考量 [J]. 科技进步与对策, 30 (30): 104-107.

冯贺霞, 王小林, 2020. 基于六次产业理论的农村产业融合发展机制研究: 对新型经营主体的微观数据和案例分析 [J]. 农业经济问题, (90): 64-76.

符文颖, 2018. 地方创业与产业集群互动关系的研究进展与展望 [J]. 地理科学进展, 37 (60): 739-749.

付韬, 张永安, 2010. 产业集群生命周期理论探析 [J]. 华东经济管理, 24 (60): 57-61.

葛新权, 和龙, 2017. 促进我国农村产业融合发展的政策取向 [J]. 经济纵横, (50): 80-85.

高廷帆，陈甫军，2019. 区块链技术如何影响审计的未来：一个技术创新
　　与产业生命周期视角 [J]. 审计研究，(20)：3-10.

高英，李峰元，罗军，等，2018. 实施"三百示范工程"引领现代农业千
　　亿产业集群建设的战略措施 [J]. 现代农业科技，(17)：242-246.

高长春，刘诗雨，黄昕蕾，2019. 创意产业集群知识网络知识转移行为仿
　　真分析：基于知识刚性及知识异质性视角 [J]. 科学管理研究，37
　　(40)：79-86.

谷永芬，王晓东，张佑林，2020. 信贷支持与文化创意产业生命周期及绩
　　效关系研究 [J]. 江西社会科学，40 (80)：29-38.

何金廖，黄贤金，司月芳，2018. 产业集群的地方嵌入与全球生产网络链
　　接：以上海文化创意产业园区为例 [J]. 地理研究，37 (70)：1447-
　　1459.

何宇鹏，武舜臣，2019. 连接就是赋能：小农户与现代农业衔接的实践与
　　思考 [J]. 中国农村经济，(6)：28-37.

贺斌，2015. 基于生命周期的产业集群知识扩散演化机制分析 [J]. 商业
　　经济研究，(9)：122-124.

赫连志巍，王岚，2018. 产业集群创新网络中创新能力传递障碍与集群升
　　级研究 [J]. 科技进步与对策，35 (30)：60-66.

洪艳，2008. 现代农业集群式发展研究 [M]. 北京：中国农业出版社.

侯兵，周晓倩，2015. 长三角地区文化产业与旅游产业融合态势测度与评
　　价 [J]. 经济地理，(11)：211-217.

胡海，庄天慧，2020，共生理论视域下农村产业融合发展：共生机制、现
　　实困境与推进策略 [J]. 农业经济问题，(80)：68-76.

胡石其，熊磊，2018，价值链视角下农村产业融合发展的路径找寻 [J].
　　湘潭大学学报（哲学社会科学版），42 (50)：71-75，86.

胡永佳，2018. 产业融合的思想源流：马克思与马歇尔 [J]. 中共中央党
　　校学报，(2)：70-73.

胡玉凤，丁友强，2019. 农村产业融合背景下政府补贴对产业链增值的影
　　响 [J]. 财政研究，(110)：91-101.

胡竹枝，蔡嘉林，2010. 基于集群生命周期的负外部性分析 [J]. 宏观经
　　济研究，(90)：58-61，79.

花磊，王文平，2013. 产业生命周期不同阶段的最优集体创新网络结构

［J］．中国管理科学，21（50）：129-140．

黄柏青，李勇军，2020．都市创意产业创新驱动发展模式研究：以北京市为例［J］．财经理论与实践，41（2）：121-129．

黄超，2019．加强都市农业研究 促进都市农业发展：五四农场农业发展分析与思考［J］．上海农村经济，（11）：11-14．

黄浩，2020．互联网驱动的产业融合：基于分工与纵向整合的解释［J］．中国软科学，（3）：19-31．

黄俊菲，2020．产业政策、企业生命周期与并购支付方式［D］．济南：山东大学．

黄修杰，蔡勋，储霞玲，等，2020．我国农业高质量发展评价指标体系构建与评估［J］．中国农业资源与规划，41（4）：124-133．

黄祖辉，2017．发展现代农业亟须更新理念与创新体制（下）［J］．浙江经济，（7）：10-15．

回亮澔，伍玉林，2020．战略性新兴产业集群主体协同创新系统研究［J］．自然辩证法研究，36（90）：38-44．

霍国庆，王少永，李捷，2015．基于需求导向的产业生命周期及其演化机理研究：以美国典型产业为案例［J］．中国软科学，（30）：16-27．

霍雨佳，2018．市场化服务缺失下小农户与产业组织的深度融合研究：基于农业产业集群地小农户转型升级思考［J］．农村经济，（120）：79-85．

季良玉，李廉水，2016．中国制造业产业生命周期研究：基于1993—2014年数据的分析［J］．河海大学学报（哲学社会科学版），18（10）：30-37．

贾俊美，2019．乡村振兴战略下河北省农村产业融合发展研究［D］．天津：天津师范大学．

菅利荣，王大澳，王迪飞，2020．基于反择优退出机制的战略性新兴产业集群网络演化分析［J］．情报杂志，39（50）：202-206．

江苏省南京市农业农村局课题组，2019．关于南京发展都市现代绿色农业的几点思考［J］．江苏农村经济，（8）：30-34．

姜乖妮，孙晓宇，陈斯，等，2020．基于都市农业视角的城市住区户外空间修补策略［J］．城市问题，（50）：48-52．

姜晶，崔雁冰，2018．推进农村一、二、三产业融合发展的思考［J］．宏观经济管理，（7）：39-45．

姜睿清，2013．基于产业融合的江西农业产业结构优化研究［D］．南昌：

南昌大学.

姜长云, 2015. 推进农村一、二、三产业融合发展新题应有新解法 [J]. 中国发展观察, (2): 18-22.

姜长云, 2015. 推进农村三次产业融合发展要有新思路 [J]. 宏观经济管理, (7): 48-49, 58.

蒋和平, 王晓君, 朱福守, 2016. 我国大中城市都市现代农业发展模式研究 [M]. 北京: 中国农业出版社: 3-69.

蒋斯琦, 2019. 衰退集群与企业全要素生产率的研究 [D]. 南昌: 江西财经大学.

蒋永穆, 陈维操, 2019. 基于产业融合视角的现代农业产业体系机制构建研究 [J]. 学习与探索, (8): 124-131.

蒋园园, 杨秀云, 2018. 我国文化创意产业政策与产业生命周期演化的匹配性研究: 基于内容分析的方法 [J]. 当代经济科学, 40 (10): 94-105.

矫健, 聂雁蓉, 张仙梅, 等, 2020. 加快推进都市农业高质量发展对策研究: 基于成都市对标评价 [J]. 中国农业资源与区划, 41 (7): 201-206.

金泰坤, 2013. 全球化的进展与农业农村发展战略: 农业的 6 次产业化 [C]. 哈尔滨: 第十届东北亚农业农村发展国际论坛.

金玉姬, 丛之华, 崔振东, 等, 2013. 韩国农业 6 次产业化战略 [J]. 延边大学农业学报 (社会科学版), (12): 360-366.

靳西彪, 2017. 都市型现代农业标准发展现状与模式分析 [J]. 中国标准化, (14): 26-27.

开燕华, 王霞弹, 2017. 弹性城市指向下的都市农业多功能动态评价: 基于上海市 1993—2014 年的实证 [J]. 经济体制改革, (10): 81-88.

李兰, 2018. 打造都市现代绿色农业高地 [J]. 上海农村经济, (12): 19-21.

李莉, 2020. 产业集群风险的类型及成因分析 [J]. 知识经济, (6): 30-31, 102019, (6): 18-22.

李梦, 2019. 国内外现代农业产业集群的特点比较及经验借鉴 [J]. 当代经济, (3): 96-99.

李明惠, 雷良海, 孙爱香, 2010. 基于产业集群生命周期理论的政府政策研究 [J]. 中国科技论坛, (100): 40-45.

李娜, 2020. 日本农业产业融合的新进展及启示: 以"知识聚集和活用场所"为中心 [J]. 亚太经济, (40): 89-99.

李文臣, 李盛玲, 2010. 政府行为与产业集群生命周期的匹配性分析 [J]. 华东经济管理, 24 (40): 67-69.

刘月姣, 2020. 上半年重大农业农村投资政策一览 [J]. 农产品市场, (17): 40-43.

卢现祥, 2011. 新制度经济学 [M]. 武汉: 武汉大学出版社.

黎孔清, 孙晓玲, 2018. 南京都市农业发展与资源环境承载力协调性研究 [J]. 长江流域资源与环境, 27 (60): 1242-1250.

李秉龙, 2016. 走上产业融合之路的大竹特色农业 [J]. 人民论坛, (S2): 127.

李炳午, 2013. 韩国的农业 6 次产业化战略 [C]. 沈阳: 第二届中韩农村发展国际论坛.

李超, 李伟, 张力千, 2015. 国外新兴产业生命周期理论研究述评与展望 [J]. 科技进步与对策, 32 (20): 155-160.

李二玲, 邓晴晴, 何伟纯, 2019, 基于产业集群发展的中部传统平原农区乡村振兴模式与实现路径 [J]. 经济地理, (120): 110-118.

李洁, 2018. 农业多元价值下的农村产业融合: 内在机理与实现路径 [J]. 现代经济探讨, (110): 127-132.

李金华, 2019. 中国高新技术企业、产业集群、企业孵化器的发展及政策思考 [J]. 经济与管理研究, 40 (70): 32-45.

李金华, 2020. 我国创新型产业集群的分布及其培育策略 [J]. 改革, (30): 98-110.

李进军, 陈云川, 2017. 现代旅游农业产业融合发展业态及问题分析 [J]. 商业经济研究, (15): 167-169.

李靖华, 郭耀煌, 2001. 国外产业生命周期理论的演变 [J]. 人文杂志, (6): 62-65.

李莉, 景普秋, 2019. 农村网络式产业融合动力机制研究: 基于城乡互动的视角 [J]. 农业经济问题, (8): 129-138.

李琳, 邓如, 2018. 产业多维邻近性对集群创新的动态影响: 以中国电子信息产业集群为例 [J]. 软科学, 32 (80): 24-27, 62.

李琳, 李宁, 2013. 信息化与工业化融合实时测度研究 [J]. 情报科学, (5): 108-112.

李明贤，刘宸璠，2019. 农村一、二、三产业融合利益联结机制带动农民增收研究：以农民专业合作社带动型产业融合为例 [J]. 湖南社会科学，(3)：106-113.

李俏，贾春帅，2020. 合作社带动农村产业融合的政策、动力与实现机制 [J]. 西北农林科大学学报（社会科学版），20（10）：33-41.

李庆满，戴万亮，王乐，2019，产业集群环境下网络权力对技术标准扩散的影响：知识转移与技术创新的链式中介作用 [J]. 科技进步与对策，36（80）：28-34.

李绍荣，李雯轩，2018. 我国区域间产业集群的"雁阵模式"：基于各省优势产业的分析 [J]. 经济学动态，(10)：86-102.

李桃，2020. 税收与农村产业融合发展的适应性探究 [J]. 税务研究，(60)：99-103.

李铜山，刘清娟，2016. 现代农业产业集群创新发展研究 [M]. 北京：中国农业出版社：34-36.

李铜山，杨绍闻，2017. 论现代农业产业集群发展的动力机制及对策取向 [J]. 中州学刊，(4)：43-49.

李铜山，2016. 论现代农业产业集群的形成机理及促进策略 [J]. 中州学刊，(10)：37-43.

李晓辉，徐晓新，2015. 应对经济新常态与发展型社会政策 2.0 版：以社会扶贫机制创新为例 [J]. 江苏社会科学，(2)：67-77.

李晓龙，陆远权，2019. 农村产业融合发展的减贫效应及非线性特征：基于面板分位数模型的实证分析 [J]. 统计与信息论坛，(120)：67-74.

李晓龙，冉光和，2019. 农村产业融合发展的创业效应研究：基于省际异质性的实证检验 [J]. 统计与信息论坛，34（30）：86-93.

李晓龙，冉光和，2019. 农村产业融合发展如何影响城乡收入差距：基于农村经济增长与城镇化的双重视角 [J]. 农业技术经济，(80)：17-28.

李晓龙，2019. 农村金融深化、农业技术进步与农村产业融合发展 [D]. 重庆：重庆大学.

李学坤，赵晓园，2018. 城乡一体化背景下农村一二三产相融合的现代农业体系构建 [J]. 农业经济，(11)：21-22.

李学坤，赵鸭桥，2013. 融合战略性新兴产业推动云南现代农业产业发展

［J］. 云南农业大学学报，（7）：66-69.

李雪，吴福象，2020. 要素迁移、技能匹配与长江经济带产业集群演化［J］. 现代经济探讨，（40）：59-67.

李优树，2019. 智能经济背景下的传统产业集群升级［J］. 学术前沿，（180）：44-51.

李宇，芮明杰，陈帅，2019. 论有意识的知识溢出对产业集群创新绩效的促进机制：基于集群衍生的视角［J］. 复旦学报（社会科学版），61（30）：141-154.

李芸，陈俊红，陈慈，2017. 农业产业融合评价指标体系研究及对北京市的应用［J］. 科技管理研究，37（4）：55-63.

李志勇，于萌，2014. 旅游产业融合视角下欠发达地区经济发展路径探索［J］. 四川大学学报（哲学社会科学版），（4）：117-124.

李中华，李强，2015. 日本农业六次产业化的实践经验与启示［J］. 中国农民合作社，（6）：40-42.

梁君，陈显军，杨霞，2014. 广西文化产业与旅游业融合度实证研究［J］. 广西社会学，（3）：28-32.

梁树广，马中东，2017. 农业产业融合的关联度、路径与效应分析［J］. 经济体制改革，（6）：79-84.

廖媛红，宋默西，2020. 小农户生产与农业现代化发展：日本现代农业政策的演变与启示［J］. 经济社会体制比较，（1）：84-92.

林赛男，孙邱华，姜娜，等，2019. 共生理论视域下都市现代农业发展策略研究：以成都市为例［J］. 中国西部，（5）：26-35.

林涛，2010. 产业集群合作行动［M］. 北京：科学出版社：7-9.

刘凤朝，朱姗姗，马荣康，2017. 创新领导者和追随者研发投入决策差异：基于产业生命周期的视角［J］. 科学研究，35（110）：1707-1715.

刘刚，刘捷，2019. 开放型产业创新生态系统与传统产业集群升级：以安徽省无为县高沟镇特种电缆产业集群为例［J］. 安徽师范大学学报（人文社会科学版），47（20）：39-50.

刘刚，2013. 天津市都市农业产业集群发展战略研究：基于钻石模型的分析［J］. 天津学术文库（中），12（7）：702-707.

刘乾凝，2019. 面向数字人文的都市农业本体的构建［J］. 图书馆杂志，38（80）：53-58.

刘卫东，2020. 乡村振兴战略背景下农村产业融合发展对现代农业园区规划的影响分析 [J]. 农村经济与科技，31（2）：232，286.

刘晓宇，2020. 城乡统筹背景下河北省现代都市型农业发展基础评价与实现路径 [D]. 郑州：河北大学.

刘学华，杜建军，杨玲丽，2018. 农业产业集群、信息获取与农业收益 [J]. 经济纬，35（40）：30-36.

刘志阳，孔令丞，梁玲，2017. 基于产业生命周期的战略性新兴产业创新获利影响因素分析 [J]. 研究与发展管理，29（10）：95-105.

龙跃，2018. 基于生态位调节的战略性新兴产业集群协同演化研究 [J]. 科技进步与对策，35（30）：52-59.

卢启程，梁琳琳，景浩，2020. 知识网络嵌入影响产业集群企业成长的作用机理研究：以斗南花卉产业集群为例 [J]. 科研管理，41（70）：262-270.

罗必良，2020. 小农经营、功能转换与策略选择：兼论小农户与现代农业融合发展的“第三条道路”[J]. 农业经济问题，（1）：29-47.

罗雅丽. 2018. 西安市都市农业结构演变及其优化研究 [D]. 西安：西北大学.

罗媛，李捷，2018. 农村一、二、三产业融合发展策略研究：以湖北省宜昌市为例 [J]. 现代商业，（17）：52-53.

吕可文，苗长虹，王静，等，2018. 协同演化与集群成长：河南禹州钧瓷产业集群的案例分析 [J]. 地理研究，37（70）：1320-1333.

梅燕，蒋雨清，2020. 乡村振兴背景下农村电商产业集聚与区域经济协同发展机制：基于产业集群生命周期理论的多案例研究 [J]. 中国农村经济，（60）：56-74.

马飞峰，2016. 加快建设现代农业产业化集群研 [J]. 中国农业资源与区划，37（3）：191-194.

马骥，汤小银，2019. 产业集群网络、结构演化与协同发展：以叶集木竹产业为例 [J]. 安徽师范大学学报（人文社会科学版），47（40）：111-121.

马佳，董家田，倪卉，等，2019. 国际经验对上海都市现代农业科技发展的启示 [J]. 上海农村经济，（9）：37-40.

马晓河，2015. 推进农村一二三产业深度融合发展 [J]. 农民日报，（2）：10.

二、外文文献

ABDULRAHMAN HARUNA, NASIR SHAFIQ, O. A, 2021. Montasir. Building information modelling application for developing sustainable building (Multi criteria decision making approach) [J]. Ain Shams Engineering Journal, 15 (3): 18-25.

ADA GÓRNA, KRZYSZTOF GÓRNY, 2020. Urban agriculture in Havana – evidence from emp irical research [J]. Miscellanea Geographica, 24 (2): 56-61.

AGRICULTURE – TOMATO CROPS, 2020. Studies from Autonomous University Barcelona UAB Yield New Information about Tomato Crops (Analysis of Urban Agriculture Solid Waste In the Frame of Circular Economy: Case Study of Tomato Crop In Integrated Rooftop Greenhouse) [J]. Agriculture Week, 37 (3): 34-42.

AGRICULTURE – FARMLAND, 2020. Federal University of Technology Researchers Have Publi shed New Data on FarmlandSpatio-temporal Analysis of The Practice of Urban Agriculure in Lagos Metropolis And The Implications For Urban Planning [J]. Ecolo gy, Environment & Conservation, (12): 14-19.

ALESSANDRO BARNI, DEBORAH LEONE, MAURIZIO SPIRITO, et al., 2021. Circular Economy Strategies for Equipment Lifetime Extension: A Systematic Review [J]. Sustainability, (37): 112.

ANA MANRÍQUEZ – ALTAMIRANO, JORGE SIERRA – PÉREZ, PERE MUÑOZ, et al., 2020. Analysis of urban agriculture solid waste in the frame of circular economy: Case study of tomato crop in integrated rooftop greenhouse [J]. Science of the Total Environment, (17): 734.

ANDERSSON F N G, EDGERTON D L, OPPER, 2013. A matter of time: Revisiting growth convergence in China [J]. World Development, (45): 239-251.

ANDREY K, JACK A G, et al., 2015. of Global Demographic Transition Correlate with Phases of the Great Divergence and Great Convergence [J]. Technological Forecasting & Social Change, (95): 163-169.

APERGIS N, CHRISTOU C, PAYNE J, 2011. Political and institutional factors in the convergence of international equity markets: Evidence from the club convergence and clustering procedure [J]. Atlantic Economic Journal, (39): 7-18.

BANDYOPADHYAY S, 2011. Rich States, poor states: convergence and polarisation in India [J]. Scottish Journal of Political Economy, 58 (3): 414-436.

BARENJI A V A B, GUO H A, WANG Y A, et al., 2021. Toward blockchain and fog computing collaborative design and manufacturing platform: Support customer view [J]. Robotics and Computer-Integrated Manufacturing.

C E DOBBINS, C K COX, L D EDGAR, et al., 2020. Developing a local definition of urban agriculture: context and implications for a rural state [J]. The Journal of Agricultural Education and Extension, 26 (4): 11-17.

CHEN P, SUN Y, 2007. Rural financial reform and development under the changeof marginal constraints and cost structure [J]. Management ofthe world, (3): 81-88.

CHEN W, 2009. Research on the " Kuznets effect" of financial development and urban rural income distribution [J]. Economic latitude and longitude, (1): 22-25.

CLARK G, XU L, 2006. Finance and income inequality: What do the data tell us? [J]. Southern Economic Journal, 72 (3): 578-596.

Convergence of equity markets: International evidence from club convergence and clustering [J]. North American Journal of Economics and Finance. (29): 36-58.

CORONAVIRUS, 2020. New Findings from Ohio State University Describe Advances in COVID-19 (Home Gardening and Urban Agriculture for Advancing Food and Nutritional Security In Response To the Covid-19 Pandemic) [J]. Medical Letter on the CDC & FDA, (6): 35-46.

CURRAN C S, LEKER J, 2011. Patent indicators for monitoring convergence examples from NFF and ICT [J]. Technological Forecasting and Social Change, 78 (2): 256-273.

DARA P, SARI A, 2012. Corporate Governance Mechanism and the Level of Internet Financial Reporting: Evidence from Indonesian Companies [J]. Procedia Economics and Finance, (2): 157-166.

DE MARCHI V, DI MARIA E, GEREFFI G, 2017. Industrial districts, clusters and global value chains [J]. Local Clusters in Global Value Chains: Linking Actors and Territories Through Manufacturing and Innovation, (8): 83-107.

DELPHINE MANKA'ABUSI, DÉSIRÉ J P LOMPO, CHRISTOPH STEINER, et al., 2020. Carbon dioxide and gaseous nitrogen emissions from biochar-a mended soils under wastewater irrigated urban vegetable production of Burkina Faso and Ghana [J]. Journal of Plant Nutrition and Soil Science, 183 (4): 11-13.

Development expenditure level research: based on the empirical analysis of provincial panel data [J]. Journal of Guizhou university of finance and economics, (4): 91-97.

DYRDONOVA A N, SHINKEVICH A I, FOMIN N Y, et al., 2019. Formation and development of industrial clusters in the regional economy [J]. Revista Espacios, 40 (1): 21-28.

ENVIRONMENTAL MANAGEMENT, 2020. Studies from Jilin University Describe New Findings environmental Management (A multi-faceted, location-specific assessment of land degradation threats to peri-urban agriculture at a traditional grain base in northeastern China) [J]. Agriculture Week, 13 (4): 21-23.

ENVIRONMENTAL RESEARCH, 2020. Investigators at National University of Singapore Report Findings in Environmental Research (Biochar for Urban Agriculture: Impacts On Soil Chemical Characteristics and On Brassica Rapa Growth, Nutrient Content and Metabolism Over Multiple) [J]. Ecology, Environment & Conservation, 22 (4): 16-25.

FENGXI PANG, PAN XIAOZHEN, 2012. Fiscal decentralization and local government spending on agricultural development: based on the provincial panel data analysis [J]. Finance and economic, (2): 29-35.

FONTANA, ANDREA, 2021. Multi-objective optimal sizing of hybrid energy storage systems for grid-connected wind farms using fuzzy control [J]. Journal of Renewable and Sustainable Energy, (4): 49-53.

FRANÇOISE L, SANDRA P, et al., 2015. Spatial Rebalancing and Industrial Convergence in China [J]. China Economic Review, (34): 39-63.

FREDRIK H, CHRISTIAN M, et al., 2009. Coevolutionary Cycles of Convergence: An Extrapolation from the ICT Industry [J]. Technological Forecasting & Social Change, (76): 723-736.

GHAZINOORY S, NASRI S, AMERI F, et al., 2020. Why do we need Problem-oriented Innovation System (PIS) 'for solving macro-level societal problems? [J]. Technological Forecasting and Social Change, 150: 119749.

GONZÁLEZ M, GONZÁLEZ L, 2015. The co-creation as a strategy to address IT governance in an organization [J]. RISTI-Revista Ibérica de Sistemas e Tecnologias de Informação, (14): 1-15.

GORKHALI A, XU L D, 2017. Enterprise Application Integration in Industrial Integration: A Literature Review [J]. Journal of Industrial Integration and Management, 1 (4): 1650014.

GOTTFRIED WEINBERGER, BAHRAM MOSHFEGH, 2021. Techno - economic investigation of the potential for energy efficiency measures of multi-story apartment buildings at cluster level using different district heating tariffs [J]. Energy and Buildings, (24): 13-15.

HACKLIN F, BATTISTINI B, VON KROGH G, 2013. Strategic choices in converging industries [J]. MIT Sloan Manage. Rev, (55): 65-73.

HACKLIN F, MARXT C, FAHRNI F, 2010. An evolutionary perspective on convergence: inducing a stage model of inter-industry innovation. Int. [J]. Technol. Manage, (49): 220-249.

HADJI WABE NURE, ABDULKADIR HUSSEIN GEMADA, GAMACHU GISHE BADASA, et al., 2020. Urban Agriculture: Determinants and Its Implic ation on Poverty Reduction: A Case of Bishan Guracha Town, West Arsi Zone, Oro mia Regional State, Ethiopia [J]. Open Access Library Journal, 7 (6): 231.

HENDERSON D J, CORROLL R J, et al., 2008. Nonparametric Estimation and Testing of Fixed Effects Panel Data Models [J]. Journal of Econometrics, (144): 257-275.

HUIBING K E, 2009. China's spending on agricultural development analysis of the regional differences [J]. Journal of public management, (1): 55-63.

Industrial Convergence Perspective [J]. Innovative Food Science and Emerging Technologies, (6): 22-27.

Innovation on Regional Agricultural Economy: An Industry Convergence Perspective [J]. Revista Iberica de Sistemas e Tecnologias de Informacao, (9): 225.

JAE WON LEE, SEONGGON KIM, ISRAEL TORRES PINEDA, 2021. Yong Tae Kang2CA1. Review of nanoabsorbents for capture enhancement of CO_2 and its industrial applications with design criteria [J]. Renewable and Sustainable Energy Reviews, (19): 25-31.

JEAN PHILIPPE BOUSSEMART A, HERVÉ LELEU B, ZHIYANG SHEN, 2015. Environmental growth convergence among Chinese regions [J]. China Economic Review, (34): 1-18.

KUZNETSOV A V, KUZNETSOVA O V, 2019. The success and failure of Russian SEZs: some policy lessons [J]. Transnational Corporations Journal, 26 (2): 66-71.

LÉDA GERBER, SAMIRA FAZLOLLAHI, FRANÇOIS MARÉCHAL, 2013. A systematic methodology for the environomic design and synthesis of energy systems combining process integration, Life Cycle Assessment and industrial ecology [J]. Computers and Chemical Engineering, (59): 2-16.

LI J, 2007. The loss of rural financial resources and the income gap between urban and rural residents [J]. Statistics and decision making, (10): 87-89.

MADARA DOBELE, ANDRA ZVIRBULE, 2020. The Concept of Urban Agriculture - Historical Development and Tendencies [J]. Rural Sustainability Research, 43 (338).

MADHUSUDAN G, ATANU G, et al., 2013. Regional Divergence and Club Convergence in India [J]. Economic Modelling, (30): 733-742.

MOHAMAD IMRON MUSTAJIB, UDISUBAKTI CIPTOMULYONO, NANI KURNIATI, 2021. A Novel Multi-Criteria Sorting Model Based on AHP-Entropy Grey Clustering for Dealing with Uncertain Incoming Core Quality in Remanufacturing Systems [J]. Applied Sciences, (37): 433-442.

附录

附录 A 2020 年中央一号文件

中共中央 国务院关于抓好"三农"领域重点工作
确保如期实现全面小康的意见

党的十九大以来，党中央围绕打赢脱贫攻坚战、实施乡村振兴战略作出一系列重大部署，出台一系列政策举措。农业农村改革发展的实践证明，党中央制定的方针政策是完全正确的，今后一个时期要继续贯彻执行。

2020 年是全面建成小康社会目标实现之年，是全面打赢脱贫攻坚战收官之年。党中央认为，完成上述两大目标任务，脱贫攻坚最后堡垒必须攻克，全面小康"三农"领域突出短板必须补上。小康不小康，关键看老乡。脱贫攻坚质量怎么样、小康成色如何，很大程度上要看"三农"工作成效。全党务必深刻认识做好 2020 年"三农"工作的特殊重要性，毫不松懈，持续加力，坚决夺取第一个百年奋斗目标的全面胜利。

做好 2020 年"三农"工作总的要求是，坚持以习近平新时代中国特色社会主义思想为指导，全面贯彻党的十九大和十九届二中、三中、四中全会精神，贯彻落实中央经济工作会议精神，对标对表全面建成小康社会目标，强化举措、狠抓落实，集中力量完成打赢脱贫攻坚战和补上全面小康"三农"领域突出短板两大重点任务，持续抓好农业稳产保供和农民增收，推进农业高质量发展，保持农村社会和谐稳定，提升农民群众获得感、幸福感、安全感，确保脱贫攻坚战圆满收官，确保农村同步全面建成小康社会。

一、坚决打赢脱贫攻坚战

（一）全面完成脱贫任务。脱贫攻坚已经取得决定性成就，绝大多数贫困人口已经脱贫，现在到了攻城拔寨、全面收官的阶段。要坚持精准扶贫，以更加有力的举措、更加精细的工作，在普遍实现"两不愁"基础上，全面解决"三保障"和饮水安全问题，确保剩余贫困人口如期脱贫。进一步聚焦"三区三州"等深度贫困地区，瞄准突出问题和薄弱环节集中发力，狠抓政策落实。对深度贫困地区贫困人口多、贫困发生率高、脱贫难度大的县和行政村，要组织精锐力量强力帮扶、挂牌督战。对特殊贫困群体，要落实落细低保、医保、养老保险、特困人员救助供养、临时救助等综合社会保障政策，实现应保尽保。各级财政要继续增加专项扶贫资金，中央财政新增部分主要用于"三区三州"等深度贫困地区。优化城乡建设用地增减挂钩、扶贫小额信贷等支持政策。深入推进抓党建促脱贫攻坚。

（二）巩固脱贫成果防止返贫。各地要对已脱贫人口开展全面排查，认真查找漏洞缺项，一项一项整改清零，一户一户对账销号。总结推广各地经验做法，健全监测预警机制，加强对不稳定脱贫户、边缘户的动态监测，将返贫人口和新发生贫困人口及时纳入帮扶，为巩固脱贫成果提供制度保障。强化产业扶贫、就业扶贫，深入开展消费扶贫，加大易地扶贫搬迁后续扶持力度。扩大贫困地区退耕还林还草规模。深化扶志扶智，激发贫困人口内生动力。

（三）做好考核验收和宣传工作。严把贫困退出关，严格执行贫困退出标准和程序，坚决杜绝数字脱贫、虚假脱贫，确保脱贫成果经得起历史检验。加强常态化督导，及时发现问题、督促整改。开展脱贫攻坚普查。扎实做好脱贫攻坚宣传工作，全面展现新时代扶贫脱贫壮阔实践，全面宣传扶贫事业历史性成就，深刻揭示脱贫攻坚伟大成就背后的制度优势，向世界讲好中国减贫生动故事。

（四）保持脱贫攻坚政策总体稳定。坚持贫困县摘帽不摘责任、不摘政策、不摘帮扶、不摘监管。强化脱贫攻坚责任落实，继续执行对贫困县的主要扶持政策，进一步加大东西部扶贫协作、对口支援、定点扶贫、社会扶贫力度，稳定扶贫工作队伍，强化基层帮扶力量。持续开展扶贫领域腐败和作风问题专项治理。对已实现稳定脱贫的县，各省（自治区、直辖市）可以根据实际情况统筹安排专项扶贫资金，支持非贫困县、非贫困村贫困人口脱贫。

（五）研究接续推进减贫工作。脱贫攻坚任务完成后，我国贫困状况将发生重大变化，扶贫工作重心转向解决相对贫困，扶贫工作方式由集中作战调整为常态推进。要研究建立解决相对贫困的长效机制，推动减贫战略和工作体系平稳转型。加强解决相对贫困问题顶层设计，纳入实施乡村振兴战略统筹安排。抓紧研究制定脱贫攻坚与实施乡村振兴战略有机衔接的意见。

二、对标全面建成小康社会加快补上农村基础设施和公共服务短板

（六）加大农村公共基础设施建设力度。推动"四好农村路"示范创建提质扩面，启动省域、市域范围内示范创建。在完成具备条件的建制村通硬化路和通客车任务基础上，有序推进较大人口规模自然村（组）等通硬化路建设。支持村内道路建设和改造。加大成品油税费改革转移支付对农村公路养护的支持力度。加快农村公路条例立法进程。加强农村道路交通安全管理。完成"三区三州"和抵边村寨电网升级改造攻坚计划。基本实现行政村光纤网络和第四代移动通信网络普遍覆盖。落实农村公共基础设施管护责任，应由政府承担的管护费用纳入政府预算。做好村庄规划工作。

（七）提高农村供水保障水平。全面完成农村饮水安全巩固提升工程任务。统筹布局农村饮水基础设施建设，在人口相对集中的地区推进规模化供水工程建设。有条件的地区将城市管网向农村延伸，推进城乡供水一体化。中央财政加大支持力度，补助中西部地区、原中央苏区农村饮水安全工程维修养护。加强农村饮用水水源保护，做好水质监测。

（八）扎实搞好农村人居环境整治。分类推进农村厕所革命，东部地区、中西部城市近郊区等有基础有条件的地区要基本完成农村户用厕所无害化改造，其他地区实事求是确定目标任务。各地要选择适宜的技术和改厕模式，先搞试点，证明切实可行后再推开。全面推进农村生活垃圾治理，开展就地分类、源头减量试点。梯次推进农村生活污水治理，优先解决乡镇所在地和中心村生活污水问题。开展农村黑臭水体整治。支持农民群众开展村庄清洁和绿化行动，推进"美丽家园"建设。鼓励有条件的地方对农村人居环境公共设施维修养护进行补助。

（九）提高农村教育质量。加强乡镇寄宿制学校建设，统筹乡村小规模学校布局，改善办学条件，提高教学质量。加强乡村教师队伍建设，全面推行义务教育阶段教师"县管校聘"，有计划安排县城学校教师到乡村支教。落实中小学教师平均工资收入水平不低于或高于当地公务员平均工资收入水平政策，教师职称评聘向乡村学校教师倾斜，符合条件的乡村学校教师纳入当地政府住房保障体系。持续推进农村义务教育控辍保学专项行动，巩固义务教育普及成果。增加学位供给，有效解决农民工随迁子女上学问题。重视农村学前教育，多渠道增加普惠性学前教育资源供给。加强农村特殊教育。大力提升中西部地区乡村教师国家通用语言文字能力，加强贫困地区学前儿童普通话教育。扩大职业教育学校在农村招生规模，提高职业教育质量。

（十）加强农村基层医疗卫生服务。办好县级医院，推进标准化乡镇卫生院建设，改造提升村卫生室，消除医疗服务空白点。稳步推进紧密型县域医疗卫生共同体建设。加强乡村医生队伍建设，适当简化本科及以上学历医学毕业生或经住院医师规范化培训合格的全科医生招聘程序。对应聘到中西部地区和艰苦边远地区乡村工作的应届高校医学毕业生，给予大学期间学费补偿、国家助学贷款代偿。允许各地盘活用好基层卫生机构现有编制资源，乡镇卫生院可优先聘用符合条件的村医。加强基层疾病预防控制队伍建设，做好重大疾病和传染病防控。将农村适龄妇女宫颈癌和乳腺癌检查纳入基本公共卫生服务范围。

（十一）加强农村社会保障。适当提高城乡居民基本医疗保险财政补助和个人缴费标准。提高城乡居民基本医保、大病保险、医疗救助经办服务水平，地级市域范围内实现"一站式服务、一窗口办理、一单制结算"。加强农村低保对象动态精准管理，合理提高低保等社会救助水平。完善农村留守儿童和妇女、老年人关爱服务体系。发展农村互助式养老，多形式建设日间照料中心，改善失能老年人和重度残疾人护理服务。

（十二）改善乡村公共文化服务。推动基本公共文化服务向乡村延伸，扩大乡村文化惠民工程覆盖面。鼓励城市文艺团体和文艺工作者定期送文化下乡。实施乡村文化人才培养工程，支持乡土文艺团组发展，扶持农村非遗传承人、民间艺人收徒传艺，发展优秀戏曲曲艺、少数民族文化、民间文化。保护好历史文化名镇（村）、传统村落、民族村寨、传统建筑、农业文化遗产、古树名木等。以"庆丰收、迎小康"为主题办好中国农民丰收节。

（十三）治理农村生态环境突出问题。大力推进畜禽粪污资源化利用，基本完成大规模养殖场粪污治理设施建设。深入开展农药化肥减量行动，加强农膜污染治理，推进秸秆综合利用。在长江流域重点水域实行常年禁捕，做好渔民退捕工作。推广黑土地保护有效治理模式，推进侵蚀沟治理，启动实施东北黑土地保护性耕作行动计划。稳步推进农用地土壤污染管控和修复利用。继续实施华北地区地下水超采综合治理。启动农村水系综合整治试点。

三、保障重要农产品有效供给和促进农民持续增收

（十四）稳定粮食生产。确保粮食安全始终是治国理政的头等大事。粮食生产要稳字当头，稳政策、稳面积、稳产量。强化粮食安全省长责任制考核，各省（自治区、直辖市）2020年粮食播种面积和产量要保持基本稳定。进一步完善农业补贴政策。调整完善稻谷、小麦最低收购价政策，稳定农民基本收益。推进稻谷、小麦、玉米完全成本保险和收入保险试点。加大对大豆高产品种和玉米、大豆间作新农艺推广的支持力度。抓好草地贪夜蛾等重大病虫害防控，推广统防统治、代耕代种、土地托管等服务模式。加大对产粮大县的奖励力度，优先安排农产品加工用地指标。支持产粮大县开展高标准农田建设新增耕地指标跨省域调剂使用，调剂收益按规定用于建设高标准农田。深入实施优质粮食工程。以北方农牧交错带为重点扩大粮改饲规模，推广种养结合模式。完善新疆棉花目标价格政策。拓展多元化进口渠道，增加适应国内需求的农产品进口。扩大优势农产品出口。深入开展农产品反走私综合治理专项行动。

（十五）加快恢复生猪生产。生猪稳产保供是当前经济工作的一件大事，要采取综合性措施，确保2020年年底前生猪产能基本恢复到接近正常年份水平。落实"省负总责"，压实"菜篮子"市长负责制，强化县级抓落实责任，保障猪肉供给。坚持补栏增养和疫病防控相结合，推动生猪标准化规模养殖，加强对中小散养户的防疫服务，做好饲料生产保障工作。严格落实扶持生猪生产的各项政策举措，抓紧打通环评、用地、信贷等瓶颈。纠正随意扩大限养禁养区和搞"无猪市""无猪县"问题。严格执行非洲猪瘟疫情报告制度和防控措施，加快疫苗研发进程。加强动物防疫体系建设，落实防疫人员和经费保障，在生猪大县实施乡镇动物防疫特聘计

划。引导生猪屠宰加工向养殖集中区转移，逐步减少活猪长距离调运，推进"运猪"向"运肉"转变。加强市场监测和调控，做好猪肉保供稳价工作，打击扰乱市场行为，及时启动社会救助和保障标准与物价上涨挂钩联动机制。支持奶业、禽类、牛羊等生产，引导优化肉类消费结构。推进水产绿色健康养殖，加强渔港建设和管理改革。

（十六）加强现代农业设施建设。提早谋划实施一批现代农业投资重大项目，支持项目及早落地，有效扩大农业投资。以粮食生产功能区和重要农产品生产保护区为重点加快推进高标准农田建设，修编建设规划，合理确定投资标准，完善工程建设、验收、监督检查机制，确保建一块成一块。如期完成大中型灌区续建配套与节水改造，提高防汛抗旱能力，加大农业节水力度。抓紧启动和开工一批重大水利工程和配套设施建设，加快开展南水北调后续工程前期工作，适时推进工程建设。启动农产品仓储保鲜冷链物流设施建设工程。加强农产品冷链物流统筹规划、分级布局和标准制定。安排中央预算内投资，支持建设一批骨干冷链物流基地。国家支持家庭农场、农民合作社、供销合作社、邮政快递企业、产业化龙头企业建设产地分拣包装、冷藏保鲜、仓储运输、初加工等设施，对其在农村建设的保鲜仓储设施用电实行农业生产用电价格。依托现有资源建设农业农村大数据中心，加快物联网、大数据、区块链、人工智能、第五代移动通信网络、智慧气象等现代信息技术在农业领域的应用。开展国家数字乡村试点。

（十七）发展富民乡村产业。支持各地立足资源优势打造各具特色的农业全产业链，建立健全农民分享产业链增值收益机制，形成有竞争力的产业集群，推动农村一、二、三产业融合发展。加快建设国家、省、市、县现代农业产业园，支持农村产业融合发展示范园建设，办好农村"双创"基地。重点培育家庭农场、农民合作社等新型农业经营主体，培育农业产业化联合体，通过订单农业、入股分红、托管服务等方式，将小农户融入农业产业链。继续调整优化农业结构，加强绿色食品、有机农产品、地理标志农产品认证和管理，打造地方知名农产品品牌，增加优质绿色农产品供给。有效开发农村市场，扩大电子商务进农村覆盖面，支持供销合作社、邮政快递企业等延伸乡村物流服务网络，加强村级电商服务站点建设，推动农产品进城、工业品下乡双向流通。强化全过程农产品质量安全和食品安全监管，建立健全追溯体系，确保人民群众"舌尖上的安全"。

引导和鼓励工商资本下乡，切实保护好企业家合法权益。制定农业及相关产业统计分类并加强统计核算，全面准确反映农业生产、加工、物流、营销、服务等全产业链价值。

（十八）稳定农民工就业。落实涉企减税降费等支持政策，加大援企稳岗工作力度，放宽失业保险稳岗返还申领条件，提高农民工技能提升补贴标准。农民工失业后，可在常住地进行失业登记，享受均等化公共就业服务。出台并落实保障农民工工资支付条例。以政府投资项目和工程建设领域为重点，开展农民工工资支付情况排查整顿，执行拖欠农民工工资"黑名单"制度，落实根治欠薪各项举措。实施家政服务、养老护理、医院看护、餐饮烹饪、电子商务等技能培训，打造区域性劳务品牌。鼓励地方设立乡村保洁员、水管员、护路员、生态护林员等公益性岗位。开展新业态从业人员职业伤害保障试点。深入实施农村创新创业带头人培育行动，将符合条件的返乡创业农民工纳入一次性创业补贴范围。

四、加强农村基层治理

（十九）充分发挥党组织领导作用。农村基层党组织是党在农村全部工作和战斗力的基础。要认真落实《中国共产党农村基层组织工作条例》，组织群众发展乡村产业，增强集体经济实力，带领群众共同致富；动员群众参与乡村治理，增强主人翁意识，维护农村和谐稳定；教育引导群众革除陈规陋习，弘扬公序良俗，培育文明乡风；密切联系群众，提高服务群众能力，把群众紧密团结在党的周围，筑牢党在农村的执政基础。全面落实村党组织书记县级党委备案管理制度，建立村"两委"成员县级联审常态化机制，持续整顿软弱涣散村党组织，发挥党组织在农村各种组织中的领导作用。严格村党组织书记监督管理，建立健全党委组织部门牵头协调，民政、农业农村等部门共同参与、加强指导的村务监督机制，全面落实"四议两公开"。加大农村基层巡察工作力度。强化基层纪检监察组织与村务监督委员会的沟通协作、有效衔接，形成监督合力。加大在青年农民中发展党员力度。持续向贫困村、软弱涣散村、集体经济薄弱村派驻第一书记。加强村级组织运转经费保障。健全激励村干部干事创业机制。选优配强乡镇领导班子特别是乡镇党委书记。在乡村开展"听党话、感党恩、跟党走"宣讲活动。

（二十）健全乡村治理工作体系。坚持县乡村联动，推动社会治理和服务重心向基层下移，把更多资源下沉到乡镇和村，提高乡村治理效能。县级是"一线指挥部"，要加强统筹谋划，落实领导责任，强化大抓基层的工作导向，增强群众工作本领。建立县级领导干部和县直部门主要负责人包村制度。乡镇是为农服务中心，要加强管理服务，整合审批、服务、执法等方面力量，建立健全统一管理服务平台，实现一站式办理。充实农村人居环境整治、宅基地管理、集体资产管理、民生保障、社会服务等工作力量。行政村是基本治理单元，要强化自我管理、自我服务、自我教育、自我监督，健全基层民主制度，完善村规民约，推进村民自治制度化、规范化、程序化。扎实开展自治、法治、德治相结合的乡村治理体系建设试点示范，推广乡村治理创新性典型案例经验。注重发挥家庭家教家风在乡村治理中的重要作用。

（二十一）调处化解乡村矛盾纠纷。坚持和发展新时代"枫桥经验"，进一步加强人民调解工作，做到小事不出村、大事不出乡、矛盾不上交。畅通农民群众诉求表达渠道，及时妥善处理农民群众合理诉求。持续整治侵害农民利益行为，妥善化解土地承包、征地拆迁、农民工工资、环境污染等方面矛盾。推行领导干部特别是市县领导干部定期下基层接访制度，积极化解信访积案。组织开展"一村一法律顾问"等形式多样的法律服务。对直接关系农民切身利益、容易引发社会稳定风险的重大决策事项，要先进行风险评估。

（二十二）深入推进平安乡村建设。推动扫黑除恶专项斗争向纵深推进，严厉打击非法侵占农村集体资产、扶贫惠农资金和侵犯农村妇女儿童人身权利等违法犯罪行为，推进反腐败斗争和基层"拍蝇"，建立防范和整治"村霸"长效机制。依法管理农村宗教事务，制止非法宗教活动，防范邪教向农村渗透，防止封建迷信蔓延。加强农村社会治安工作，推行网格化管理和服务。开展农村假冒伪劣食品治理行动。打击制售假劣农资违法违规行为。加强农村防灾减灾能力建设。全面排查整治农村各类安全隐患。

五、强化农村补短板保障措施

（二十三）优先保障"三农"投入。加大中央和地方财政"三农"投入力度，中央预算内投资继续向农业农村倾斜，确保财政投入与补上全面小康"三农"领域突出短板相适应。地方政府要在一般债券支出中安排一定规模支持符合条件的易地扶贫搬迁和乡村振兴项目建设。各地应有序扩大用于支持乡村振兴的专项债券发行规模。中央和省级各部门要根据补短板的需要优化涉农资金使用结构。按照"取之于农、主要用之于农"要求，抓紧出台调整完善土地出让收入使用范围进一步提高农业农村投入比例的意见。调整完善农机购置补贴范围，赋予省级更大自主权。研究本轮草原生态保护补奖政策到期后的政策。强化对"三农"信贷的货币、财税、监管政策正向激励，给予低成本资金支持，提高风险容忍度，优化精准奖补措施。对机构法人在县域、业务在县域的金融机构，适度扩大支农支小再贷款额度。深化农村信用社改革，坚持县域法人地位。加强考核引导，合理提升资金外流严重县的存贷比。鼓励商业银行发行"三农"、小微企业等专项金融债券。落实农户小额贷款税收优惠政策。符合条件的家庭农场等新型农业经营主体可按规定享受现行小微企业相关贷款税收减免政策。合理设置农业贷款期限，使其与农业生产周期相匹配。发挥全国农业信贷担保体系作用，做大面向新型农业经营主体的担保业务。推动温室大棚、养殖圈舍、大型农机、土地经营权依法合规抵押融资。稳妥扩大农村普惠金融改革试点，鼓励地方政府开展县域农户、中小企业信用等级评价，加快构建线上线下相结合、"银保担"风险共担的普惠金融服务体系，推出更多免抵押、免担保、低利率、可持续的普惠金融产品。抓好农业保险保费补贴政策落实，督促保险机构及时足额理赔。优化"保险+期货"试点模式，继续推进农产品期货期权品种上市。

（二十四）破解乡村发展用地难题。坚守耕地和永久基本农田保护红线。完善乡村产业发展用地政策体系，明确用地类型和供地方式，实行分类管理。将农业种植养殖配建的保鲜冷藏、晾晒存贮、农机库房、分拣包装、废弃物处理、管理看护房等辅助设施用地纳入农用地管理，根据生产实际合理确定辅助设施用地规模上限。农业设施用地可以使用耕地。强化农业设施用地监管，严禁以农业设施用地为名从事非农建设。开展乡村全域土地综合整治试点，优化农村生产、生活、生态空间布局。在符合国土空间规划前提下，通过村庄整治、土地整理等方式节余的农村集体建设用地优先用于发展乡村产业项目。新编县乡级国土空间规划应安排不少于10%的建设用地指标，重点保障乡村产业发展用地。省级制定土地利用年度计划时，应安排至少5%新增建设用地指标保障乡村重点产业和项目用地。农村集体建设用地可以通过入股、租用等方式直接用于发展乡村产业。按照"放管服"改革要求，对农村集体建设用地审批进行全面梳理，简化审批审核程序，下放审批权限。推进乡村建设审批"多审合一、多证合一"改革。抓紧出台支持农村一、二、三产业融合发展用地的政策意见。

（二十五）推动人才下乡。培养更多知农爱农、扎根乡村的人才，推动更多科技成果应用到田间地头。畅通各类人才下乡渠道，支持大学生、退役军人、企业家等到农村干事创业。整合利用农业广播学校、农业科研院所、涉农院校、农业龙头企业等各类资源，加快构建高素质农民教育培训体系。落实县域内人才统筹培养使用制度。有组织地动员城市科研人员、工程师、规划师、建筑师、教师、医生下乡服务。城市中小学教师、医生晋升高级职称前，原则上要有1年以上农村基层工作服务经历。优化涉农学科专业设置，探索对急需紧缺涉农专业实行"提前批次"录取。抓紧出台推进乡村人才振兴的意见。

（二十六）强化科技支撑作用。加强农业关键核心技术攻关，部署一批重大科技项目，抢占科技制高点。加强农业生物技术研发，大力实施种业自主创新工程，实施国家农业种质资源保护利用工程，推进南繁科研育种基地建设。加快大中型、智能化、复合型农业机械研发和应用，支持丘陵山区农田宜机化改造。深入实施科技特派员制度，进一步发展壮大科技特派员队伍。采取长期稳定的支持方式，加强现代农业产业技术体系建设，扩大对特色优势农产品覆盖范围，面向农业全产业链配置科技资源。加强农业产业科技创新中心建设。加强国家农业高新技术产业示范区、国家农业科技园区等创新平台基地建设。加快现代气象为农服务体系建设。

（二十七）抓好农村重点改革任务。完善农村基本经营制度，开展第二轮土地承包到期后再延长30年试点，在试点基础上研究制定延包的具体办法。鼓励发展多种形式适度规模经营，健全面向小农户的农业社会化服务体系。制定农村集体经营性建设用地入市配套制度。严格农村宅基地管理，加强对乡镇审批宅基地监管，防止土地占用失控。扎实推进宅基地使用权确权登记颁证。以探索宅基地所有权、资格权、使用权"三权分置"为重点，进一步深化农村宅基地制度改革试点。全面推开农村集体产权制度改革试点，有序开展集体成员身份确认、集体资产折股量化、股份合作制改革、集体经济组织登记赋码等工作。探索拓宽农村集体经济发展路径，强化集体资产管理。继续深化供销合作社综合改革，提高为农服务能力。加快推进农垦、国有林区林场、集体林权制度、草原承包经营制度、农业水价等改革。深化农业综合行政执法改革，完善执法体系，提高执法能力。

做好"三农"工作，关键在党。各级党委和政府要深入学习贯彻习近平总书记关于"三农"工作的重要论述，全面贯彻党的十九届四中全会精神，把制度建设和治理能力建设摆在"三农"工作更加突出位置，稳定农村基本政策，完善新时代"三农"工作制度框架和政策体系。认真落实《中国共产党农村工作条例》，加强党对"三农"工作的全面领导，坚持农业农村优先发展，强化五级书记抓乡村振兴责任，落实县委书记主要精力抓"三农"工作要求，加强党委农村工作机构建设，大力培养懂农业、爱农村、爱农民的"三农"工作队伍，提高农村干部待遇。坚持从农村实际出发，因地制宜，尊重农民意愿，尽力而为、量力而行，把当务之急的事一件一件解决好，力戒形式主义、官僚主义，防止政策执行简单化和"一刀切"。把党的十九大以来"三农"政策贯彻落实情况作为中央巡视重要内容。

让我们更加紧密地团结在以习近平同志为核心的党中央周围，坚定信心、锐意进取，埋头苦干、扎实工作，坚决打赢脱贫攻坚战，加快补上全面小康"三农"领域突出短板，为决胜全面建成小康社会、实现第一个百年奋斗目标作出应有的贡献！

附录 B　2021 年中央一号文件

中共中央　国务院关于全面推进乡村振兴
加快农业农村现代化的意见

党的十九届五中全会审议通过的《中共中央关于制定国民经济和社会发展第十四个五年规划和二〇三五年远景目标的建议》，对新发展阶段优先发展农业农村、全面推进乡村振兴作出总体部署，为做好当前和今后一个时期"三农"工作指明了方向。

"十三五"时期，现代农业建设取得重大进展，乡村振兴实现良好开局。粮食年产量连续保持在 1.3 万亿斤以上，农民人均收入较 2010 年翻一番多。新时代脱贫攻坚目标任务如期完成，现行标准下农村贫困人口全部脱贫，贫困县全部摘帽，易地扶贫搬迁任务全面完成，消除了绝对贫困和区域性整体贫困，创造了人类减贫史上的奇迹。农村人居环境明显改善，农村改革向纵深推进，农村社会保持和谐稳定，农村将同步实现全面建成小康社会目标。农业农村发展取得新的历史性成就，为党和国家战胜各种艰难险阻、稳定经济社会发展大局，发挥了"压舱石"作用。实践证明，以习近平同志为核心的党中央驰而不息重农强农的战略决策完全正确，党的"三农"政策得到亿万农民衷心拥护。

"十四五"时期，是乘势而上开启全面建设社会主义现代化国家新征程、向第二个百年奋斗目标进军的第一个五年。民族要复兴，乡村必振兴。全面建设社会主义现代化国家，实现中华民族伟大复兴，最艰巨最繁重的任务依然在农村，最广泛最深厚的基础依然在农村。解决好发展不平衡不充分问题，重点难点在"三农"，迫切需要补齐农业农村短板弱项，推动城乡协调发展；构建新发展格局，潜力后劲在"三农"，迫切需要扩大农村需求，畅通城乡经济循环；应对国内外各种风险挑战，基础支撑在"三农"，迫切需要稳住农业基本盘，守好"三农"基础。党中央认为，新发展阶段"三农"工作依然极端重要，须臾不可放松，务必抓紧抓实。要坚持把解决好"三农"问题作为全党工作重中之重，把全面推进乡村振兴作为实现中华民族伟大复兴的一项重大任务，举全党全社会之力加快农业农村现代化，让广大农民过上更加美好的生活。

一、总体要求

（一）指导思想。以习近平新时代中国特色社会主义思想为指导，全面贯彻党的十九大和十九届二中、三中、四中、五中全会精神，贯彻落实中央经济工作会议精神，统筹推进"五位一体"总体布局，协调推进"四个全面"战略布局，坚定不移贯彻新发展理念，坚持稳中求进工作总基调，坚持加强党对"三农"工作的全面领导，坚持农业农村优先发展，坚持农业现代化与农村现代化一体设计、一并推进，坚持创新驱动发展，以推动高质量发展为主题，统筹发展和安全，落实加快构建新发展格局要求，巩固和完善农村基本经营制度，深入推进农业供给侧结构性改革，把乡村建设摆在社会主义现代化建设的重要位置，全面推进乡村产业、人才、文化、生态、组织振兴，充分发挥农业产品供给、生态屏障、文化传承等功能，走中国特色社会主义乡村振兴道路，加快农业农村现代化，加快形成工农互促、城乡互补、协调发展、共同繁荣的新型工农城乡关系，促进农业高质高效、乡村宜居宜业、农民富裕富足，为全面建设社会主义现代化国家开好局、起好步提供有力支撑。

（二）目标任务。2021 年，农业供给侧结构性改革深入推进，粮食播种面积保持稳定、产量达到 1.3 万亿斤以上，生猪产业平稳发展，农产品质量和食品安全水平进一步提高，农民收入增长继续快于城镇居民，脱贫攻坚成果持续巩固。农业农村现代化规划启动实施，脱贫攻坚政策体系和工作机制同乡村振兴有效衔接、平稳过渡，乡村建设行动全面启动，农村人居环境整治提升，农村改革重点任务深入推进，农村社会保持和谐稳定。

到 2025 年，农业农村现代化取得重要进展，农村基础设施现代化迈上新台阶，农村生活设施便利化初步实现，城乡基本公共服务均等化水平明显提高。农业基础更加稳固，粮食和重要农产品供应保障更加有力，农业生产结构和区域布局明显优化，农业质量效益和竞争力明显提升，现代乡村产业体系基本形成，有条件的地区率先基本实现农业现代化。脱贫攻坚成果巩固拓展，城乡居民收入差距持续缩小。农村生产生活方式绿色转型取得积极进展，化肥农药使用量持续减少，农村生态环境得到明显改善。乡村建设行动取得明显成效，乡村面貌发生显著变化，乡村发展活力充分激发，乡村文明程度得到新提升，农村发展安全保障更加有力，农民获得感、幸福感、安全感明显提高。

二、实现巩固拓展脱贫攻坚成果同乡村振兴有效衔接

（三）设立衔接过渡期。脱贫攻坚目标任务完成后，对摆脱贫困的县，从脱贫之日起设立 5 年过渡期，做到扶上马送一程。过渡期内保持现有主要帮扶政策总体稳定，并逐项分类优化调整，合理把握节奏、力度和时限，逐步实现由集中资源支持脱贫攻坚向全面推进乡村振兴平稳过渡，推动"三农"工作重心历史性转移。抓紧出台各项政策完善优化的具体实施办法，确保工作不留空当、政策不留空白。

（四）持续巩固拓展脱贫攻坚成果。健全防止返贫动态监测和帮扶机制，对易返贫致贫人口及时发现、及时帮扶，守住防止规模性返贫底线。以大中型集中安置区为重点，扎实做好易地搬迁后续帮扶工作，持续加大就业和产业扶持力度，继续完善安置区配套基础设施、产业园区配套设施、公共服务设施，切实提升社区治理能力。加强扶贫项目资产管理和监督。

（五）接续推进脱贫地区乡村振兴。实施脱贫地区特色种养业提升行动，广泛开展农产品产销对接活动，深化拓展消费帮扶。持续做好有组织劳务输出工作。统筹用好公益岗位，对符合条件的就业困难人员进行就业援助。在农业农村基础设施建设领域推广以工代赈方式，吸纳更多脱贫人口和低收入人口就地近就业。在脱贫地区重点建设一批区域性和跨区域重大基础设施工程。加大对脱贫县乡村振兴支持力度。在西部地区脱贫县中确定一批国家乡村振兴重点帮扶县集中支持。支持各地自主选择部分脱贫县作为乡村振兴重点帮扶县。坚持和完善东西部协作和对口支援、社会力量参与帮扶等机制。

（六）加强农村低收入人口常态化帮扶。开展农村低收入人口动态监测，实行分层分类帮扶。对有劳动能力的农村低收入人口，坚持开发式帮扶，帮助其提高内生发展能力，发展产业、参与就业，依靠双手勤劳致富。对脱贫人口中丧失劳动能力且无法通过产业就业获得稳定收入的人口，以现有社会保障体系为基础，按规定纳入农村低保或特困人员救助供养范围，并按困难类型及时给予专项救助、临时救助。

三、加快推进农业现代化

（七）提升粮食和重要农产品供给保障能力。地方各级党委和政府要切实扛起粮食安全政治责任，实行粮食安全党政同责。深入实施重要农产品保障战略，完善粮食安全省长责任制和"菜篮子"市长负责制，确保粮、棉、油、糖、肉等供给安全。"十四五"时期各省（自治区、直辖市）要稳定粮食播种面积、提高单产水平。加强粮食生产功能区和重要农产品生产保护区建设。建设国家粮食安全产业带。稳定种粮农民补贴，让种粮有合理收益。坚持并完善稻谷、小麦最低收购价政策，完善玉米、大豆生产者补贴政策。深入推进农业结构调整，推动品种培优、品质提升、品牌打造和标准化生产。鼓励发展青贮玉米等优质饲草饲料，稳定大豆生产，多措并举发展油菜、花生等油料作物。健全产粮大县支持政策体系。扩大稻谷、小麦、玉米三大粮食作物完全成本保险和收入保险试点范围，支持有条件的省份降低产粮大县三大粮食作物农业保险保费县级补贴比例。深入推进优质粮食工程。加快构建现代养殖体系，保护生猪基础产能，健全生猪产业平稳有序发展长效机制，积极发展牛羊产业，继续实施奶业振兴行动，推进水产绿色健康养殖。推进渔港建设和管理改革。促进木本粮油和林下经济发展。优化农产品贸易布局，实施农产品进口多元化战略，支持企业融入全球农产品供应链。保持打击重点农产品走私高压态势。加强口岸检疫和外来入侵物种防控。开展粮食节约行动，减少生产、流通、加工、存储、消费环节粮食损耗浪费。

（八）打好种业翻身仗。农业现代化，种子是基础。加强农业种质资源保护开发利用，加快第三次农作物种质资源、畜禽种质资源调查收集，加强国家作物、畜禽和海洋渔业生物种质资源库建设。对育种基础性研究以及重点育种项目给予长期稳定支持。加快实施农业生物育种重大科技项目。深入实施农作物和畜禽良种联合攻关。实施新一轮畜禽遗传改良计划和现代种业提升工程。尊重科学、严格监管，有序推进生物育种产业化应用。加强育种领域知识产权保护。支持种业龙头企业建立健全商业化育种体系，加快建设南繁硅谷，加强制种基地和良种繁育体系建设，研究重大品种研发与推广后补助政策，促进育繁推一体化发展。

（九）坚决守住18亿亩耕地红线。统筹布局生态、农业、城镇等功能空间，科学划定各类空间管控边界，严格实行土地用途管制。采取"长牙齿"的措施，落实最严格的耕地保护制度。严禁违规占用耕地和违背自然规律绿化造林、挖湖造景，严格控制非农建设占用耕地，深入推进农村乱占耕地建房专项整治行动，坚决遏制耕地"非农化"、防止"非粮化"。明确耕地利用优先序，永久基本农田重点用于粮食特别是口粮生产，一般耕地主要用于粮食和棉、油、糖、蔬菜等农产品及饲草饲料生产。明确耕地和永久基本农田不同的管制目标和管制强度，严格控制耕地转为林地、园地等其他类型农用地，强化土地流转用途监管，确保耕地数量不减少、质量有提高。实施新一轮高标准农田建设规划，提高建设标准和质量，健全管护机制，多渠道筹集建设资金，中央和地方共同加大粮食主产区高标准农田建设投入，2021 年建设 1 亿亩旱涝保收、高产稳产高标准农田。在高标准农田建设中增加的耕地作为占补平衡补充耕地指标在省域内调剂，所得收益用于高标准农田建设。加强和改进建设占用耕地占补平衡管理，严格新增耕地核实认定和监管。健全耕地数量和质量监测监管机制，加强耕地保护督察和执法监督，开展"十三五"时期省级政府耕地保护责任目标考核。

（十）强化现代农业科技和物质装备支撑。实施大中型灌区续建配套和现代化改造。到 2025 年全部完成现有病险水库除险加固。坚持农业科技自立自强，完善农业科技领域基础研究稳定支持机制，深化体制改革，布局建设一批创新基地平台。深入开展乡村振兴科技支撑行动。支持高校为乡村振兴提供智力服务。加强农业科技社会化服务体系建设，深入推行科技特派员制度。打造国家热带农业科学中心。提高农机装备自主研制能力，支持高端智能、丘陵山区农机装备研发制造，加大购置补贴力度，开展农机作业补贴。强化动物防疫和农作物病虫害防治体系建设，提升防控能力。

（十一）构建现代乡村产业体系。依托乡村特色优势资源，打造农业全产业链，把产业链主体留在县城，让农民更多分享产业增值收益。加快健全现代农业全产业链标准体系，推动新型农业经营主体按标生产，培育农业龙头企业标准"领跑者"。立足县域布局特色农产品产地初加工和精深加工，建设现代农业产业园、农业产业强镇、优势特色产业集群。推进公益性农产品市场和农产品流通骨干网络建设。开发休闲农业和乡村旅游精品线路，完善配套设施。推进农村一、二、三产业融合发展示范园和科技示范园区建设。把农业现代化示范区作为推进农业现代化的重要抓手，围绕提高农业产业体系、生产体系、经营体系现代化水平，建立指标体系，加强资源整合、政策集成，以县（市、区）为单位开展创建，到2025年创建500个左右示范区，形成梯次推进农业现代化的格局。创建现代林业产业示范区。组织开展"万企兴万村"行动。稳步推进反映全产业链价值的农业及相关产业统计核算。

（十二）推进农业绿色发展。实施国家黑土地保护工程，推广保护型耕作模式。健全耕地休耕轮作制度。持续推进化肥农药减量增效，推广农作物病虫害绿色防控产品和技术。加强畜禽粪污资源化利用。全面实施秸秆综合利用和农膜、农药包装物回收行动，加强可降解农膜研发推广。在长江经济带、黄河流域建设一批农业面源污染综合治理示范县。支持国家农业绿色发展先行区建设。加强农产品质量和食品安全监管，发展绿色农产品、有机农产品和地理标志农产品，试行食用农产品达标合格证制度，推进国家农产品质量安全县创建。加强水生生物资源养护，推进以长江为重点的渔政执法能力建设，确保十年禁渔令有效落实，做好退捕渔民安置保障工作。发展节水农业和旱作农业。推进荒漠化、石漠化、坡耕地水土流失综合治理和土壤污染防治、重点区域地下水保护与超采治理。实施水系连通及农村水系综合整治，强化河湖长制。巩固退耕还林还草成果，完善政策、有序推进。实行林长制。科学开展大规模国土绿化行动。完善草原生态保护补助奖励政策，全面推进草原禁牧轮牧休牧，加强草原鼠害防治，稳步恢复草原生态环境。

（十三）推进现代农业经营体系建设。突出抓好家庭农场和农民合作社两类经营主体，鼓励发展多种形式适度规模经营。实施家庭农场培育计划，把农业规模经营户培育成有活力的家庭农场。推进农民合作社质量提升，加大对运行规范的农民合作社扶持力度。发展壮大农业专业化社会化服务组织，将先进适用的品种、投入品、技术、装备导入小农户。支持市场主体建设区域性农业全产业链综合服务中心。支持农业产业化龙头企业创新发展、做大做强。深化供销合作社综合改革，开展生产、供销、信用"三位一体"综合合作试点，健全服务农民生产生活综合平台。培育高素质农民，组织参加技能评价、学历教育，设立专门面向农民的技能大赛。吸引城市各方面人才到农村创业创新，参与乡村振兴和现代农业建设。

四、大力实施乡村建设行动

（十四）加快推进村庄规划工作。2021年基本完成县级国土空间规划编制，明确村庄布局分类。积极有序推进"多规合一"实用性村庄规划编制，对有条件、有需求的村庄尽快实现村庄规划全覆盖。对暂时没有编制规划的村庄，严格按照县乡两级国土空间规划中确定的用途管制和建设管理要求进行建设。编制村庄规划要立足现有基础，保留乡村特色风貌，不搞大拆大建。按照规划有序开展各项建设，严肃查处违规乱建行为。健全农房建设质量安全法律法规和监管体制，3 年内完成安全隐患排查整治。完善建设标准和规范，提高农房设计水平和建设质量。继续实施农村危房改造和地震高烈度设防地区农房抗震改造。加强村庄风貌引导，保护传统村落、传统民居和历史文化名村名镇。加大农村地区文化遗产遗迹保护力度。乡村建设是为农民而建，要因地制宜、稳扎稳打，不刮风搞运动。严格规范村庄撤并，不得违背农民意愿、强迫农民上楼，把好事办好、把实事办实。

（十五）加强乡村公共基础设施建设。继续把公共基础设施建设的重点放在农村，着力推进往村覆盖、往户延伸。实施农村道路畅通工程。有序实施较大人口规模自然村（组）通硬化路。加强农村资源路、产业路、旅游路和村内主干道建设。推进农村公路建设项目更多向进村入户倾斜。继续通过中央车购税补助地方资金、成品油税费改革转移支付、地方政府债券等渠道，按规定支持农村道路发展。继续开展"四好农村路"示范创建。全面实施路长制。开展城乡交通一体化示范创建工作。加强农村道路桥梁安全隐患排查，落实管养主体责任。强化农村道路交通安全监管。实施农村供水保障工程。加强中小型水库等稳定水源工程建设和水源保护，实施规模化供水工程建设和小型工程标准化改造，有条件的地区推进城乡供水一体化，到 2025 年农村自来水普及率达到 88%。完善农村水价水费形成机制和工程长效运营机制。实施乡村清洁能源建设工程。加大农村电网建设力度，全面巩固提升农村电力保障水平。推进燃气下乡，支持建设安全可靠的乡村储气罐站和微管网供气系统。发展农村生物质能源。加强煤炭清洁化利用。实施数字乡村建设发展工程。推动农村千兆光网、第五代移动通信（5G）、移动物联网与城市同步规划建设。完善电信普遍服务补偿机制，支持农村及偏远地区信息通信基础设施建设。加快建设农业农村遥感卫星等天基设施。发展智慧农业，建立农业农村大数据体系，推动新一代信息技术与农业生产经营深度融合。完善农业气象综合监测网络，提升农业气象灾害防范能力。加强乡村公共服务、社会治理等数字化智能化建设。实施村级综合服务设施提升工程。加强村级客运站点、文化体育、公共照明等服务设施建设。

（十六）实施农村人居环境整治提升五年行动。分类有序推进农村厕所革命，加快研发干旱、寒冷地区卫生厕所适用技术和产品，加强中西部地区农村户用厕所改造。统筹农村改厕和污水、黑臭水体治理，因地制宜建设污水处理设施。健全农村生活垃圾收运处置体系，推进源头分类减量、资源化处理利用，建设一批有机废弃物综合处置利用设施。健全农村人居环境设施管护机制。有条件的地区推广城乡环卫一体化第三方治理。深入推进村庄清洁和绿化行动。开展美丽宜居村庄和美丽庭院示范创建活动。

（十七）提升农村基本公共服务水平。建立城乡公共资源均衡配置机制，强化农村基本公共服务供给县乡村统筹，逐步实现标准统一、制度并轨。提高农村教育质量，多渠道增加农村普惠性学前教育资源供给，继续改善乡镇寄宿制学校办学条件，保留并办好必要的乡村小规模学校，在县城和中心镇新建改扩建一批高中和中等职业学校。完善农村特殊教育保障机制。推进县域内义务教育学校校长教师交流轮岗，支持建设城乡学校共同体。面向农民就业创业需求，发展职业技术教育与技能培训，建设一批产教融合基地。开展耕读教育。加快发展面向乡村的网络教育。加大涉农高校、涉农职业院校、涉农学科专业建设力度。全面推进健康乡村建设，提升村卫生室标准化建设和健康管理水平，推动乡村医生向执业（助理）医师转变，采取派驻、巡诊等方式提高基层卫生服务水平。提升乡镇卫生院医疗服务能力，选建一批中心卫生院。加强县级医院建设，持续提升县级疾控机构应对重大疫情及突发公共卫生事件能力。加强县域紧密型医共体建设，实行医保总额预算管理。加强妇幼、老年人、残疾人等重点人群健康服务。健全统筹城乡的就业政策和服务体系，推动公共就业服务机构向乡村延伸。深入实施新生代农民工职业技能提升计划。完善统一的城乡居民基本医疗保险制度，合理提高政府补助标准和个人缴费标准，健全重大疾病医疗保险和救助制度。落实城乡居民基本养老保险待遇确定和正常调整机制。推进城乡低保制度统筹发展，逐步提高特困人员供养服务质量。加强对农村留守儿童和妇女、老年人以及困境儿童的关爱服务。健全县乡村衔接的三级养老服务网络，推动村级幸福院、日间照料中心等养老服务设施建设，发展农村普惠型养老服务和互助型养老。推进农村公益性殡葬设施建设。推进城乡公共文化服务体系一体建设，创新实施文化惠民工程。

（十八）全面促进农村消费。加快完善县乡村三级农村物流体系，改造提升农村寄递物流基础设施，深入推进电子商务进农村和农产品出村进城，推动城乡生产与消费有效对接。促进农村居民耐用消费品更新换代。加快实施农产品仓储保鲜冷链物流设施建设工程，推进田头小型仓储保鲜冷链设施、产地低温直销配送中心、国家骨干冷链物流基地建设。完善农村生活性服务业支持政策，发展线上线下相结合的服务网点，推动便利化、精细化、品质化发展，满足农村居民消费升级需要，吸引城市居民下乡消费。

（十九）加快县域内城乡融合发展。推进以人为核心的新型城镇化，促进大中小城市和小城镇协调发展。把县域作为城乡融合发展的重要切入点，强化统筹谋划和顶层设计，破除城乡分割的体制弊端，加快打通城乡要素平等交换、双向流动的制度性通道。统筹县域产业、基础设施、公共服务、基本农田、生态保护、城镇开发、村落分布等空间布局，强化县城综合服务能力，把乡镇建设成为服务农民的区域中心，实现县乡村功能衔接互补。壮大县域经济，承接适宜产业转移，培育支柱产业。加快小城镇发展，完善基础设施和公共服务，发挥小城镇连接城市、服务乡村作用。推进以县城为重要载体的城镇化建设，有条件的地区按照小城市标准建设县城。积极推进扩权强镇，规划建设一批重点镇。开展乡村全域土地综合整治试点。推动在县域就业的农民工就地市民化，增加适应进城农民刚性需求的住房供给。鼓励地方建设返乡入乡创业园和孵化实训基地。

（二十）强化农业农村优先发展投入保障。继续把农业农村作为一般公共预算优先保障领域。中央预算内投资进一步向农业农村倾斜。制定落实提高土地出让收益用于农业农村比例考核办法，确保按规定提高用于农业农村的比例。各地区各部门要进一步完善涉农资金统筹整合长效机制。支持地方政府发行一般债券和专项债券用于现代农业设施建设和乡村建设行动，制定出台操作指引，做好高质量项目储备工作。发挥财政投入引领作用，支持以市场化方式设立乡村振兴基金，撬动金融资本、社会力量参与，重点支持乡村产业发展。坚持为农服务宗旨，持续深化农村金融改革。运用支农支小再贷款、再贴现等政策工具，实施最优惠的存款准备金率，加大对机构法人在县域、业务在县域的金融机构的支持力度，推动农村金融机构回归本源。鼓励银行业金融机构建立服务乡村振兴的内设机构。明确地方政府监管和风险处置责任，稳妥规范开展农民合作社内部信用合作试点。保持农村信用合作社等县域农村金融机构法人地位和数量总体稳定，做好监督管理、风险化解、深化改革工作。完善涉农金融机构治理结构和内控机制，强化金融监管部门的监管责任。支持市县构建域内共享的涉农信用信息数据库，用3年时间基本建成比较完善的新型农业经营主体信用体系。发展农村数字普惠金融。大力开展农户小额信用贷款、保单质押贷款、农机具和大棚设施抵押贷款业务。鼓励开发专属金融产品支持新型农业经营主体和农村新产业新业态，增加首贷、信用贷。加大对农业农村基础设施投融资的中长期信贷支持。加强对农业信贷担保放大倍数的量化考核，提高农业信贷担保规模。将地方优势特色农产品保险以奖代补做法逐步扩大到全国。健全农业再保险制度。发挥"保险+期货"在服务乡村产业发展中的作用。

（二十一）深入推进农村改革。完善农村产权制度和要素市场化配置机制，充分激发农村发展内生动力。坚持农村土地农民集体所有制不动摇，坚持家庭承包经营基础性地位不动摇，有序开展第二轮土地承包到期后再延长30年试点，保持农村土地承包关系稳定并长久不变，健全土地经营权流转服务体系。积极探索实施农村集体经营性建设用地入市制度。完善盘活农村存量建设用地政策，实行负面清单管理，优先保障乡村产业发展、乡村建设用地。根据乡村休闲观光等产业分散布局的实际需要，探索灵活多样的供地新方式。加强宅基地管理，稳慎推进农村宅基地制度改革试点，探索宅基地所有权、资格权、使用权分置有效实现形式。规范开展房地一体宅基地日常登记颁证工作。规范开展城乡建设用地增减挂钩，完善审批实施程序、节余指标调剂及收益分配机制。2021年基本完成农村集体产权制度改革阶段性任务，发展壮大新型农村集体经济。保障进城落户农民土地承包权、宅基地使用权、集体收益分配权，研究制定依法自愿有偿转让的具体办法。加强农村产权流转交易和管理信息网络平台建设，提供综合性交易服务。加快农业综合行政执法信息化建设。深入推进农业水价综合改革。继续深化农村集体林权制度改革。

五、加强党对"三农"工作的全面领导

（二十二）强化五级书记抓乡村振兴的工作机制。全面推进乡村振兴的深度、广度、难度都不亚于脱贫攻坚，必须采取更有力的举措，汇聚更强大的力量。要深入贯彻落实《中国共产党农村工作条例》，健全中央统筹、省负总责、市县乡抓落实的农村工作领导体制，将脱贫攻坚工作中形成的组织推动、要素保障、政策支持、协作帮扶、考核督导等工作机制，根据实际需要运用到推进乡村振兴，建立健全上下贯通、精准施策、一抓到底的乡村振兴工作体系。省、市、县级党委要定期研究乡村振兴工作。县委书记应当把主要精力放在"三农"工作上。建立乡村振兴联系点制度，省、市、县级党委和政府负责同志都要确定联系点。开展县乡村三级党组织书记乡村振兴轮训。加强党对乡村人才工作的领导，将乡村人才振兴纳入党委人才工作总体部署，健全适合乡村特点的人才培养机制，强化人才服务乡村激励约束。加快建设政治过硬、本领过硬、作风过硬的乡村振兴干部队伍，选派优秀干部到乡村振兴一线岗位，把乡村振兴作为培养锻炼干部的广阔舞台，对在艰苦地区、关键岗位工作表现突出的干部优先重用。

（二十三）加强党委农村工作领导小组和工作机构建设。充分发挥各级党委农村工作领导小组牵头抓总、统筹协调作用，成员单位出台重要涉农政策要征求党委农村工作领导小组意见并进行备案。各地要围绕"五大振兴"目标任务，设立由党委和政府负责同志领导的专项小组或工作专班，建立落实台账，压实工作责任。强化党委农村工作领导小组办公室决策参谋、统筹协调、政策指导、推动落实、督促检查等职能，每年分解"三农"工作重点任务，落实到各责任部门，定期调度工作进展。加强党委农村工作领导小组办公室机构设置和人员配置。

（二十四）加强党的农村基层组织建设和乡村治理。充分发挥农村基层党组织领导作用，持续抓党建促乡村振兴。有序开展乡镇、村集中换届，选优配强乡镇领导班子、村"两委"成员特别是村党组织书记。在有条件的地方积极推行村党组织书记通过法定程序担任村民委员会主任，因地制宜、不搞"一刀切"。与换届同步选优配强村务监督委员会成员，基层纪检监察组织加强与村务监督委员会的沟通协作、有效衔接。坚决惩治侵害农民利益的腐败行为。坚持和完善向重点乡村选派驻村第一书记和工作队制度。加大在优秀农村青年中发展党员力度，加强对农村基层干部激励关怀，提高工资补助待遇，改善工作生活条件，切实帮助解决实际困难。推进村委会规范化建设和村务公开"阳光工程"。开展乡村治理试点示范创建工作。创建民主法治示范村，培育农村学法用法示范户。加强乡村人民调解组织队伍建设，推动就地化解矛盾纠纷。深入推进平安乡村建设。建立健全农村地区扫黑除恶常态化机制。加强县乡村应急管理和消防安全体系建设，做好对自然灾害、公共卫生、安全隐患等重大事件的风险评估、监测预警、应急处置。

（二十五）加强新时代农村精神文明建设。弘扬和践行社会主义核心价值观，以农民群众喜闻乐见的方式，深入开展习近平新时代中国特色社会主义思想学习教育。拓展新时代文明实践中心建设，深化群众性精神文明创建活动。建强用好县级融媒体中心。在乡村深入开展"听党话、感党恩、跟党走"宣讲活动。深入挖掘、继承创新优秀传统乡土文化，把保护传承和开发利用结合起来，赋予中华农耕文明新的时代内涵。持续推进农村移风易俗，推广积分制、道德评议会、红白理事会等做法，加大高价彩礼、人情攀比、厚葬薄养、铺张浪费、封建迷信等不良风气治理，推动形成文明乡风、良好家风、淳朴民风。加大对农村非法宗教活动和境外渗透活动的打击力度，依法制止利用宗教干预农村公共事务。办好中国农民丰收节。

（二十六）健全乡村振兴考核落实机制。各省（自治区、直辖市）党委和政府每年向党中央、国务院报告实施乡村振兴战略进展情况。对市县党政领导班子和领导干部开展乡村振兴实绩考核，纳入党政领导班子和领导干部综合考核评价内容，加强考核结果应用，注重提拔使用乡村振兴实绩突出的市县党政领导干部。对考核排名落后、履职不力的市县党委和政府主要负责同志进行约谈，建立常态化约谈机制。将巩固拓展脱贫攻坚成果纳入乡村振兴考核。强化乡村振兴督查，创新完善督查方式，及时发现和解决存在的问题，推动政策举措落实落地。持续纠治形式主义、官僚主义，将减轻村级组织不合理负担纳入中央基层减负督查重点内容。坚持实事求是、依法行政，把握好农村各项工作的时效。加强乡村振兴宣传工作，在全社会营造共同推进乡村振兴的浓厚氛围。

让我们紧密团结在以习近平同志为核心的党中央周围，开拓进取，真抓实干，全面推进乡村振兴，加快农业农村现代化，努力开创"三农"工作新局面，为全面建设社会主义现代化国家、实现第二个百年奋斗目标作出新的贡献！

附录 C 2022 年中央一号文件

中共中央 国务院关于做好 2022 年
全面推进乡村振兴重点工作的意见

当前，全球新冠肺炎疫情仍在蔓延，世界经济复苏脆弱，气候变化挑战突出，我国经济社会发展各项任务极为繁重艰巨。党中央认为，从容应对百年变局和世纪疫情，推动经济社会平稳健康发展，必须着眼国家重大战略需要，稳住农业基本盘、做好"三农"工作，接续全面推进乡村振兴，确保农业稳产增产、农民稳步增收、农村稳定安宁。

做好 2022 年"三农"工作，要以习近平新时代中国特色社会主义思想为指导，全面贯彻党的十九大和十九届历次全会精神，深入贯彻中央经济工作会议精神，坚持稳中求进工作总基调，立足新发展阶段、贯彻新发展理念、构建新发展格局、推动高质量发展，促进共同富裕，坚持和加强党对"三农"工作的全面领导，牢牢守住保障国家粮食安全和不发生规模性返贫两条底线，突出年度性任务、针对性举措、实效性导向，充分发挥农村基层党组织领导作用，扎实有序做好乡村发展、乡村建设、乡村治理重点工作，推动乡村振兴取得新进展、农业农村现代化迈出新步伐。

一、全力抓好粮食生产和重要农产品供给

（一）稳定全年粮食播种面积和产量。坚持中国人的饭碗任何时候都要牢牢端在自己手中，饭碗主要装中国粮，全面落实粮食安全党政同责，严格粮食安全责任制考核，确保粮食播种面积稳定、产量保持在 1.3 万亿斤以上。主产区、主销区、产销平衡区都要保面积、保产量，不断提高主产区粮食综合生产能力，切实稳定和提高主销区粮食自给率，确保产销平衡区粮食基本自给。推进国家粮食安全产业带建设。大力开展绿色高质高效行动，深入实施优质粮食工程，提升粮食单产和品质。推进黄河流域农业深度节水控水，通过提升用水效率、发展旱作农业，稳定粮食播种面积。积极应对小麦晚播等不利影响，加强冬春田间管理，促进弱苗转壮。

（二）大力实施大豆和油料产能提升工程。加大耕地轮作补贴和产油

大县奖励力度，集中支持适宜区域、重点品种、经营服务主体，在黄淮海、西北、西南地区推广玉米大豆带状复合种植，在东北地区开展粮豆轮作，在黑龙江省部分地下水超采区、寒地井灌稻区推进水改旱、稻改豆试点，在长江流域开发冬闲田扩种油菜。开展盐碱地种植大豆示范。支持扩大油茶种植面积，改造提升低产林。

（三）保障"菜篮子"产品供给。加大力度落实"菜篮子"市长负责制。稳定生猪生产长效性支持政策，稳定基础产能，防止生产大起大落。加快扩大牛羊肉和奶业生产，推进草原畜牧业转型升级试点示范。稳定水产养殖面积，提升渔业发展质量。稳定大中城市常年菜地保有量，大力推进北方设施蔬菜、南菜北运基地建设，提高蔬菜应急保供能力。完善棉花目标价格政策。探索开展糖料蔗完全成本保险和种植收入保险。开展天然橡胶老旧胶园更新改造试点。

（四）合理保障农民种粮收益。按照让农民种粮有利可图、让主产区抓粮有积极性的目标要求，健全农民种粮收益保障机制。2022 年适当提高稻谷、小麦最低收购价，稳定玉米、大豆生产者补贴和稻谷补贴政策，实现三大粮食作物完全成本保险和种植收入保险主产省产粮大县全覆盖。加大产粮大县奖励力度，创新粮食产销区合作机制。支持家庭农场、农民合作社、农业产业化龙头企业多种粮、种好粮。聚焦关键薄弱环节和小农户，加快发展农业社会化服务，支持农业服务公司、农民合作社、农村集体经济组织、基层供销合作社等各类主体大力发展单环节、多环节、全程生产托管服务，开展订单农业、加工物流、产品营销等，提高种粮综合效益。

（五）统筹做好重要农产品调控。健全农产品全产业链监测预警体系，推动建立统一的农产品供需信息发布制度，分类分品种加强调控和应急保障。深化粮食购销领域监管体制机制改革，开展专项整治，依法从严惩治系统性腐败。加强智能粮库建设，促进人防技防相结合，强化粮食库存动态监管。严格控制以玉米为原料的燃料乙醇加工。做好化肥等农资生产储备调运，促进保供稳价。坚持节约优先，落实粮食节约行动方案，深入推进产运储加消全链条节粮减损，强化粮食安全教育，反对食物浪费。

二、强化现代农业基础支撑

（六）落实"长牙齿"的耕地保护硬措施。实行耕地保护党政同责，严守 18 亿亩耕地红线。按照耕地和永久基本农田、生态保护红线、城镇开发边界的顺序，统筹划定落实三条控制线，把耕地保有量和永久基本农田保护目标任务足额带位置逐级分解下达，由中央和地方签订耕地保护目标责任书，作为刚性指标实行严格考核、一票否决、终身追责。分类明确耕地用途，严格落实耕地利用优先序，耕地主要用于粮食和棉、油、糖、蔬菜等农产品及饲草饲料生产，永久基本农田重点用于粮食生产，高标准农田原则上全部用于粮食生产。引导新发展林果业上山上坡，鼓励利用"四荒"资源，不与粮争地。落实和完善耕地占补平衡政策，建立补充耕地立项、实施、验收、管护全程监管机制，确保补充可长期稳定利用的耕地，实现补充耕地产能与所占耕地相当。改进跨省域补充耕地国家统筹管理办法。加大耕地执法监督力度，严厉查处违法违规占用耕地从事非农建设。强化耕地用途管制，严格管控耕地转为其他农用地。巩固提升受污染耕地安全利用水平。稳妥有序开展农村乱占耕地建房专项整治试点。巩固"大棚房"问题专项清理整治成果。落实工商资本流转农村土地审查审核和风险防范制度。

（七）全面完成高标准农田建设阶段性任务。多渠道增加投入，2022年建设高标准农田 1 亿亩，累计建成高效节水灌溉面积 4 亿亩。统筹规划、同步实施高效节水灌溉与高标准农田建设。各地要加大中低产田改造力度，提升耕地地力等级。研究制定增加农田灌溉面积的规划。实施重点水源和重大引调水等水资源配置工程。加大大中型灌区续建配套与改造力度，在水土资源条件适宜地区规划新建一批现代化灌区，优先将大中型灌区建成高标准农田。深入推进国家黑土地保护工程。实施黑土地保护性耕作 8000 万亩。积极挖掘潜力增加耕地，支持将符合条件的盐碱地等后备资源适度有序开发为耕地。研究制定盐碱地综合利用规划和实施方案。分类改造盐碱地，推动由主要治理盐碱地适应作物向更多选育耐盐碱植物适应盐碱地转变。支持盐碱地、干旱半干旱地区国家农业高新技术产业示范区建设。启动第三次全国土壤普查。

（八）大力推进种源等农业关键核心技术攻关。全面实施种业振兴行动方案。加快推进农业种质资源普查收集，强化精准鉴定评价。推进种业领域国家重大创新平台建设。启动农业生物育种重大项目。加快实施农业关键核心技术攻关工程，实行"揭榜挂帅""部省联动"等制度，开展长周期研发项目试点。强化现代农业产业技术体系建设。开展重大品种研发与推广后补助试点。贯彻落实种子法，实行实质性派生品种制度，强化种业知识产权保护，依法严厉打击套牌侵权等违法犯罪行为。

（九）提升农机装备研发应用水平。全面梳理短板弱项，加强农机装备工程化协同攻关，加快大马力机械、丘陵山区和设施园艺小型机械、高端智能机械研发制造并纳入国家重点研发计划予以长期稳定支持。实施农机购置与应用补贴政策，优化补贴兑付方式。完善农机性能评价机制，推进补贴机具有进有出、优机优补，重点支持粮食烘干、履带式作业、玉米大豆带状复合种植、油菜籽收获等农机，推广大型复合智能农机。推动新生产农机排放标准升级。开展农机研发制造推广应用一体化试点。

（十）加快发展设施农业。因地制宜发展塑料大棚、日光温室、连栋温室等设施。集中建设育苗工厂化设施。鼓励发展工厂化集约养殖、立体生态养殖等新型养殖设施。推动水肥一体化、饲喂自动化、环境控制智能化等设施装备技术研发应用。在保护生态环境基础上，探索利用可开发的空闲地、废弃地发展设施农业。

（十一）有效防范应对农业重大灾害。加大农业防灾减灾救灾能力建设和投入力度。修复水毁灾损农业、水利基础设施，加强沟渠疏浚以及水库、泵站建设和管护。加强防汛抗旱应急物资储备。强化农业农村、水利、气象灾害监测预警体系建设，增强极端天气应对能力。加强基层动植物疫病防控体系建设，落实属地责任，配齐配强专业人员，实行定责定岗定人，确保非洲猪瘟、草地贪夜蛾等动植物重大疫病防控责有人负、活有人干、事有人管。做好人兽共患病源头防控。加强外来入侵物种防控管理，做好普查监测、入境检疫、国内防控，对已传入并造成严重危害的，要"一种一策"精准治理、有效灭除。加强中长期气候变化对农业影响研究。

三、坚决守住不发生规模性返贫底线

（十二）完善监测帮扶机制。精准确定监测对象，将有返贫致贫风险和突发严重困难的农户纳入监测范围，简化工作流程，缩短认定时间。针对发现的因灾因病因疫等苗头性问题，及时落实社会救助、医疗保障等帮扶措施。强化监测帮扶责任落实，确保工作不留空当、政策不留空白。继续开展巩固脱贫成果后评估工作。

（十三）促进脱贫人口持续增收。推动脱贫地区更多依靠发展来巩固

拓展脱贫攻坚成果，让脱贫群众生活更上一层楼。巩固提升脱贫地区特色产业，完善联农带农机制，提高脱贫人口家庭经营性收入。逐步提高中央财政衔接推进乡村振兴补助资金用于产业发展的比重，重点支持帮扶产业补上技术、设施、营销等短板，强化龙头带动作用，促进产业提档升级。巩固光伏扶贫工程成效，在有条件的脱贫地区发展光伏产业。压实就业帮扶责任，确保脱贫劳动力就业规模稳定。深化东西部劳务协作，做好省内转移就业工作。延续支持帮扶车间发展优惠政策。发挥以工代赈作用，具备条件的可提高劳务报酬发放比例。统筹用好乡村公益岗位，实行动态管理。逐步调整优化生态护林员政策。

（十四）加大对乡村振兴重点帮扶县和易地搬迁集中安置区支持力度。在乡村振兴重点帮扶县实施一批补短板促发展项目。编制国家乡村振兴重点帮扶县巩固拓展脱贫攻坚成果同乡村振兴有效衔接实施方案。做好国家乡村振兴重点帮扶县科技特派团选派，实行产业技术顾问制度，有计划开展教育、医疗干部人才组团式帮扶。建立健全国家乡村振兴重点帮扶县发展监测评价机制。加大对国家乡村振兴重点帮扶县信贷资金投入和保险保障力度。完善易地搬迁集中安置区配套设施和公共服务，持续加大安置区产业培育力度，开展搬迁群众就业帮扶专项行动。落实搬迁群众户籍管理、合法权益保障、社会融入等工作举措，提升安置社区治理水平。

（十五）推动脱贫地区帮扶政策落地见效。保持主要帮扶政策总体稳定，细化落实过渡期各项帮扶政策，开展政策效果评估。拓展东西部协作工作领域，深化区县、村企、学校、医院等结对帮扶。在东西部协作和对口支援框架下，继续开展城乡建设用地增减挂钩节余指标跨省域调剂。持续做好中央单位定点帮扶工作。扎实做好脱贫人口小额信贷工作。创建消费帮扶示范城市和产地示范区，发挥脱贫地区农副产品网络销售平台作用。

四、聚焦产业促进乡村发展

（十六）持续推进农村一、二、三产业融合发展。鼓励各地拓展农业多种功能、挖掘乡村多元价值，重点发展农产品加工、乡村休闲旅游、农村电商等产业。支持农业大县聚焦农产品加工业，引导企业到产地发展粮油加工、食品制造。推进现代农业产业园和农业产业强镇建设，培育优势特色产业集群，继续支持创建一批国家农村产业融合发展示范园。实施乡村休闲旅游提升计划。支持农民直接经营或参与经营的乡村民宿、农家乐特色村（点）发展。将符合要求的乡村休闲旅游项目纳入科普基地和中小学学农劳动实践基地范围。实施"数商兴农"工程，推进电子商务进乡村。促进农副产品直播带货规范健康发展。开展农业品种培优、品质提升、品牌打造和标准化生产提升行动，推进食用农产品承诺达标合格证制度，完善全产业链质量安全追溯体系。加快落实保障和规范农村一、二、三产业融合发展用地政策。

（十七）大力发展县域富民产业。支持大中城市疏解产业向县域延伸，引导产业有序梯度转移。大力发展县域范围内比较优势明显、带动农业农村能力强、就业容量大的产业，推动形成"一县一业"发展格局。加强县域基层创新，强化产业链与创新链融合。加快完善县城产业服务功能，促进产业向园区集中、龙头企业做强做大。引导具备条件的中心镇发展专业化中小微企业集聚区，推动重点村发展乡村作坊、家庭工场。

（十八）加强县域商业体系建设。实施县域商业建设行动，促进农村消费扩容提质升级。加快农村物流快递网点布局，实施"快递进村"工程，鼓励发展"多站合一"的乡镇客货邮综合服务站、"一点多能"的村级寄递物流综合服务点，推进县乡村物流共同配送，促进农村客货邮融合发展。支持大型流通企业以县城和中心镇为重点下沉供应链。加快实施"互联网+"农产品出村进城工程，推动建立长期稳定的产销对接关系。推动冷链物流服务网络向农村延伸，整县推进农产品产地仓储保鲜冷链物流设施建设，促进合作联营、成网配套。支持供销合作社开展县域流通服务网络建设提升行动，建设县域集采集配中心。

（十九）促进农民就地就近就业创业。落实各类农民工稳岗就业政策。发挥大中城市就业带动作用。实施县域农民工市民化质量提升行动。鼓励发展共享用工、多渠道灵活就业，规范发展新就业形态，培育发展家政服务、物流配送、养老托育等生活性服务业。推进返乡入乡创业园建设，落实各项扶持政策。大力开展适合农民工就业的技能培训和新职业新业态培训。合理引导灵活就业农民工按规定参加职工基本医疗保险和城镇职工基本养老保险。

（二十）推进农业农村绿色发展。加强农业面源污染综合治理，深入推进农业投入品减量化，加强畜禽粪污资源化利用，推进农膜科学使用回收，支持秸秆综合利用。建设国家农业绿色发展先行区。开展农业绿色发展情况评价。开展水系连通及水美乡村建设。实施生态保护修复重大工程，复苏河湖生态环境，加强天然林保护修复、草原休养生息。科学推进国土绿化。支持牧区发展和牧民增收，落实第三轮草原生态保护补助奖励政策。研发应用减碳增汇型农业技术，探索建立碳汇产品价值实现机制。实施生物多样性保护重大工程。巩固长江禁渔成果，强化退捕渔民安置保障，加强常态化执法监管。强化水生生物养护，规范增殖放流。构建以国家公园为主体的自然保护地体系。出台推进乡村生态振兴的指导意见。

五、扎实稳妥推进乡村建设

（二十一）健全乡村建设实施机制。落实乡村振兴为农民而兴、乡村建设为农民而建的要求，坚持自下而上、村民自治、农民参与，启动乡村建设行动实施方案，因地制宜、有力有序推进。坚持数量服从质量、进度服从实效，求好不求快，把握乡村建设的时效。立足村庄现有基础开展乡村建设，不盲目拆旧村、建新村，不超越发展阶段搞大融资、大开发、大建设，避免无效投入造成浪费，防范村级债务风险。统筹城镇和村庄布局，科学确定村庄分类，加快推进有条件有需求的村庄编制村庄规划，严格规范村庄撤并。开展传统村落集中连片保护利用示范，健全传统村落监测评估、警示退出、撤并事前审查等机制。保护特色民族村寨。实施"拯救老屋行动"。推动村庄小型建设项目简易审批，规范项目管理，提高资金绩效。总结推广村民自治组织、农村集体经济组织、农民群众参与乡村建设项目的有效做法。明晰乡村建设项目产权，以县域为单位组织编制村庄公共基础设施管护责任清单。

（二十二）接续实施农村人居环境整治提升五年行动。从农民实际需求出发推进农村改厕，具备条件的地方可推广水冲卫生厕所，统筹做好供水保障和污水处理；不具备条件的可建设卫生旱厕。巩固户厕问题摸排整改成果。分区分类推进农村生活污水治理，优先治理人口集中村庄，不适宜集中处理的推进小型化生态化治理和污水资源化利用。加快推进农村黑臭水体治理。推进生活垃圾源头分类减量，加强村庄有机废弃物综合处置利用设施建设，推进就地利用处理。深入实施村庄清洁行动和绿化美化行动。

（二十三）扎实开展重点领域农村基础设施建设。有序推进乡镇通三级及以上等级公路、较大人口规模自然村（组）通硬化路，实施农村公路安全生命防护工程和危桥改造。扎实开展农村公路管理养护体制改革试点。稳步推进农村公路路况自动化监测。推进农村供水工程建设改造，配套完善净化消毒设施设备。深入实施农村电网巩固提升工程。推进农村光伏、生物质能等清洁能源建设。实施农房质量安全提升工程，继续实施农村危房改造和抗震改造，完善农村房屋建设标准规范。加强对用作经营的农村自建房安全隐患整治。

（二十四）大力推进数字乡村建设。推进智慧农业发展，促进信息技术与农机农艺融合应用。加强农民数字素养与技能培训。以数字技术赋能乡村公共服务，推动"互联网+政务服务"向乡村延伸覆盖。着眼解决实际问题，拓展农业农村大数据应用场景。加快推动数字乡村标准化建设，研究制定发展评价指标体系，持续开展数字乡村试点。加强农村信息基础设施建设。

（二十五）加强基本公共服务县域统筹。加快推进以县城为重要载体的城镇化建设。加强普惠性、基础性、兜底性民生建设，推动基本公共服务供给由注重机构行政区域覆盖向注重常住人口服务覆盖转变。实施新一轮学前教育行动计划，多渠道加快农村普惠性学前教育资源建设，办好特殊教育。扎实推进城乡学校共同体建设。深入推进紧密型县域医疗卫生共同体建设，实施医保按总额付费，加强监督考核，实现结余留用、合理超支分担。推动农村基层定点医疗机构医保信息化建设，强化智能监控全覆盖，加强医疗保障基金监管。落实对特殊困难群体参加城乡居民基本医保的分类资助政策。有条件的地方可提供村卫生室运行经费补助，分类落实村医养老保障、医保等社会保障待遇。提升县级敬老院失能照护能力和乡镇敬老院集中供养水平，鼓励在有条件的村庄开展日间照料、老年食堂等服务。加强乡镇便民服务和社会工作服务，实施村级综合服务设施提升工程。健全分层分类的社会救助体系，切实保障困难农民群众基本生活。健全基层党员、干部关爱联系制度，经常探访空巢老人、留守儿童、残疾人。完善未成年人关爱保护工作网络。

六、突出实效改进乡村治理

（二十六）加强农村基层组织建设。强化县级党委抓乡促村职责，深化乡镇管理体制改革，健全乡镇党委统一指挥和统筹协调机制，加强乡镇、村集中换届后领导班子建设，全面开展农村基层干部乡村振兴主题培训。持续排查整顿软弱涣散村党组织。发挥驻村第一书记和工作队抓党建促乡村振兴作用。完善村级重要事项、重大问题经村党组织研究讨论机制，全面落实"四议两公开"制度。深入开展市县巡察，强化基层监督，加强基层纪检监察组织与村务监督委员会的沟通协作、有效衔接，强化对村干部的监督。健全党组织领导的自治、法治、德治相结合的乡村治理体系，推行网格化管理、数字化赋能、精细化服务。推进村委会规范化建设。深化乡村治理体系建设试点示范。开展村级议事协商创新实验。推广村级组织依法自治事项、依法协助政府工作事项等清单制，规范村级组织机构牌子和证明事项，推行村级基础信息统计"一张表"制度，减轻村级组织负担。

（二十七）创新农村精神文明建设有效平台载体。依托新时代文明实践中心、县级融媒体中心等平台开展对象化分众化宣传教育，弘扬和践行社会主义核心价值观。在乡村创新开展"听党话、感党恩、跟党走"宣传教育活动。探索统筹推动城乡精神文明融合发展的具体方式，完善全国文明村镇测评体系。启动实施文化产业赋能乡村振兴计划。整合文化惠民活动资源，支持农民自发组织开展村歌、"村晚"、广场舞、趣味运动会等体现农耕农趣农味的文化体育活动。办好中国农民丰收节。加强农耕文化传承保护，推进非物质文化遗产和重要农业文化遗产保护利用。推广积分制等治理方式，有效发挥村规民约、家庭家教家风作用，推进农村婚俗改革试点和殡葬习俗改革，开展高价彩礼、大操大办等移风易俗重点领域突出问题专项治理。

（二十八）切实维护农村社会平安稳定。推进更高水平的平安法治乡村建设。创建一批"枫桥式公安派出所""枫桥式人民法庭"。常态化开展扫黑除恶斗争，持续打击"村霸"。防范黑恶势力、家族宗族势力等对农村基层政权的侵蚀和影响。依法严厉打击农村黄赌毒和侵害农村妇女儿童人身权利的违法犯罪行为。加强农村法治宣传教育。加强基层社会心理服务和危机干预，构建一站式多元化矛盾纠纷化解机制。加强农村宗教工作力量。统筹推进应急管理与乡村治理资源整合，加快推进农村应急广播主动发布终端建设，指导做好人员紧急转移避险工作。开展农村交通、消防、安全生产、自然灾害、食品药品安全等领域风险隐患排查和专项治理，依法严厉打击农村制售假冒伪劣农资、非法集资、电信诈骗等违法犯罪行为。加强农业综合行政执法能力建设。落实基层医疗卫生机构疾病预防控制责任。健全农村新冠肺炎疫情常态化防控工作体系，严格落实联防联控、群防群控措施。

七、加大政策保障和体制机制创新力度

（二十九）扩大乡村振兴投入。继续把农业农村作为一般公共预算优先保障领域，中央预算内投资进一步向农业农村倾斜，压实地方政府投入责任。加强考核监督，稳步提高土地出让收入用于农业农村的比例。支持地方政府发行政府债券用于符合条件的乡村振兴公益性项目。提高乡村振兴领域项目储备质量。强化预算绩效管理和监督。

（三十）强化乡村振兴金融服务。对机构法人在县域、业务在县域、资金主要用于乡村振兴的地方法人金融机构，加大支农支小再贷款、再贴现支持力度，实施更加优惠的存款准备金政策。支持各类金融机构探索农业农村基础设施中长期信贷模式。加快农村信用社改革，完善省（自治区）农村信用社联合社治理机制，稳妥化解风险。完善乡村振兴金融服务统计制度，开展金融机构服务乡村振兴考核评估。深入开展农村信用体系建设，发展农户信用贷款。加强农村金融知识普及教育和金融消费权益保护。积极发展农业保险和再保险。优化完善"保险+期货"模式。强化涉农信贷风险市场化分担和补偿，发挥好农业信贷担保作用。

（三十一）加强乡村振兴人才队伍建设。发现和培养使用农业领域战略科学家。启动"神农英才"计划，加快培养科技领军人才、青年科技人才和高水平创新团队。深入推行科技特派员制度。实施高素质农民培育计划、乡村产业振兴带头人培育"头雁"项目、乡村振兴青春建功行动、乡村振兴巾帼行动。落实艰苦边远地区基层事业单位公开招聘倾斜政策，对县以下基层专业技术人员开展职称评聘"定向评价、定向使用"工作，对中高级专业技术岗位实行总量控制、比例单列。完善耕读教育体系。优化学科专业结构，支持办好涉农高等学校和职业教育。培养乡村规划、设计、建设、管理专业人才和乡土人才。鼓励地方出台城市人才下乡服务乡村振兴的激励政策。

（三十二）抓好农村改革重点任务落实。开展第二轮土地承包到期后再延长30年整县试点。巩固提升农村集体产权制度改革成果，探索建立农村集体资产监督管理服务体系，探索新型农村集体经济发展路径。稳慎推进农村宅基地制度改革试点，规范开展房地一体宅基地确权登记。稳妥有序推进农村集体经营性建设用地入市。推动开展集体经营性建设用地使用权抵押融资。依法依规有序开展全域土地综合整治试点。深化集体林权制度改革。健全农垦国有农用地使用权管理制度。开展农村产权流转交易市场规范化建设试点。制定新阶段深化农村改革实施方案。

八、坚持和加强党对"三农"工作的全面领导

（三十三）压实全面推进乡村振兴责任。制定乡村振兴责任制实施办法，明确中央和国家机关各部门推进乡村振兴责任，强化五级书记抓乡村振兴责任。开展省级党政领导班子和领导干部推进乡村振兴战略实绩考核。完善市县党政领导班子和领导干部推进乡村振兴战略实绩考核制度，鼓励地方对考核排名靠前的市县给予适当激励，对考核排名靠后、履职不力的进行约谈。落实各级党委和政府负责同志乡村振兴联系点制度。借鉴推广浙江"千万工程"经验，鼓励地方党委和政府开展现场观摩、交流学习等务实管用活动。开展《乡村振兴战略规划（2018—2022年）》实施总结评估。加强集中换届后各级党政领导干部特别是分管"三农"工作的领导干部培训。

（三十四）建强党的农村工作机构。各级党委农村工作领导小组要发挥"三农"工作牵头抓总、统筹协调等作用，一体承担巩固拓展脱贫攻坚成果、全面推进乡村振兴议事协调职责。推进各级党委农村工作领导小组议事协调规范化制度化建设，建立健全重点任务分工落实机制，协同推进乡村振兴。加强各级党委农村工作领导小组办公室建设，充实工作力量，完善运行机制，强化决策参谋、统筹协调、政策指导、推动落实、督导检查等职责。

（三十五）抓点带面推进乡村振兴全面展开。开展"百县千乡万村"乡村振兴示范创建，采取先创建后认定方式，分级创建一批乡村振兴示范县、示范乡镇、示范村。推进农业现代化示范区创建。广泛动员社会力量参与乡村振兴，深入推进"万企兴万村"行动。按规定建立乡村振兴表彰激励制度。

让我们紧密团结在以习近平同志为核心的党中央周围，真抓实干，埋头苦干，奋力开创全面推进乡村振兴新局面，以实际行动迎接党的二十大胜利召开！